周裕锴禅学书系

# 文字禪與宋代詩學

周裕锴 著

復旦大學出版社

周裕锴，1954年生，成都华阳人。文学博士，四川大学文学与新闻学院二级教授、博士生导师，中国俗文化研究所研究员。四川省学术与技术带头人，国务院特殊津贴获得者。任《文学遗产》、《中国诗学》、人大复印资料《中国古代、近代文学研究》等刊编委。日本大阪大学客座研究员，台湾大学、东华大学客座教授。著有《中国禅宗与诗歌》《宋代诗学通论》《文字禅与宋代诗学》《禅宗语言》《禅诗精赏》《宋元佛教文学史·诗歌卷》《中国古代阐释学研究》《宋僧惠洪行履著述编年总案》《法眼与诗心》《语言的张力》《梦幻与真如》等书，为《苏轼全集校注》三位主编之一。

# 前言

禅宗发展到北宋中叶，进入了一个全新的时代，即所谓“文字禅”时代。佛经律论的疏解、语录灯录的编纂、颂古拈古的制作、诗词文赋的吟诵，一时空前繁荣。号称“不立文字”的禅宗，一变而为“不离文字”的禅宗，玄言妙语、绮文丽句都成了禅的体现，中国禅宗史上出现了独特的富有诗意的宗教文化景观。

与“文字禅”的兴盛相对应，北宋中叶以后的诗歌也进入了一个全新的时代，即所谓“以文字为诗”的时代。唐诗中的兴象意境，一变而为宋诗的诗眼句法。无论是王安石的工整、苏轼的新颖，还是黄庭坚的奇崛，都致力于语言的选择与安排。宋诗学中的许多命题，如“以俗为雅”、“以故为新”、“点铁成金”、“句中有眼”等等，都着眼于文字的讨论。

宋代禅学与诗学这种同步的“语言学转向”并非偶合，而有一种深刻的内在联系，借用佛教术语来说，即二者缔结了文字因缘。无论是禅学立场的“以诗语禅”，还是诗学立场的“以禅喻诗”，都可见出这一点。事实上，尽管诗与禅相互渗透的过程开始于唐代，但二者真正的融合却完成于北宋中叶以后。可以说，“文字”是诗与禅最终融合的唯一中介。换言之，诗与禅其他相似的内在机制，如价值取向的非功利性、思维方式的非分析性、肯定和表现主观心性等，只提供诗禅融合的可能性，而二者相似的语言表达方式才将可能性真正转化为现实性。从这个意义上说，“文字禅”和“以文字为诗”提供了诗禅相融的最佳范本。

然而，遗憾的是，无论是在禅宗研究领域还是在文学研究领域，“文字”都是一个具有“形式主义”嫌疑的名声不佳的字眼。“文字禅”自然是遭到忽略或贬斥的现象，一般学者认为，禅宗发展到宋代，已失去思想史的意义，“越来越从无字禅走向有字禅，从讲哲理走向讲机锋，从直截清晰走向神秘主义，从严肃走向荒诞”[①]。而“以文字为诗”也同样是遭人白眼的对象，在20世纪80年代初曾作为宋人不懂形象思维的活靶子屡受攻击；宋诗研究勃兴之后，仍然处在相对被人遗忘的角落。即使在探讨宋代禅宗与文学的关系问题时，学者的兴趣也集中在讨论禅宗思想对士大夫人生观的影响，以及禅宗悟入方式对诗歌思维的启发，而相对忽略禅宗语言艺术在唐宋诗学转型中所起的作用。换言之，“文字禅”在宋诗变唐的过程中所扮演的角色，或是宋诗在变无字禅为有字禅过程中所发挥的影响，尚未真正进入学者们的视野。

自20世纪80年代以来，禅宗语言和诗歌语言的问题已受到语言学者的普遍关注，而研究禅宗和诗歌的学者仍对“文字”的意义不屑一顾，相信“直指人心，教外别传”，或是“不着一字，尽得风流”。这样，尽管禅宗与文学的关系问题、禅宗语言问题都成为中国大陆学术研究的热点，而二者却一直处于相互隔绝、不相往来的状态。最近，

---

① 葛兆光:《禅宗与中国文化》第60—61页,上海人民出版社,1986年。

语言学界已出现主动打通禅宗研究与语言研究门墙的倾向[1]，而作为禅学界和文学界的回应，首先便应把“文字禅”和“以文字为诗”纳入自己的研究范围。

“文字禅”有广义、狭义之分。广义的“文字禅”即所谓“以文字为禅”，是包容了佛经文句、古德语录、公案话头、禅师偈颂、诗僧艺文等等形式各异、门风不同的一种极为复杂的文化现象，但其中贯穿着共同的精神，即对语言表意功能的承认甚至肯定。这与“以文字为诗”的文化背景是一致的。它们都是宋代以文献典籍的印行为基础的封建文化全面繁荣的结果，都是宋代文化理性精神的曲折反映。“文字禅”中的确有神秘荒诞的一面，但有些表面荒诞的言句，其实包含着对语言本质的深刻理解。因而，通过对“文字”的解读破译，我们可以更多地发现禅宗的智慧和哲思。从某种意义上说，“文字禅”是佛教中国化、世俗化、儒学化和文学化的必然归宿，对于宗教学、哲学、文献学、语言学和文学研究都有重要意义。可以想象，如果没有宋代禅僧和居士们对“文字”的肯定和理解，中国禅宗研究将不可避免地留下巨大的空白，因为现存的禅宗典籍，十之八九都是宋代“文字禅”兴起之后的产物。

狭义的“文字禅”是诗与禅的结晶，即“以诗证禅”，或就是诗的别称。禅的生命哲学与诗的艺术语言联手，既促进哲学的诗化，也推动诗的哲学化。诗化的文字是宋人存在的家园。宋诗的研炼句法与反向内心相一致，宋禅的参究话头和妙悟自性相一致，说明宋人已将现实内容、外在实践抽象为一种精神性的活动，文字具有了形而上的准宗教的意义。禅宗和诗家共同津津乐道的“句中有眼”，正是这种语言观的集中体现。明白这一点，不仅可重新评估“文字

---

① 邢东风：《禅宗语言问题在禅宗研究中的位置》，见《俗语言研究》第3期，日本京都花园大学禅文化研究所，1996年。

禅”的价值，而且有利于在更深层次上把握宋诗的精神。

由于“文字禅”与宋诗学的关系既是一种文化现象，也是一种文学现象，因此在研究方法上有必要采用多学科、多角度的结合。

首先，“文字禅”和“以文字为诗”表明了宋人对语言本质的更深刻的认识，魏晋以来的“言意之辨”在宋人那里得到更进一步发展。佛教二道相因的思维方式使得宋代禅宗对言意关系有更辩证的看法。在宋人眼中，指与月、符号与意义、能指与所指、语言与存在，往往有同一性。语言文字并不仅仅是运载思想的工具，而其本身就可成为参禅的对象，“一切语言文字皆解脱相”，宗杲倡导的“看话禅”，正基于这种观念。同样，诗歌的句法格律也不是外在于内容的东西，而正是诗歌的格致韵味之所在。因此，必须从语言学的角度来探讨禅的文字化和诗的形式化现象。

其次，“文字禅”和“以文字为诗”不是两个固定的概念，而是在禅宗和诗歌的发展史中分别逐渐形成的两种倾向。尽管在晚唐五代就已出现宗门机锋和苦吟诗派这些有文字化嫌疑的苗头，但直到北宋中叶后，文字化才发展为大规模的席卷禅宗各派（云门宗、临济宗、曹洞宗）和诗歌各派（荆公体、元祐体、江西体）的普遍现象。事实上，“文字禅”和宋诗与晚唐五代的机锋和苦吟已有本质的不同，这还不仅仅是从量变到质变的纵向发展的结果，而更主要是宋代文化横向影响的产物。在晚唐五代的分裂混乱之后，宋王朝开始着手文化的重建，经过太祖、太宗、真宗、仁宗几朝的积累，北宋中叶文化出现全面繁荣，复古思想盛行，学术空气浓厚，禅宗文献作为一种人文资源、古典精神传统，像儒家经典一样得到人们的重视。“文字禅”的出现正是禅宗顺应文化重建任务的表征，而“以文字为诗”则正是时代学术风潮在诗中的折光。因此，必须从历史学的角度来探讨文字禅的勃兴与宋诗面貌形成的社会背景和内在原因。

再次，文字禅的流布与宋代士大夫的热情参与分不开，也与宋代禅僧的文化素质的提高分不开。但宋代士大夫究竟在多大程度上、多大规模上与禅宗发生关系，宋代禅僧究竟具有多高的文化素养和撰述水平，必须通过具体事实来考察。还有，文字禅与宋诗学的文字因缘究竟有多密切，也必须通过具体的例子来证明。这就需要我们从文献学的角度来检阅宋代居士和诗僧的基本队伍，以及宋代文人与禅僧交往、学佛参禅的具体情况，了解宋代语录、灯录、拈古、颂古、禅偈、僧诗的编纂情况以及佛经在宋代的疏解流行情况，查证禅家典籍与诗家文集在“文字”上相互交往的实例。

最后，对待文字禅，本书并不想站在纯粹宗教的立场上指责它，而试图从阐释学的立场对其意义重新说明。近一千年前的那些宗教纷争已成为过去，我们需要的是从历史的遗址中去发现有价值的文物。同样，唐宋诗优劣之争对我们也没有多少意义，我们需要的是描述、阐释、发现，而不仅是裁判。当然，正如海德格尔所说，存在的历史性决定了理解的历史性。完全重建真实的历史是不可能的，但尽可能做到描述的客观、阐释的合理，则应是我们学术研究始终遵循的基本原则。

# 目　录 ○

# 第一章 ◎ 禅宗言意观的演变：由不立文字到不离文字

## 一 神通并妙用，运水及搬柴：早期农禅宗教语言观

《五灯会元》卷一记载的佛祖灵山拈花示众、迦叶破颜微笑的故事，暗示了禅宗对待语言的基本态度，即所谓“涅槃妙心，实相无相，微妙法门，不立文字，教外别传”。这则后出的传说的真实性当然值得怀疑，不过，禅宗的兴起的确是以经典言教的对立面而出现的。从早期禅宗祖师的言论来看，也的确包含着“不立文字”的精神。

“不立文字”并非把语言文字当作一个独立的问题来讨论，而是关于佛教真谛与经律论藏的关系问题。自南北朝起，禅宗大师就强调实践修行，不重视诵经说法、著律造论。同时，他们的实践修行也不同于当时流行的建筑佛寺、开凿石窟、广行善事、诵经礼拜之

类的宗教崇拜活动，而是戒、定、慧三位一体的宗教解脱方式。如禅宗初祖菩提达摩就对梁武帝宣称“不将一字教来”，宣称“造寺度人，写经铸像”没有真正功德，教导弟子们“凝住壁观，无自无他，凡圣一等”[①]。达摩的“理入”方法虽主张“藉教悟宗”，但更强调“更不随于言教”[②]。达摩诸祖虽亦信奉四卷本《楞伽经》，但该经“义趣幽眇，文字简古，读者或不能句”[③]，它之所以受到达摩诸祖的青睐，实不在于文字教理，而在于所谓“诸佛说心”。《楞伽经》只有一品，即《一切佛语心品》，本谓此经为一切诸佛所说的核心，而当禅宗将此“心”字解释为精神本体之“心”时[④]，《楞伽经》便提供了否定佛教经典的经典依据。因为“心”是纯粹个体性的体验，无法用言辞解说。何况《楞伽经》本来就有“破名相”、“莫执着”的思想。所以达摩以此经付诸慧可：“吾有《楞伽经》四卷，亦用付汝，即是如来心地要门，令诸众生开示悟入。”[⑤]由此可知，《楞伽经》其实就是心法，不属于言教范畴。后来六祖慧能改由《金刚经》“悟入”，情况亦大体相类。

禅宗的东土祖师大抵都认为佛教的第一义非言教经典所能传达。二祖慧可从修道的角度明确指出：“故学人依文字语言为道者，如风中灯，不能破暗，焰焰谢灭。”[⑥]三祖僧璨承认语言文字不能成为通达圣道和成就法身的手段：“故知圣道幽通，言诠之所不逮；法身空

---

① 见《历代法宝记》，《大正藏》第五十一卷；释道宣：《续高僧传》卷一六《齐邺下南天竺僧菩提达摩传》，《大正藏》第五十卷。

② 见释净觉：《楞伽师资记》卷一，《大正藏》第八十五卷。

③ 《苏轼文集》卷六六《书楞伽经后》，中华书局排印本，1986年。

④ 参见杜继文、魏道儒：《中国禅宗通史》第50—51页，江苏古籍出版社，1993年。

⑤ 释普济：《五灯会元》卷一《初祖菩提达摩大师》，中华书局排印本，1984年。按：《续高僧传》卷一六《齐邺下南天竺僧菩提达摩传》亦载达摩以四卷《楞伽经》授慧可之事。

⑥ 《楞伽师资记》卷一。

寂，见闻之所不及。即文字语言，徒劳施设也。”[1]四祖道信明确主张得意亡言："法海虽无量，行之在一言，得意即亡言，一言亦不用，如此了了知，是为得佛意。”[2]五祖弘忍曾对神秀开示《楞伽经》义曰："此经唯心证了知，非文疏能解。”[3]六祖慧能也一再申说："故知本性自有般若之智，自用智惠观照，不假文字。”[4]“佛性之理，非关文字。”“法无文字，以心传心，以法传法。”[5]至于“不立文字”的说法，首见于南唐释静、筠所编《祖堂集》卷二："惠可进曰：‘和尚此法有文字记录不？’达摩曰：‘我法以心传心，不立文字。’”[6]尽管《祖堂集》编于五代，但“不立文字”的说法，大体是符合早期祖师们的基本思想的。当然，就东土六祖的言论来看，语言文字主要是指佛教经论文字。然而，言教和佛旨的关系，抽象而言之，仍是言与意的关系问题。

在此问题上，禅宗无疑受到魏晋以来言意之辨的影响，并明显地接受了庄子的言意观。慧能的三传弟子大珠慧海对此有很精彩的发挥：

> 经是文字纸墨，文字纸墨性空，何处有灵验？
>
> 如鹦鹉只学人言，不得人意。经传佛意，不得佛意，而但诵，是学语人，所以不许（诵经）。
>
> 我所说者，义语非文；众生说者，文语非义。得意者越于浮言，悟理者超于文字，法过言语文字，何向数句中求？是以发菩

---

① 《楞伽师资记》卷一。
② 同上。
③ 同上。
④ 郭朋：《坛经校释》第54页，中华书局，1983年。
⑤ 同上第122、123页附录《曹溪大师别传》。
⑥ 释静、筠：《祖堂集》卷二《第二十八祖菩提达摩和尚》，上海古籍出版社影印《佛藏要籍选刊》本第十四册。

> 提者，得意而忘言，悟理而遗教，亦犹得鱼忘筌，得兔忘蹄也。①

禅宗是玄学与佛教禅学相结合的产物，不仅其“本心即佛”论、“顿悟解脱”论等带有老庄玄学的影子，而且其言意观也打下玄学鲜明的烙印。大珠慧海就是借用庄子的观点来说明经教与佛理的关系。庄子对语言基本持一种虚无主义的态度，认为精微之意是难以言传的。然而，宣扬一种学说理论，迫不得已要使用语言，因此，庄子尽量使用“寓言”（寄寓他人之言）、“重言”（重复拖沓之言）②、“卮言”（无心之言或支离之言），反复说明自己“以谬悠之说，荒唐之言，无端崖之辞，时恣纵而不傥，不以觭见之也。以天下为沉浊，不可与庄语，以卮言为曼衍，以重言为真，以寓言为广”③，以提醒人们注意语言在反映事物本质方面的随意性和虚幻性。庄子的言意观对禅宗有相当的启示，这不仅体现在对“得意而忘言，悟理而遗教”的一再强调，而且体现在语言使用上对佛经名相“庄语”的背离。

在慧能以后的唐代禅宗诸大师那里，出现了进一步疏离经教律论的倾向，这主要表现在三个方面：其一，进一步怀疑否定言教经典的作用，由达摩的“藉教悟宗”演变为“离经慢教”，如百丈怀海指出：“只如今作佛见，作佛解，但有所见所求所著，尽名戏论之粪，

---

① 释道原：《景德传灯录》卷二八《越州大珠慧海和尚语》，《四部丛刊三编》本。

② “重言”，郭象注、成玄英疏、陆德明《释文》皆以世人所重之言释之，是读为“重(zhòng)言”。而郭庆藩《庄子集释·寓言》篇引其伯父郭嵩焘曰：“重，当为直容切。《广韵》：‘重，复也。’庄生之文，注焉而不穷，引焉而不竭者是也。郭云世之所重，作柱用切者，误。”中华书局排印本，1982年。根据庄子对语言的态度，再结合《天下》篇的上下文，“重言”似亦可依郭嵩焘之说，读作“重(chóng)言”。参见笔者与李贵合撰《筌蹄与家园：庄子言意之辨的现代观照》，《四川师范大学学报》1997年第1期。

③ 《庄子集释·天下》。

亦名粗言，亦名死语。”[①]德山宣鉴上堂宣称：“这里无祖无佛，达摩是老臊胡，释迦老子是干屎橛，文殊、普贤是担屎汉，等觉妙觉是破执凡夫，菩提涅槃是系驴橛，十二分教是鬼神簿，拭疮疣纸；四果三贤、初心十地是守古冢鬼，自救不了。”[②]仰山慧寂同样不信经典：“师问仰山：‘《涅槃经》四十卷，多少是佛说？多少是魔说？’仰曰：‘总是魔说。’”[③]其二，进一步认识到语言的局限性，从而采用具有象征譬喻意味的姿势动作来示法，或者使用形象直观的方式启人智慧，令人觉悟。由于禅宗认为佛教“第一义”是不可言说的，有如“伊挚不能言鼎，轮扁不可语斤”，所以出现了天龙、俱胝禅师的“一指头禅”[④]，沩山灵祐、仰山慧寂的“作圆相”、“举拂子”[⑤]等示意的姿势语。南岳怀让说他的悟道经验是“说似一物即不中”，妙处不可言说，因此他以“磨砖岂得成镜”的直观示范来启悟马祖道一“坐禅岂能成佛”[⑥]。百丈怀海以寒炉拨灰的举动来启发沩山灵祐须参深禅[⑦]，龙潭崇信以点烛灭烛的举动暗示德山宣鉴须悟自性[⑧]，都是如此。其三，广泛使用俗语口语，或是不合常规的戏言反话，以突破经典语言的拘束，并随之摆脱经典教义的束缚；同时以强调语言的随意性、自在性，使人们从对语言的执迷中解脱出来，直接体悟真如。

必须指出，禅宗的语言观与其宗教观有着密不可分的联系，而其宗教观受制于禅宗产生的特殊社会背景。早期禅宗队伍的组成，

---

① 赜藏主集：《古尊宿语录》卷二，上海古籍出版社影印《佛藏要籍选刊》本第十一册。
② 《五灯会元》卷七《德山宣鉴禅师》。
③ 同上卷九《沩山灵祐禅师》。
④ 《景德传灯录》卷一一《婺州金华山俱胝和尚》。
⑤ 同上卷九《潭州沩山灵祐禅师》、卷一一《袁州仰山慧寂禅师》。
⑥ 同上卷五《南岳怀让禅师》。
⑦ 同上卷九《潭州沩山灵祐禅师》。
⑧ 同上卷一五《朗州德山宣鉴禅师》。

主要是失去土地的北方流民。用杜继文先生的话来说："从北魏到五代，北方流民，包括以游僧的形式向南移动，其规模之大，持续之久，以及由此推动江淮、东南、岭南等地区的开发，在历史上曾蔚为壮观。"① 禅宗僧众在向南方的迁徙中，走向山林，开发土地，形成了具有自耕经济基础的农禅。到了唐代，在南方，尤其是在江西洪州等地，隐然形成农禅的根据地，以与官方的贵族僧侣相对抗。这对抗首先表现在宗教观的差异上，与其他佛教派别翻译经典、精研教义的作风大为不同，禅宗十分重视活生生的宗教实践，不作经教的奴隶，而作心灵的主人，所谓"即心是佛"。慧能的"顿悟清净心"，马祖的"平常心是道"，丹霞天然、德山宣鉴的呵佛骂祖、离经慢教，都显示出禅宗迥异于教门诸派的新作风。由于相信"即心是佛"，禅宗也不像净土宗那样持斋念佛，企望超生西方极乐世界，而是特别看重此岸世界现实生活中的心灵解脱。在香岩智闲芟草击竹而悟、船子和尚月夜垂钓而归等诸多故事中，在"铁磨老牸牛"、"赵州大萝卜头"等诸多公案中，在"麻三斤"、"系驴橛"、"干屎橛"等诸多话头中，我们能鲜明地感受到一种自耕自足、自证自悟的农禅精神。牧牛、渔父成为禅宗偈颂中反复出现的主题，成为禅宗自由无碍、唯心任运的生活的象征，正是农禅精神的集中体现。

"神通并妙用，运水及搬柴"②，马祖门下庞蕴居士的这两句偈充分说明了禅宗的宗教实践观。洪州禅的"触类是道而任心"，不仅继承了楞伽师时代的体用相即之说，而且由过去强调向"体"的回归转向对"用"的自觉。体道无关乎诵经习教，而实现于运水搬柴、吃饭睡觉、屙屎送尿之中。洪州禅成为禅宗最有势力的一支，而荷泽神会等派系逐渐衰亡，不仅标志着农禅对非农禅的胜利，而且意

① 《中国禅宗通史》第3页。

② 《景德传灯录》卷八《襄州居士庞蕴》。

味着禅宗进一步抛弃“藉教悟宗”的精神，也无视王公贵族的青睐，在南方的山水田园中找到了参禅体道的广阔天地。这就是禅宗“不立文字”语言观形成的基础。

中晚唐出现的棒喝将“不立文字”的精神推向极端。所谓“棒喝”，即接待初学者之时，或当头一棒，或大喝一声，截断初学者的言路，藉以启其妙悟。也就是说，棒喝以一种极端的手段来警醒人们的迷误，打断参学者的正常思维逻辑，使之进入非理性、非逻辑的直觉状态，从而破除文字执，以超出常情的直觉体验直接悟道。棒喝是洪州禅的一个传统，百丈怀海曾对黄檗希运说：“老僧昔被马大师一喝，直得三日耳聋。”黄檗听了不觉吐舌。[①]黄檗承此门风，又加一顿棍棒，黄檗接引其弟子临济义玄，也以杖敲棒打为重要方式[②]。临济后来也如法炮制，成为著名的“临济喝”。试看一则临济的公案：“上堂。僧问：‘如何是佛法大意?’师竖起拂子，僧便喝，师便打。又僧问：‘如何是佛法大意?’师亦竖起拂子，僧便喝，师亦喝。僧拟议，师便打。师乃云：‘大众，夫为法者，不避丧身失命。我二十年在黄檗先师处，三度问佛法大意，三度蒙他赐杖。’”[③]这种似乎已成为公式的一问便打的回答法，的确有某种“蒙昧主义”的味道，但其旨意乃在打破参学者对语言的迷信和幻想。既然“第一义”是不可说的，因此，要追问“如何是佛法大意”，本身就该挨打。德山宣鉴的门风也如此，示众时有“道得也三十棒，道不得也三十棒”之语[④]，丛林称之为“德山棒”。棒喝后面的宗教观，仍然是强调自身的实践修行。

---

① 《五灯会元》卷三《百丈怀海禅师》。
② 同上卷一一《临济义玄禅师》。
③ 释慧然集：《镇州临济慧照禅师语录》，《大正藏》第四十七卷。
④ 《五灯会元》卷七《德山宣鉴禅师》。

在唐代禅宗极端否定文字的同时，一场“新文字”运动已悄然兴起。一种迥异于佛经律论文字的“宗门语”日益成为禅宗师徒间的主要对话工具，并随着语录的编纂和诗偈的流行蔚成风气。“宗门语”主要由俗语和诗句组成。早期禅师之间的对话，主要采用朴素直接的俗语，明白易懂，如敦煌写本《历代法宝记》中无住禅师讲的一则寓言：“有一人高塠阜上立。有数人同伴路行。遥见高处人立，递相语言，此人必失畜生。有一人云：‘失伴。’有一人云：‘采风凉。’三人共诤不定。来至问塠上人：‘失畜生否？’答云：‘不失。’又问：‘失伴？’云：‘亦不失伴。’又问：‘采风凉否？’云：‘亦不采风凉。’‘既总无，缘何高立塠上？’答：‘只没立。’”按日本学者入矢义高先生的解释，“只没立”意为“只是立”①。这则寓言形象地说明了禅经验澄明的实践性，“只没立”三字是如此朴素自然，不假修饰。而晚唐的“宗门语”，虽也用俗语，却因有意识“说禅”而多了些机辩，且揉进了一些文彩绚丽的诗句。如以棒喝著称的临济义玄与凤林禅师的一段对话，就几乎全由诗句组成：

> 林问：“有事借相问，得么？”师云：“何得剜肉作疮？”林云：“海月澄无影，游鱼独自迷。”师云：“海月既无影，游鱼何得迷？”凤林云：“观风知浪起，玩水野帆飘。”师云：“孤轮独照江山静，自笑一声天地惊。”林云：“任将三尺挥天地，一句临机试道看。”师云：“路逢剑客须呈剑，不是诗人莫献诗。”凤林便休。②

真可谓言藏箭括，语带珠玑，这就是禅宗津津乐道的“机锋”。值得

---

① 见入矢义高：《禅语谈片》，载《俗语言研究》第3期。
② 《镇州临济慧照禅师语录》。

注意的是,“机锋”一词出自《世说新语》[①],而《世说新语》的语言也颇多机锋,这似乎意味着禅宗在语言艺术上受到魏晋玄学的某种启示。通过无住禅师的寓言和临济、凤林的对话这两则例子的对照,我们可以看到一种深刻的变化,即儒家的诗文化通过中晚唐士大夫日趋频繁的参禅活动已渗透到禅文化之中。就禅宗队伍本身来看,早期那些大字不识或粗通文墨的农民出身的大师,逐渐开始被士大夫出身的大师所取代,突出的例子是曹洞宗开山祖师曹山本寂“素修举业,文辞遒丽”[②],法眼宗开山祖师清凉文益“好为文笔,特慕支、汤之体,时作偈颂真赞,别形纂录”[③]。当然,就整体而言,晚唐五代禅宗队伍的文化素质仍较低下,文益就曾批评当时禅僧作偈颂,“任情直吐,多类于野谈;率意便成,绝肖于俗语。自谓不拘粗犷,匪择秽孱,拟他出俗之辞,标归第一之义”[④]。

其实,禅宗所谓“不立文字”,很大程度上是指“不立经教”,排斥概念化的、说教式的佛经中的文字,而并非完全否定语言文字本身。借用现代话语理论来说,禅宗“不立文字”的最深刻的原因,乃在于中国参禅学佛的下层民众(尤其是农民)不适应外来的印度话语系统,而试图建立本土的农禅话语系统;或将阐释佛旨的印度话语系统转化为顿悟自性的农禅话语系统。所谓“印度话语系统”是指汉译印度佛经原典的语言,其中甚至有一部分音译的“梵言”。从魏晋南北朝直至隋唐五代北宋,它因受到历代帝王的支持而一直处于佛教的话语权力中心,《高僧传》《续高僧传》《宋高僧传》等均

---

① 刘义庆:《世说新语·言语》:“丞相因觉,谓顾曰:‘此子珪璋特达,机警有锋。’”上海古籍出版社影印清光绪刻本。

② 释赞宁:《宋高僧传》卷一三《梁抚州曹山本寂传》,中华书局排印本,1987年。

③ 同上《周金陵清凉院文益传》。

④ 释文益:《宗门十规论·不关声律不达理道好作歌颂第九》,台北艺文印书馆影印《禅宗集成》本第一册。

列“译经篇”为第一，就是其话语权力的体现。印度话语系统有繁复的理论体系、明澈的概念和逻辑，但其致命的弱点是与中华民族的生存方式和思维方式相对隔膜而缺少真切性。翻译大师玄奘体系严密的法相宗最终未能流传下去，原因正在于此。所谓“农禅话语系统”指禅宗典籍中占主要地位的俗语言，它是流行于平民大众口中的活语言，直接植根于中华本土文化的深厚土壤之中，真切地反映了本民族的生存方式和思维方式，与禅宗主张自证自悟的宗教实践观最相契合。至于禅籍中诗句的大量创制和引用，则意味着本土的士大夫话语系统发挥了潜在的影响。

在佛教史上，“宗门”和“教门”对待印度话语系统的态度崭然有别。“教门”的讲师嘲笑本土作者“不辨唐梵”，而“宗门”的禅师则认为佛旨“非有竺梵震旦之异”①。尽管佛经翻译是“变梵（言）为华（言）”②，但并未改变其外来话语的性质，因此多少受到本土文化的抵制。直到北宋，站在禅宗立场的苏轼还认为：“是时北方之为佛者，皆留于名相，囿于因果，以故士之聪明超轶者皆鄙其言，诋为蛮夷下俚之说。”③事实上，唐代禅宗最重要的贡献，就在于把佛教的禅学从印度的话语系统移植到中国的话语系统之中，即由“如来禅”变为“祖师禅”，使之成为佛教徒的日用之事，这就是禅宗的中国化和诗化。

从慧能的《坛经》开始，白话的叙述加上诗偈的吟诵成为禅师接引学者最典型的布道方式，后来各派大师的语录、灯录莫不如此。一般说来，早期禅宗最警惕的是经论文字，而对诗歌文字毫不介怀，有时为了避免使用印度话语，反而有意识用形象性较强的诗歌意象语言来传达禅

---

① 见释惠洪:《石门文字禅》卷二五《题华严纲要》,《四部丛刊》本。

② 见《宋高僧传》卷首《大宋高僧传序》。

③《苏轼文集》卷一七《宸奎阁碑》。

旨。在他们看来，“诗偈总一般”[①]，比经论文字更能真正契入佛理，所以不仅寒山这样的诗人以诗说禅，而且罗山道闲这样的禅师也借寒山诗说法[②]。不过，从理论上来说，唐代的禅宗仍坚持着“不立文字”的原则，如云门文偃禅师一见人记录他的话就大骂：“汝口不用，反记吾语，异时裨贩我去。”[③]特别反对语言的文字记录形式；同时仍坚持着文章绮语是一种口之恶孽（称“口业”或“语业”）的传统佛教观念，除去表现禅理的诗偈外，对一般世俗诗文仍持拒斥态度。唐代的居士和诗僧，也往往受此观念影响，在吟风弄月的同时，不时发出视诗兴为“诗魔”、视文章为“口业”的自责，如香山居士白居易诗云：“自从苦学空门法，销尽平生种种心。唯有诗魔降未得，每逢风月一闲吟。”[④]又云：“渐伏酒魔休放醉，犹残口业未抛诗。”[⑤]诗僧齐己亦云：“正堪凝思掩禅扃，又被诗魔恼竺卿。”[⑥]总之，把诗视为须防范的东西。即使好作诗的禅僧，也仅把诗视为“禅外”的业余爱好，也就是说，在唐人的实践中虽有诗禅结合的极佳范例，但在唐人的观念里，并未自觉意识到诗禅的相融，所谓“吟疲即坐禅”[⑦]或“一念禅余味《国风》”[⑧]，虽诗禅兼习，却仍视二者为不同的实践活动，诗在禅外，禅在诗外。

正因如此，尽管晚唐五代是禅宗史上最富有生机的时期，但在文学创作中却看不到多少禅宗所产生的影响，只有“诗格”类著作，从禅宗五家宗旨里拾掇些口诀和术语，如齐己的《风骚旨格》、虚中

---

① 《全唐诗》卷八〇七拾得诗，中华书局排印本，1960年。
② 见《五灯会元》卷七《罗山道闲禅师》。
③ 惠洪：《禅林僧宝传》卷二九《云居佛印元禅师》，上海古籍出版社影印《佛藏要籍选刊》本第十三册。
④ 《全唐诗》卷四三九白居易《闲吟》。
⑤ 同上卷四五八白居易《寄题庐山旧草堂兼呈二林寺道侣》。
⑥ 同上卷八四四齐己《爱吟》。
⑦ 同上卷八四三齐己《喻吟》。
⑧ 同上卷八四四齐己《谢孙郎中寄示》。

的《流类手鉴》等，和禅宗的接引方式有对应之处[①]。诗人创作遵循的仍是儒家的诗教，披着袈裟的禅僧也不例外。诗僧尚颜在《读齐己上人集》一诗中写道：

> 诗为儒者禅，此格的惟仙。古雅如周颂，清和甚舜弦。冰生听瀑句，香发早梅篇。想得吟成夜，文星照楚天。[②]

诗僧评论僧诗，持的却是儒家《风》《雅》《颂》的标准。当然，“诗为儒者禅”的概念毕竟提出来了，这一概念在承认诗是“儒者”的专利的同时，揭橥了诗的禅学因子。五代时徐夤的《雅道机要》说得更明白：“夫诗者，儒中之禅也。一言契道，万古咸知。”诗不是通过名相概念来阐发儒家经教，而是以直观形象的“一言契道”，这正与禅宗反对言教经典的思路是一致的，禅宗有“至理一言，点凡成圣”之说[③]，与此非常接近。不过，“诗为儒者禅”这一口号的直接受益者并不是诗人，而是禅师，因为五代的诗歌并未增加多少禅味，而五代的宗门语却明显地充满了诗意。

## 二　以笔砚为佛事：宋代士大夫禅学术语言观

禅家五宗并宏的时代恰巧是整个封建文化全面衰落的时代。唐武宗会昌年间（841—846）的灭佛运动，使佛教“义学”各派遭到沉重

① 参见张伯伟：《禅与诗学》第15—25页，浙江人民出版社，1992年；笔者《中国禅宗与诗歌》第149—151页，上海人民出版社，1992年。

② 《全唐诗》卷八四八。

③ 见《景德传灯录》卷一八《灵照禅师》。

的打击，唯有“不立文字”的禅宗成为佛教文化废墟上的幸运儿，它那植根于本土的以俗语言为主的农禅话语系统，不仅未遭到灭顶之灾，反而在藩镇割据、五代更迭、十国分裂造成的文化素质低下的社会中倍受欢迎。正因如此，禅宗对士大夫话语系统（尤指文学创作）的影响非常有限。

进入北宋以后，禅宗本身在思想方面逐渐失去其创造力和活力，虽“语多奇特，话似风颠”，“然总不出初祖及六祖机缘法语也”。[①]尽管如此，随着整个封建文化的全面复苏和发展，随着意识形态领域的全面调整和新的文学创作繁荣期的到来，禅宗在文化和文学的复苏发展中，仍发挥了重要的催化剂作用，尤其对于诗歌创作的意义不可低估。

北宋初期，整个社会的文化素质仍相当低下。《宋史·路振传》云：“淳化中举进士，太宗以词场之弊，多事轻浅，不能该贯古道，因试《卮言日出赋》，观其学术。时就试者凡数百人，咸䁗眙忘其所出，虽当时驰声场屋者亦有难色。”“卮言日出”语出《庄子·寓言》，并不生僻，而参加考试的几百人，竟都不知其出处。这就是宋初诗坛浅俗粗疏的白体和窘涩褊狭的晚唐体流行的土壤。所谓“贵白描而忌用事”，与其说是提倡清新浅切的风格，毋宁说是学贫才馁的体现。对此轻浅的士风，宋太宗痛下针砭，力倡学术，鼓励读书。至真宗朝，情况已有很大改观，西昆体领袖杨亿以“雄文博学”傲视当世，领导一代潮流，就是宋初三代皇帝文化建设初见成效的反映。

仁宗朝出现的儒学复古运动，更把宋代的封建文化复兴推向高峰。这不仅表现在文化各个领域都出现了巨人，而且表现在整个社会民众文化水平的空前提高。在不少经济发达的地区，出现了“释

① 彭际清：《居士传》卷二八《张天觉传》附汪缙评语，日本《续藏经》第二编乙第二十二套第五册。

耒耜而执笔砚者，十室而九”的情况[1]。随之而来的是禅宗队伍基本结构的改变，执耒耜的农禅开始让位于执笔砚的士大夫禅。特别是北宋中叶以后，在禅宗队伍中，随处可见披着袈裟的博学之士和文彩风流的诗人。仅以南宋初释晓莹《云卧纪谭》所载数则为例：

> 惟政禅师雅富于学，作诗有陶、谢趣，临羲、献书，益尚简淳。至于吐论卓荦，推为辩博之雄。
>
> 南昌信无言者，早以诗鸣于丛林，徐公师川、洪公玉父品第其诗，韵致高古，出瘦权、癞可一头地。
>
> 南海僧守端字介然，为人高简，持律严甚，于书史无不博究，商榷古今，动有典据，丛林目为“端故事”。亦喜工诗，务为雅实。
>
> 中际可遵禅师，号野轩，早于江湖以诗颂暴所长，故丛林目为“遵大言”。
>
> 金山达观颖禅师，为人奇逸，智识敏妙，书史无不观，词章亦雅丽。
>
> 蒋山佛慧禅师，丛林号“泉万卷”者，有《北卬行》曰：“前山后山高峨峨……纵经劫火无生死。”观其词理悽壮，有关教化。
>
> 西蜀政书记，居百丈山最久，而内外典坟，靡不该洽。至于诗词，虽不雅丽，尤多德言。

像曹山本寂那样“文辞遒丽”的禅僧，不再是凤毛麟角，而比比皆是。从“端故事”、“遵大言”、“泉万卷”这样的别号中，我们可看

---

① 《苏轼文集》卷四九《谢范舍人启》。

出禅宗队伍的学术化和文学化。

不可否认，在儒学复古运动中出现一股排佛的思潮，孙复倡“儒辱”之说，石介作《怪说》之论，李觏著《潜书》，欧阳修写《本论》，大声疾呼，力挽狂澜，视佛教为异端邪说，大有“儒者鸣鼓而攻之”的架势①。但排佛的结果，却起了为渊驱鱼、为丛驱雀的作用。在儒佛的对抗中，双方的有识之士都明白“欲破彼宗，先善彼宗”的道理，于是，儒士研读起佛经，禅师涉足于外典。而深入虎穴之后，儒士才发现了新大陆，即儒家经典中不曾有的新思想。“泰伯（李觏）先尝著《潜书》，又广《潜书》，力于排佛。嵩明教（契嵩禅师）携所著《辅教论》谒之，辩明，泰伯方留意佛书，乃怅然曰：‘吾辈议论，尚未及一卷《般若心经》，佛道岂易知耶？’”②欧阳修晚年也向佛教妥协，不仅自号六一居士③，而且跟从投子修颙禅师读《华严经》④。总之，北宋中叶兴起的儒学复古运动最终却以禅悦之风大盛而告结束。宋初以临济宗为代表的禅宗势力的南移，渐变为北宋中叶后以云门宗为代表的禅宗势力的北上。圆通居讷、大觉怀琏、法云法秀、慧林宗本、法云善本诸大师先后主持东京的名

---

① 孙复（992—1045）作《儒辱》，痛斥“佛、老之徒，横乎中国”的现象（见《全宋文》卷四〇一，巴蜀书社排印本）；石介（1005—1045）作《怪说》，称“释、老之为怪也，千有余年矣”（见《徂徕石先生文集》卷五，中华书局排印本，1984年）；李觏（1009—1059）先后作《潜书》（1031）、《广潜书》（1038），批判浮屠“绝亲去君”，是“夷狄”（见《直讲李先生文集》卷二〇，《四部丛刊》本）；欧阳修（1007—1072）作《本论》二篇（1042），惊呼“佛法为中国患千余岁”（见《欧阳文忠公文集》卷一七，《四部丛刊》本）。

② 释晓莹：《云卧纪谭》卷上，日本《续藏经》第二编乙第二十一套第一册。

③ 见《欧阳文忠公文集》卷四四《六一居士传》。按：“居士”一词有二义，一为中国本土之义，指未做官的士人，如《韩非子·外储左上》：“齐有居士田仲者。”一为梵语“迦罗越”的义译，指居家奉佛之人，如《维摩诘所说经·方便品》：“若在居士，居士中尊，断其贪著。”唐宋文人号居士者多为后一义，如青莲居士、香山居士均与佛教有关。北宋郑侠《大庆居士序》对此有详细说明，可参看，见《全宋文》卷二一七五。

④ 见叶梦得：《避暑录话》卷上，《津逮秘书》本。

刹，更使士大夫靡然风向。西京洛阳也成了禅宗的根据地之一，“熙宁（1068—1077）以前，洛中士大夫未有谈禅者，偶富韩公（富弼）问法于颙华严（投子修颙），知其得于圆照大本（慧林宗本）。时本方住苏州瑞光寺，声震东南，公乃遣使作颂寄之，执礼甚恭如弟子。于是翻然慕之者，人人皆喜言名理。惟司马温公（司马光）、范蜀公（范镇）以为不然。既久，二公亦自偶入其说，而温公尤多，蜀公遂以为讥”①。其实，范镇于禅亦有心解，有人问他何以不信佛，他说：“尔必待我合掌膜拜然后为信耶？”②这种态度就完全来自禅宗精神。

当禅僧博究书史、该洽外典，士人耽于禅悦、留心内典之时，儒学与禅学的交流和融合也就成为必然之势。熙宁以后，士大夫以儒通禅的言论屡见不鲜，如苏轼云：“孔老异门，儒释分宫。又于其间，禅律相攻。我见大海，有北南东。江河虽殊，其至则同。”③苏轼门下的文人大抵持相同的看法，如陈师道以为“三圣（指孔、老、释）之道非异，其传与不传也”④；张耒也认为“儒佛故应同是道，诗书本自不妨禅”⑤。叶梦得说得更通达：“裴休得道于黄檗，《圆觉经》等诸序文，皆深入佛理，虽为佛者亦假其言以行。而吾儒不道，以其为言者佛也。李翱《复性书》，即佛氏所常言，而一以吾儒之说文之。晚见药山，疑有与契。而为佛者不道，以其为言者儒也。此道岂有二，以儒言之则为儒，以佛言之则为佛。”⑥最精彩的是李纲，一一将儒家经典与佛典禅旨相对照：“曲礼三百，威仪三千，即律也；六经之所载，诸子之所言，即经论也；至于教外别传正法眼藏，则

---

① 《避暑录话》卷上。
② （宋）阙名：《道山清话》，陶氏涉园影印宋刊《百川学海》本。
③ 《苏轼文集》卷六三《祭龙井辩才文》。
④ 陈师道：《后山居士文集》卷一五《面壁庵记》，上海古籍出版社影宋刻本。
⑤ 张耒：《张右史文集》卷二三《赠僧介然》，《四部丛刊》本。
⑥ 《避暑录话》卷下。

孔子与诸弟子见于问答,言屯而理解者是已。”[①]“《易》立象以尽意,《华严》托事以表法,本无二理,世间出世间亦无二道。”[②]陈善更将孔子之说与《楞严经》相比附[③],又称“古书中颇有赘讹处,便是禅家公案”[④]。值得注意的是,尽管自佛教传入中国以来,就不断有调合儒释的言论出现,但真正作为一种社会思潮,却出现于北宋中叶以后。特别是儒与禅相通的观念,更是宋代的特产。

与士大夫的观念相一致,禅宗阵营也开始试图打通儒释的墙壁。契嵩禅师明确主张儒、道、释三教合一,特别声明“儒佛者,圣人之教也,其所出虽不同,而同归于治”[⑤]。他之所以作《辅教编》,主旨就在于“推会二教圣人之道,同乎善世利人矣”[⑥]。苏轼的诗友道潜禅师也认为“儒释殊科道无异”[⑦]。于是,我们看到,不仅诗人的秀句,而且儒家的经典也成了参禅的话头,如黄龙祖心禅师以《论语》中的“吾无隐乎尔”之句启悟黄庭坚[⑧]。

值得注意的是,这种儒释的交流和融合,不仅具有思想史的意义,即促进了宋代新儒学的诞生,而且对于学术史和文学史也意义重大。禅宗的影响为士大夫审视儒家经典提供了一个全新的视角,从而使儒学研究从汉唐经学的繁琐训诂考据中解放出来,成为活泼泼的观察体验与心性证悟。黄庭坚云:“若解双林(傅大士)此篇,则以读《论语》,如啖炙自知味矣。不识心而云解《论语》章句,吾

---

① 李纲:《梁溪集》卷一三五《送浮图志深序》,台湾商务印书馆影印文渊阁《四库全书》本。
② 《居士传》卷二九《李伯纪传》引。
③ 陈善:《扪虱新话》下集卷一《孔子说与〈楞严经〉合》,《丛书集成初编》本。
④ 同上上集卷一《读书当讲究得力处》。参看同书上集卷二《钟会王徽之会禅》。
⑤ 释契嵩:《镡津文集》卷八《寂子解》,《四部丛刊三编》本。
⑥ 同上卷九《再书上仁宗皇帝》。
⑦ 释道潜:《参寥子诗集》卷一二《赠权上人兼简其兄高致虚秀才》,《四部丛刊三编》本。
⑧ 《五灯会元》卷一七《太史黄庭坚居士》。

不信也。”[1] 陈善亦云：“唐人李翱问药山如何是道，药山以手指上下，翱不会。药山云：‘云在青天水在瓶。’予始读此，而悟《中庸》‘鸢飞唳天，鱼跃于渊，言其上下察’之义。”[2] 陈善所谓“读书须知出入法”[3]，罗大经所谓“活处观理”[4]，都体现出一种迥异于传统儒学的新的学术观念和方法。而这种观念和方法也同样渗入到文学创作中，关于这一点，我将在第三章详细论及，兹不赘述。

同时，儒家的观念也对宗门有反馈作用，其中最重要的一点就是儒家言意观的影响。叶梦得曾比较儒佛的言意观说：“大抵儒以言传，而佛以意解。非不可以言传，谓以言得者未必真解，其守之必不坚，信之必不笃，且堕于言，以为对执，而不能变通旁达尔。此不几吾儒所谓‘默而识之，不言而信’者乎！两者未尝不通。自言而达其意者，吾儒世间法也；以意而该其言者，佛氏出世间法也。若朝闻道，夕可以死，则意与言两莫为之碍，亦何彼是之辨哉！”[5] 这里强调的是儒佛融通，但显然站在儒的立场，认为从本质上说，言是可以传意的，只是从宗教实践“守”、“信”的角度看，最好不提倡“以言得意”。苏轼说得更明白：“释迦以文教，其译于中国，必托于儒之能言者，然后传远。故大乘诸经至《楞严》则委曲精尽，胜妙独出者，以房融笔授故也。”[6] 这种观点显然出自儒家“言之无文，行而不远”的说法，推崇《楞严经》的背后，隐藏着对文字的信赖和对丽词的偏爱。儒家言意观的影响最鲜明地体现在禅僧惠洪的言论中，如云：“语言者，盖德之候也。故曰：‘有

---

① 黄庭坚：《豫章黄先生文集》卷二五《跋双林心王铭》，《四部丛刊》本。按：傅大士《心王铭》见《景德传灯录》卷三〇。

② 《扪虱新话》下集卷一《李翱问药山如何是道》。

③ 同上上集卷四《读书须知出入法》。

④ 罗大经：《鹤林玉露》乙编卷三《活处观理》，中华书局排印本，1983年。

⑤ 《避暑录话》卷上。

⑥ 《苏轼文集》卷六六《书柳子厚大鉴禅师碑后》。

德者必有言。'"[①]这成为他提倡"文字禅"的重要思想基础。

于是，儒佛相通又导致禅教相融思潮的出现。苏轼指出："玄学、义学，一也。世有达者，义学皆玄；如其不达，玄学皆义。"[②]陈师道也认为："南北不异，禅律相资。曲士拘文，起差别于耳目；至人达观，示平等于冤亲。"[③]最妙的是宋人对《楞伽经》的认识，与达摩诸祖的用意有很大不同，前面我曾指出，禅宗初祖均视《楞伽经》为心法，并不当作言教，而苏轼却视之为"如医之有《难经》，句句皆理，字字皆法"[④]，似主张从语言文字悟入。李纲更直接把《楞伽经》当成"经教"，并重新解释达摩以《楞伽经》传法："是知禅教相融，初无二门；心语相印，亦无二法，岂特《楞伽》四卷为然哉！"[⑤]宗门中人对佛教经典的态度也有改变，契嵩禅师依经论立言："始余为《原教》，师《华严经》，先列乎菩萨乘，盖取其所谓'依本起末门'者也；师《智度论》，而离合乎五戒十善者也。然立言自有体载，其人不知，颇相诮讶，当时或为其改之。今书（指《广原教》）乃先列乎人天乘，亦从《华严》之所谓'摄末归本门'者也。"[⑥]怀深禅师为佛经大唱赞歌："佛从大悲心，流出十二部。琅函与玉轴，遍满河沙数。言言皆妙药，字字超今古。譬如优昙花，百劫难遭遇。又如大明灯，能破黑暗处。又如智慧力，能断无明树。又如璎珞珠，能使人丰富。"[⑦]惠洪禅师作《智证传》，有意融通禅教，以禅语证佛

---

① 释惠洪：《冷斋夜话》卷四《诗言其用不言其名》，台湾商务印书馆影印文渊阁《四库全书》本。

② 《苏轼文集》卷六六《跋荆溪外集》。

③ 《后山居士文集》卷一七《请兴化禅师疏》。

④ 《苏轼文集》卷六六《书楞伽经后》。

⑤ 《梁溪集》卷一三五《栖云院新修印心堂名序》。

⑥ 《镡津文集》卷二《辅教篇中·广原教序》。

⑦ 释善清等编：《慈受怀深禅师广录》卷一，台北艺文印书馆影印《禅宗集成》本第二十三册。

经，如云："岩头奯禅师尝曰：'《涅槃经》此三段义，略似宗门。'夫言似，则非宗门旨要明矣。然宗门旨要，虽即文字语言不可见，离文字语言亦安能见哉！"[①]同时代的圆悟克勤也有这种倾向，以宗门语说法界事，以华严通禅，受到后来释晓莹的称赞："夫圜悟融通宗教若此，故使达者心悦而诚服，非宗说俱通，安能尔耶？"[②]基于这种态度，禅门中出现了为佛经作注疏的著作，如惠洪造论、正受会合《楞严经合论》十卷，惠洪造论、张商英撰《法华经合论》七卷，道楷、怀深著《般若心经三注》一卷，正受集记《楞伽经集注》四卷等[③]，与早期禅宗的"单传心印"大为不同。

禅教相通的观念和禅门经疏的撰述，与其说是印度话语系统重新发挥影响，不如说是士大夫话语系统起了更直接的作用。换言之，是"吾儒世间法"——"自言而达其意者"的言意观导致了"以文字为禅"的出现。在关于言与意关系的论述中，我们可以发现一个有趣的现象，即宋人的论述与早期禅宗大师的论述在句式的转折关系上恰巧颠倒过来。早期禅师典型的句式是：佛教虽不离文字，但佛性之理，非关文字。而宋代禅人的典型句式是：佛性之理，虽非关文字，但参禅学道，却离不开文字。简言之，前者是"虽不离文字，但不立文字"；后者是"虽不立文字，但不离文字"。在宋代的禅籍和文集中，随处可见这种"不离文字"的论调：

> 佛语心宗，法门旨趣，至江西为大备。大智精妙颖悟之力，能到其所安。此中虽无地可以栖言语，然要不可以终去语

---

① 释惠洪：《智证传》，台湾艺文印书馆影印《禅宗集成》本第一册。
② 释晓莹：《罗湖野录》卷上，上海古籍出版社影印《佛藏要籍选刊》本第十一册。
③ 参见《大正藏》、日本《续藏经》目录。

言也。[①]

臣僧蕴闻窃以佛祖之道，虽非文字语言所及，而发扬流布，必有所假而后明。譬如以手指月，手之与月，初不相干。然知手之所指，则知月之所在。是以一大藏教，为世标准，于今赖之。[②]

如师所言，皆大根上智、一闻千悟、不待鞭影而行者所能领解。然钝根末学，必假筌蹄。师既无言，小子何述焉。[③]

钟鼓非乐之本，而器不可以去；论议非道之本，而言不可以亡。苟存器而忘本，乐之所以遁也；立言而忘本，道之所以丧也。然而去器无以闻九韶之乐，亡言无以显一贯之道。唯调器以中和，乐之成也；话言以大公，道之明矣。[④]

以上所录均为禅僧语，至于士大夫更是主张以文字为悟道之阶，如苏轼称赞“自文字言语悟入”、“以笔砚作佛事”的禅僧[⑤]，张耒鼓励“请以篇章为佛事，要观半偈走人天”的诗僧[⑥]，李纲承认“以声音言说而为佛事”的合理性[⑦]。

在此言意观的支持下，宋代禅人进一步把“文字”从佛教经籍、祖师语录扩展到一切语言作品中。于是，就连诗词绮语这样被佛教视为“口业”的文字，在宋代也堂而皇之地登上了禅院的法堂。契嵩

---

① 《石门文字禅》卷二五《题百丈常禅师所编大智广录》。

② 释蕴闻编：《大慧普觉禅师语录》卷首附自撰《进大慧禅师语录奏劄》，《大正藏》第四十七卷。

③ 释彦琪：《证道歌注》卷首附释知讷撰《苏州灵岩妙空佛海和尚注证道歌序》，日本《续藏经》第二编第十六套第三册。

④ 释惠彬：《丛林公论》卷首附释宗惠序，日本《续藏经》第二编第十八套第五册。

⑤ 苏轼：《东坡志林》卷二《付僧惠诚游吴中代书十二》，中华书局排印本，1981年。

⑥ 《张右史文集》卷二三《赠僧介然》。

⑦ 《梁溪集》卷一三三《蕲州黄梅山真慧禅院法堂记》。

禅师为唐诗僧皎然辩护说："禅伯修文岂徒尔，诱引人心通佛理。"[①] 这条理由是宋代很多禅僧舞文弄墨的依据。甚至以"诗余"——小词谈禅，也受到喝彩，如天宁则禅师曾作《满庭芳·牧牛词》，释晓莹评价说："世以禅语为词，意句圆美，无出此右。或讥其徒以不正之声混伤宗教，然有乐于呕吟，则因而见道，亦不失为善巧方便、随机设化之一端耳。"[②] 所以在宋代，竟有从艳诗悟禅者，如一代宗师圆悟克勤不仅从"频呼小玉元无事，只要檀郎认得声"两句"小艳诗"悟入，而且作了一首极旖旎婉缛之偈表其所得："金鸭香消锦绣帏，笙歌丛里醉扶归。少年一段风流事，只许佳人独自知。"[③] 而在《禅宗颂古联珠通集》中竟能见到宋代禅僧这样的缠绵之词："唱歌楼上语风流，你既无心我也休。打著奴奴心里事，平生恩爱冷啾啾。""你若无心我也休，鸳鸯帐里懒抬头。家童为问深深意，笑指纱窗月正秋。""因过花街卖酒楼，忽闻语唱惹离愁。利刀剪断红丝线，你若无心我也休。"[④] 这种连道学先生看到了也要皱眉的艳词丽句，出家人竟用以表现佛道禅机，可见宋代禅宗的"以文字为禅"已经突破了佛教绮语口业观念的局限。

事实上，佛教对语言文字本身就持一种非常矛盾的态度：一方面认为实相本离文字，另一方面又承认不假文字，不能诠实相；一方面称"文字性空"，不可凭依，另一方面又认为正因文字性空，所以具解脱相；一方面斥责专习教相、不修禅行之人为"文字人"、"文字法师"，另一方面又视"文字"为五种般若（智慧）之一。这种矛盾的语言观是佛教二谛思维的产物，禅宗对此有极通达的理解。

---

① 《镡津文集》卷二〇《三高僧诗·謈之昼能清秀》。

② 《罗湖野录》卷下。

③ 《五灯会元》卷一九《昭觉克勤禅师》。

④ 释法印集、释普会续集：《禅宗颂古联珠通集》卷四〇"楼子和尚"公案慈受深、宝华鉴、偽堂仁颂古，台北艺文印书馆影印《禅宗集成》本第七册。

它表现出一种思想的宽容，为各种禅行为（包括否定语言和肯定语言的行为）提供了理论解释的可能。这样，不同文化背景下的禅门宗风的演变，都可以找到经典的支持。一般说来，唐代禅人的解释偏重于前一方面，如大珠慧海从“文字纸墨性空”推导出“不许诵经”的看法。而宋代禅人的解释则偏重于后一方面，如李纲从“言语解脱，文字相空”演绎出“于梦幻中即梦幻而作佛事，乃佛菩萨之旨也”的结论[①]。这种解释，正是宋代“文字禅”流布的理论基础。

与此相联系，禅宗内部出现了讨论言句的热潮，“死句活句”、“三玄三要”等等成为禅师争论的焦点，如惠洪的《林间录》《禅林僧宝传》、克勤的《碧岩录》、宗杲的《大慧普觉禅师语录》、祖琇的《僧宝正续传》等北宋后期至南宋前期的禅籍中都有这类讨论。值得注意的是，在北宋初编纂的《景德传灯录》里还没有“死句”、“活句”这两个词，而在南宋后期编纂的《五灯会元》里却常能看到这两个词。最突出的例子是，《五灯会元》卷一五《德山缘密禅师》有“但参活句，莫参死句”的说法，而《景德传灯录》卷二二《朗州德山缘密禅师》却无此记载。显然，前者的说法是言句讨论和文献发掘的产物。不拘一格的机锋也日益被总结为一条条有迹可寻的“句法”，变成参禅学佛的敲门砖。

## 三 “文字禅”发微：用例、定义与范畴

在宋代文化全面繁荣的背景下，禅宗典籍的制作编纂也进入黄金时期，以语言文字为载体的各类禅宗文献无可争议地提供了宋

① 《梁溪集》卷一三三《蕲州黄梅山真慧禅院法堂记》。

代禅宗“不离文字”的事实。然而，尽管学术界都承认宋代禅宗有“文字禅”的倾向，但对“文字禅”一词的具体含义却界说模糊或歧见纷纭。如李淼认为：“所谓文字禅主要是指的以文字语言去解说‘古德’、‘公案’的，即所谓颂古拈古的方式。”①谢思炜指出：“以临济宗杨岐派传人昭觉克勤《碧岩录》为标志，对公案加以辑集、评注、讲解的文字禅似乎成为一条不得已的出路。”②魏道儒以为：“所谓‘文字禅’，是指通过学习和研究禅宗的新经典而把握禅理的禅学形式。”③台湾大学刘正忠则通过对惠洪文集中“文字禅”一词用法的概括发现，“文字禅”应该是诗的别称④。应该说，以上定义都有合理之处，但李、谢、魏之说缺乏文献上的直接证据，而刘氏之说则过分囿于惠洪一己的用法。

在我看来，关于“文字禅”的含义，应该从三个角度来考察：一是证据的发掘，二是用例的分析，三是理论的总结。这样或许可以获得较为完备合理的解释。

首先需要解决的是，作为专称的“文字禅”首见于何处？始于何时？迄今为止，学术界都把“文字禅”一词的发明权归于惠洪。如黄启江指出：“‘文字禅’一词，来自惠洪的《石门文字禅》一书。”⑤刘正忠也认为：“‘文字禅’一词，应当首见于惠洪的《石门文字禅》。”并推测说，惠洪“到了过世前几年（指宣和年间，1119—1125），才以此名目来称呼其诗”。⑥然而，这些看法和推测是欠妥的。

---

① 李淼：《禅宗与中国古代诗歌艺术》第53—54页，台湾高雄丽文文化公司，1993年。
② 谢思炜：《禅宗与中国文学》第169页，中国社会科学出版社，1993年。
③ 魏道儒：《宋代禅宗文化》第75页，中州古籍出版社，1993年。
④ 刘正忠：《惠洪“文字禅”初探》，见《宋代文学研究丛刊》第2期，台湾高雄丽文文化公司，1996年。
⑤ 黄启江：《北宋佛教史论稿》第332页，台湾商务印书馆，1997年。
⑥ 刘正忠：《惠洪“文字禅”初探》，见《宋代文学研究丛刊》第2期，台湾高雄丽文文化公司，1996年。

据我所知，“文字禅”一词的更早用例至少可以前推至黄庭坚《题伯时画松下渊明》诗：“远公香火社，遗民文字禅。”任渊《山谷诗集注》卷九将此诗编于元祐三年（1088），可见比惠洪的用例要早三十多年。任渊的《山谷诗集注》完成于政和元年（1111）之前[①]，也比惠洪要早十余年。

那么，黄庭坚首创的“文字禅”到底指什么呢？任渊的注释至少提供了当时宋人对此词的理解：“《高僧传》曰：‘彭城刘遗民、豫章雷次宗等依远（慧远）游山，远乃于精舍无量寿像前建斋立社，共期西方，乃令遗民著其文。’又陈舜俞《庐山记》曰：‘遗民与什（鸠摩罗什）、肇（僧肇）二师好扬榷经论，文义之华，一时所挹。’乐天诗：‘本结菩提香火社。’《维摩经》曰：‘有以音声语言文字而作佛事。’《传灯录·达摩传》道副曰：‘如我所见，不执文字，不离文字，而为道用。’东坡寄辩才诗有‘台阁山林况无异，故应文字不离禅’之句。”[②]任渊的解释有这样一些内容：其一，“文字禅”是指东晋刘遗民（名程之，浔阳三隐之一）为慧远等人的西方斋社所作的净土誓文，不是指诗；其二，“文字禅”也指刘遗民与鸠摩罗什、僧肇等人的“扬榷经论”，挹佛经的“文义之华”，不只言文章之事；其三，“文字禅”实质就是“以音声语言文字而作佛事”，即泛指一切语言文字形式；其四，“文字禅”指禅“不离文字”或“文字不离禅”。这基本概括了“文字禅”一词在北宋的用法。

至于惠洪诗文集自定名为《石门文字禅》，则很可能受黄庭坚的启发。因为惠洪诗学黄庭坚，他的《冷斋夜话》中多次转述黄庭坚诗论，如“句中眼”、“夺胎换骨”等，所以“文字禅”一词，亦可能出自黄诗。从时间上推断，惠洪也应该读到任渊的《山谷诗集

---

① 任渊：《山谷诗集注》卷首附任渊《黄陈诗集注序》，《四部备要》本。

② 《山谷诗集注》卷九《题伯时画松下渊明》。

注》，对“文字禅”的理解当有会心之处。正如对“句中眼”、“夺胎换骨”的热衷强调一样[①]，惠洪也广泛运用“文字禅”一词，他的诗文集中，“文字禅”一词凡八见。见于诗句中有四处：

懒修枯骨观，爱学文字禅。江山助佳兴，时有题叶篇。相逢未暇语，辄复一粲然。岂须究所学，觅偈亦自贤。[②]

照人风骨玉欣然，来慰衰途亦自贤。肝胆秋光磨洞彻，齿牙岳色嚼芳鲜。应传画里风烟句，更学诗中文字禅。已作一灯长到晓，定能百衲不知年。[③]

旁舍潜夫十年旧，会茶时复坐僧毡。爱将夷甫雌黄口，解说定林文字禅。[④]

手抄《禅林僧宝传》，暗诵《石门文字禅》。拣得湘西好三角，春风归去弄云泉。[⑤]

见于文中有两处：

毗卢无生之藏，震旦有道之器。谈妙义借身为舌，擎大千以手为地。机锋不减庞蕴，而解文字禅；行藏大类孺子，而值休明世。[⑥]

南州仁公以勃窣为精进，以哆和为简静，以临高眺远未忘

① 除了《冷斋夜话》外，《石门文字禅》中亦有“句中眼”、“换骨法”之类的用例。参见本书第三章第一、二节。

② 《石门文字禅》卷九《贤上人觅偈》。

③ 同上卷一一《赠涌上人乃仁老子也》。

④ 同上卷一五《余将经行他山，德庄自邑中驰书作诗，见留。是夕，胡彦通亦会，二君于谈，达旦不寐。明日霜重，共读蔡德符兄弟所寄诗，有怀其人五首》之四。

⑤ 同上《与护法禅者》。

⑥ 同上卷一九《潘延之赞》。

> 情之语为文字禅。[1]

见于诗题、文题有两处：

> 《僧从事文字禅三首》[2]
> 《题佛鉴蓄文字禅》[3]

惠洪对“文字禅”一词并无明确的说明，但排比以上八处用例，可略推见其基本涵义。其一，“文字禅”是一种与“枯骨观”相对的修行方法。“枯骨观”即“骨锁观”，佛教九想观之一，属四禅中的观禅，性质为悬想静观。显然，“文字禅”应指与此相对应的以文字为对象的参禅方法。其二，“文字禅”与诗歌很有关系，所谓“江山助佳兴，时有题叶篇”、“诗中文字禅”、“未忘情之语为文字禅”都说明诗歌文字即是一种禅理的表现，或诗歌可以包容着禅理，禅理就在诗歌之中。其三，“文字禅”表现出惠洪试图弥合诗与禅冲突的苦心，“未忘情之语”即佛教视巧言绮语为业障、以贪情溺景为执障的观念的体现，而“文字禅”却以禅宗的智慧化解了这一冲突。正如画中可以有“风烟句”一样，诗中也可以有“文字禅”。诗画交融的思潮启发了诗禅相融的思路。其四，正如刘正忠所分析的那样，“暗诵《石门文字禅》”与“佛鉴蓄文字禅”两例是指惠洪自己的诗作；潘延之“机锋不减庞蕴，而解文字禅”，是指潘氏既善说禅理，又通诗学；《僧从事文字禅三首》中有“右辖诗清付水云”、“三多授子文

---

① 《石门文字禅》卷二〇《懒庵铭并序》。
② 同上卷一五。
③ 同上卷二六。

章法”之句，大约也指的是诗。[①]由此可见，就惠洪诗文集中“文字禅”的主要用法而言，刘氏将其定义为诗的别称大体是不错的。

然而，这决不是“文字禅”一词在宋代的全部用法。且不说黄庭坚的“遗民文字禅”不是指诗，就是惠洪的“爱将夷甫雌黄口，解说定林文字禅”也与诗无涉。“定林文字禅”并非如刘氏所猜测的那样，可能是指王安石晚年退居金陵来往于定林寺所作的富有禅味的诗，而是指达摩以来“不执文字，不离文字”的禅学。“夷甫”用王衍善于谈玄的典故，“定林”则可能用了禅门人人皆知的故实：梁钟山定林寺释僧副，曾从达摩求学，事见《续高僧传》卷一六。此僧副，禅籍作“道副”，《景德传灯录》卷三《第二十八祖菩提达摩》载：“时门人道副对曰：‘如我所见，不执文字，不离文字，而为道用。’师曰：‘汝得吾皮。’”任渊注黄庭坚诗“遗民文字禅”一句引用此条材料，这应当就是“定林文字禅”的出处。总之，“定林文字禅”更有可能是指“不离文字”的禅学，而非指王安石诗。稍晚于惠洪的诗人朱松（朱熹之父）有诗云：“未忘大学齑盐味，时说定林文字禅。”[②]即沿用惠洪的句意，上句言不忘儒家经典，下句言时说禅家宗旨。南宋戴复古有诗云：“好留一室馆狂客，早晚来参文字禅。”[③]也不可能指诗，因为诗人是用不着到寺院僧室里去早晚“参”诗的。

根据“文字禅”在宋代的用例，再参照宋人有关禅与文字的关系的论述，我认为，“文字禅”一词的定义从宋人的阐释和宋代禅宗的实际状况来看，大概有广义与狭义之分。广义的“文字禅”泛指一切以文字为媒介、为手段或为对象的参禅学佛活动，其内涵大约

---

① 《惠洪“文字禅”初探》。

② 朱松：《韦斋集》卷四《送黄彦武西上》，《四部丛刊续编》本。

③ 戴复古：《石屏诗集》卷一《寄报恩长老恭率》，《四部丛刊续编》本。

包括四大类：1. 佛经文字的疏解；2. 灯录语录的编纂；3. 颂古拈古的制作；4. 世俗诗文的吟诵。下面试分别而言之。

首先，“文字禅”是作为“哑禅”、“魔禅”、“暗证禅”的对立面而出现的，主张禅教合一，研读佛经，反对纯粹的“枯骨观”、“四禅八定”和“默照禅”。晁说之云：“或曰：‘教外别传。’不知教无等等，何外之有？传授圆成，何外之有？韶国师者故自斥之。(或曰)‘当绝语言。’不知此方以何为佛事？或曰：‘不立文字。’不知文字非真亦非妄，乃以何者为文字？尝求乎其人矣，前乎智者而导其教者，曰梁傅大士，北齐稠禅师；后来推极智者之教而尊之者，曰南山宣律师；其余达摩法门义同赞者，曰皎然禅师；晚则韶、寿二禅师；其密弘而取证者，永嘉禅师；虽异涂而不敢不赞者，曰贤首藏师；或叛去而窃用其意者，曰华严观师；有公而异同而意自有所在，曰慈恩基师。唯是圭峰密弘用其言而妄相排斥，专以四禅八定次第之学,何异儿戏以侮耆德。”①晁说之虽站在天台宗的立场反对“四禅八定”，但其思想却与当时禅宗内部的思潮相一致，正如他在同一篇文章中所说：“窃少闻大道于圆照禅师（慧林宗本），且有言曰：‘他日勉读经教。’其后三十年，果得明智于四明，视彼暗证禅、魔禅、鬼定文字法师乘坏驴车，无以正之，则不敢不自勉。”禅宗内部主张禅教合一的思潮最集中地体现在惠洪的《石门文字禅》中，惠洪屡次痛斥禅门“不立文字”之说所带来的流弊，而强调研读佛经的重要性：

> 旧学者日以慵惰，绝口不言；晚至者日以窒塞，游谈无根而已，何从知其书、讲味其义哉？脱有知之者，亦不以为意，不过以谓祖师教外别传、不立文字之法，岂当复刺首文字中

① 晁说之:《嵩山文集》卷二〇《宋故明州延庆明智法师碑铭》,《四部丛刊续编》本。

> 耶？彼独不思达摩已前，马鸣、龙树亦祖师也，而造论则兼百本契经之义，泛观则传读龙宫之书。后达摩而兴者，观音、大寂、百丈、断际亦祖师也，然皆三藏精入，该练诸宗，今其语具在，可取而观之，何独达摩之言乎？①
>
> 古之学者，非有大过人者，惟能博观约取，知宗而用妙耳。唐沙门道宣，通兼三藏，而精于持律。持律，小乘之学也，而宣不许人呼以为大乘师。枣柏长者力弘佛乘，而未尝一语及单传心要。方是时，曹溪之说信于天下，非教乘之论所当杂，宣公甘以小乘自居，枣柏止以教乘自志，竟能为百世师者，知宗用妙而已。禅宗学者自元丰以来，师法大坏，诸方以拨去文字为禅，以口耳受授为妙，耆年凋丧，晚辈猬毛而起，服纨绮，饭精妙，施施然以处华屋为荣，高尻磬折王臣为能，以狙诈羁縻学者之貌而腹非之，上下交相欺诳。视其设心，虽侩牛履豨之徒所耻为，而其人以为得计。于是佛祖之微言，宗师之规范，扫地而尽也。②

在禅宗的传统术语中，“文字”是指佛经文字，所谓“诸方以拨去文字为禅”，即指完全抛开佛经而习禅。因此，作为“以拨去文字为禅”的对立面，“文字禅”首先就应指“三藏精入，该练诸宗”，研读经教。

其次，“文字禅”是作为“口耳受授”之禅的对立面出现的。据传，云门宗开山大师云门文偃、杨岐派开山大师杨岐方会上堂说法，都不许人记录其语③，其目的是强调自证自悟。然而，任何一种思想学

---

① 《石门文字禅》卷二五《题宗镜录》。
② 同上卷二六《题隆道人僧宝传》。
③ 参见释惠洪：《林间录》卷上，上海古籍出版社影印《佛藏要籍选刊》本第十一册。又见《古尊宿语录》卷一九附释文政《潭州云盖山会和尚语录序》。

说的传播仅靠口耳受授是难以流传开来并留传久远的，语言必须通过文字形式记录下来，才能真正成为一种精神传统传世。禅宗当然也不例外，祖师作为肉体的生命形式必然会消亡，而后代的禅人只有通过他的语言的记录才能领悟其宗教精神，这就是惠洪在几篇禅师语录序中一再征引的“虽无老成，尚有典刑”的含义之所在。古代禅师的言行作为一种“典刑”，为后人提供了回忆和恢复早期禅宗原创性活力的可资凭借的有形文字和文献形式，从而避免了“枝词蔓说”、“懒惰自放”之类的流弊[①]。黄庭坚从另一个角度为语录——古代或当代禅师言说的文字记录作了有力的辩护：

> 佛以无文之印，密付摩诃迦叶，二十八传而至中夏，初无文字言说可传可说。真佛子者即付即受，必有符证，印空同文，于其契会。虽达摩面壁九年，实为二祖铸印。若其根契不尔，虽亲见德山，棒似雨点，付与临济，天下雷行，此印陆沉，终不传也。今其徒所传文字典要，号为一四天下品，尽世间竹帛不能载也。盖亦如虫蚀木，宾主相当，偶成文尔。若以为不然者，今有具世间智、得文字通者，自可闭户无师，读书十年，刻菩提印而自佩之矣。故曰：“神而明之，存乎其人。”“苟非其人，道不虚行。”[②]

这段话很有意思，在黄庭坚看来，若是钝根，即使亲自见到德山、临济禅师，仍无法传菩提心印；若是利根，则通过闭户读书仍可以自证心印。这显然是站在士大夫（具世间智、文字通者）的立场，

---

① 参见《石门文字禅》卷二三《洪州大宁宽和尚语录序》《临平妙湛慧禅师语录序》等。

② 《豫章黄先生文集》卷一六《福州西禅暹老语录序》。

对早期农禅的单纯重亲见口授的传宗方式表示怀疑，以为悟道不必非离文字，当视其“根契”如何。因此，对于士大夫来说，读语录比遭棒喝更为有益。

灯录的编纂和语录的编纂意义相近。陈垣指出：“灯录为记言体，与僧传之记行不同。”[①]记言体的灯录同样是为了提供可资后人借鉴的早期宗师精神记录的文献形式，“庶几后学，得见前辈典刑存焉尔”[②]。值得注意的是，宋人对待灯录，也是从“不离文字”的角度为其辩护，如杨亿云：“事资纪实，必由于善叙；言以行远，非可以无文。”[③]宋徽宗云：“则是录也，直指性宗，单传心印，可得于眉睫，可荐于言前。”[④]悟明云：“然前所谓不立文字，直指人心，见性成佛，此一络索，得非文字语言乎？若作文字语言会，未具衲僧眼在；不作文字语言会，亦未具衲僧眼在。”[⑤]事实上，灯录正是宋代士大夫参禅所凭借的主要文本，尤其是《景德传灯录》，它的功能有些像《世说新语》之于南北朝的谈玄者，成为两宋士大夫效法和模仿的教科书。换言之，读灯录也是“以文字为禅”的主要形式之一。

惠洪的《禅林僧宝传》的意义也在于此，将前辈大师的“前言往行”通过史传记载化为一种文字上的“典刑”[⑥]。惠洪在《题隆道人僧宝传》中明确地将《僧宝传》所载“祖师之微言，宗师之规范”与“诸方以拨去文字为禅，以口耳受授为妙”的流弊相对待[⑦]，足见

---

① 陈垣：《中国佛教史籍概论》第92页，中华书局，1988年。

② 释悟明：《联灯会要》卷首附自序，日本《续藏经》第二编乙第九套第三册。

③ 《景德传灯录》卷首附杨亿序。

④ 释惟白：《建中靖国续灯录》卷首附宋徽宗《御制建中靖国续灯录序》，日本《续藏经》第二编乙第九套第一册。

⑤ 释悟明：《联灯会要》卷首附自序。

⑥ 《石门文字禅》卷二六《题佛鉴僧宝传》谓欲以“先觉之前言往行”闻于后世，《题珣上人僧宝传》谓是录“皆丛林之前言往行”。

⑦ 同上。

广义的“文字禅”也应包括禅家的史传典籍。北宋中叶以前的僧史，均出自律僧之手。惠洪的《禅林僧宝传》开创了禅僧写僧史的先例。“手抄《禅林僧宝传》，暗诵《石门文字禅》”①，这两句诗表明，在当时的禅僧看来，《僧宝传》和《文字禅》的功能是相同的。这事实上意味着《僧宝传》与《文字禅》的性质也相通，即“以文字为禅”，只不过在文字的形式上有史传与诗文的不同罢了。后人正是从“不离文字”的角度来看待《禅林僧宝传》的典范意义，如明戴良云：“为佛氏之学者，固非即言语文字以为道，而亦非离言语文字以入道。观夫从上西竺东震诸师，固有兼通三藏、力弘心宗者矣。若马鸣、龙树、永嘉、圭峰是也。学者苟不致力于斯，而徒以拨去言语文字为禅，冥心默照为妙，则先佛之微言，宗师之规范，或几乎熄矣。觉范（惠洪）为是惧而撰此书……传曰：‘虽无老成人，尚有典刑。’又曰：‘君子多识前言往行，以蓄其德。’后之览者勉之哉！”②清林友王亦云：“大慈之入震旦也，虽云教外别传，不立文字，然而列祖相承，诸宗嗣起，其入道之机缘，登坛之提唱，与涅槃之证据，至今犹若目睹。此觉范《僧宝》一编，与大川《会元》，同为梵林之龟鉴也。”③

再次，“文字禅”也指以文字语言去解说古德公案的颂古、拈古等形式。汾阳善昭倡导公案代别和颂古，以复古主义的形式，将禅化为文字玄谈。“机锋”是禅宗区别于佛经言教的新的话语形式，正如善昭所说：“夫参玄之士，与义学不同，顿开一性之门，直出万机之路。心明则言垂展示，智达则语必投机。了万法于一言，截众

---

① 《石门文字禅》卷一五《与护法禅者》。

② 《禅林僧宝传》卷首附戴良《重刊禅林僧宝传序》。

③ 释自融：《南宋元明禅林僧宝传》卷首附林友王《南宋元明僧宝传序》，日本《续藏经》第二编乙第十套第四册。

流于四海。”①然而，禅之玄学所以优于义学，仅在于“顿开”、“直出”，没有思辨分析；在于“一言”而“了万法”，没有那么多烦琐注疏。至于语言文字，仍然是垂示了法和参玄投机的钥匙。禅师以语言文字示禅，学者通过语言文字解悟，语言文字是禅可示可悟的中介，只不过将三藏经论的逻辑语言换成公案机锋的俗语诗句的非逻辑语言而已。

“颂古”是以韵文对公案进行赞誉性解释的体裁，形式类似于诗歌。善昭作《颂古百则》，选择百则公案，分别以韵文阐释。雪窦重显受善昭影响，作《颂古百则》，把宋初的颂古之风推向高潮，风靡整个丛林，几乎所有能提笔的禅僧都有颂古之作，所有参禅者都要钻研颂古，所有著名禅师都发表过颂古的评说。于是，颂古著作剧增，构成禅宗典籍的重要组成部分。南宋僧人法应编《禅宗颂古联珠集》，“采摭机缘（即公案）三百二十五则，颂二千一百首，宗师一百二十二人”②。元代僧人普会编成《禅宗颂古联珠通集》，“加机缘又四百九十又三则，宗师四百二十六人，颂三千另五十首”③。尽管这些集子还不能囊括宋代全部颂古之作，但其规模也相当惊人。更重要的是，颂古作为有宋一代特有的体裁，比其他任何禅籍都更能体现整个时代“以文字为禅”的特色。特别是北宋中叶的雪窦重显把汾阳善昭注重的玄言演变成辞藻之学，更代表了宋代禅宗走向“文字禅”的大趋势。在这一趋势的影响下，甚至连提倡“默照禅”的天童正觉禅师，也有传世的颂古百则为后人评唱④；而火烧《碧岩录》版的大慧宗杲禅师，也曾取古德公案一百一十则，作颂古

① 释楚圆集：《汾阳无德禅师语录》卷上，《大正藏》第四十七卷。
② 《禅宗颂古联珠通集》卷首附释法应《禅宗颂古联珠集序》。
③ 同上卷首附释普会《禅宗颂古联珠通集序》。
④ 见释正觉颂古、释行秀评唱：《万松老人评唱天童觉和尚颂古从容庵录》，《大正藏》第四十八卷。

一百一十首[①]。圆悟克勤的《碧岩录》无疑是宋代“文字禅”的代表作之一，它把公案、颂文和经教三者结合起来，用评唱直截了当地解说禅师的前言往行，其语言文字仍保留着禅宗的特色。从后人对它的指责或赞扬来看，它应当是“文字禅”的主要形式之一，如大慧宗杲就痛恨它诱使后学“不明根本，专尚语言，以图口捷”[②]；而三教老人则为其辩护：“拈花微笑以来，门竿倒却之后，才涉言句，非文字无以传，是又不可废也。”[③]

“拈古”是以散文或语录形式阐释评议公案的体裁。据圆悟克勤所说，拈古阐释公案的方式是“据款结案”，即用有逻辑的语言叙述和评判古德公案的意旨，与颂古的“绕路说禅”的方式不同[④]，但在重视以文字阐说公案方面却并无二致。

在颂古、拈古流行的同时，注疏类和辞书类的禅门典籍也蔚然兴起。有代表性的如北宋绍圣年间（1094—1098）释彦琪的《注证道歌》，大观年间（1107—1110）释善卿的《祖庭事苑》，其撰述动机无非是想通过文献的旁征博引，为学者辨明“释教之因缘，儒书之事迹”的源流[⑤]，其“以文字为禅”的倾向与颂古、拈古完全相同。

此外，大慧宗杲提倡的“看话禅”，虽从表面上看是反对以语言意度而谈禅解禅的，但从其参究的对象和方式来看，仍是与公案文字有关。所谓“看话”，是指参究“话头”；而“话头”，指的是公案中的答话。《大慧普觉禅师语录》中常参究的话头有“庭前柏树子”、

---

① 参见释祖咏：《大慧普觉禅师年谱》，见吴洪泽编《宋人年谱集目/宋编宋人年谱选刊》，巴蜀书社，1995年。

② 释重显颂古、释克勤评唱：《佛果圜悟禅师碧岩录》（简称《碧岩录》）卷末附元代径山住持释希陵《碧岩录后序》，《大正藏》第四十八卷。

③ 《碧岩录》卷首附三教老人《碧岩录序》。

④ 《碧岩录》卷一第一则《圣谛第一义》。

⑤ 参见释善卿：《祖庭事苑》卷首附释法英《祖庭事苑序》，日本《续藏经》第二编第十八套第一册。

“麻三斤”、“干屎橛”、“狗子无佛性”、“一口吸尽西江水”、“东山水上行”之类，就参究对象而言，仍是古禅师的“典刑”[①]，仍是话语本身，而不是以“势”示禅的唐代宗风中特有的动作姿势。而“看话禅”参究的方式，是所谓“须参活句，莫参死句。活句下荐得，永劫不忘；死句下荐得，自救不了”[②]。“活句”、“死句”从根本上来说，还是与文字的表达有关，即所谓“语中有语，名为死句；语中无语，名为活句”[③]。二者的区别只是在于“死句”与逻辑分析相关，“活句”则涉及直觉体验。正因如此，大慧宗杲虽火烧《碧岩录》版，但仍不妨作颂古百余则。而他的“看话禅”，以话头为参究对象，从某种意义上说，更深刻地体现了“文字禅”的精神，即不仅仅把文字视为传教的工具，而是将其视为高度抽象的般若智慧的体现，勘破话头，便能成佛作祖。

最后，“文字禅”是作为“禅者不当以翰墨为急”的传统观念的对立面出现的。“文字”指连缀而成的文章，尤其指文采斐然的诗歌。辩才《次韵参寥诗》云：“岩栖木食已皤然，交旧何人慰眼前。素与昼公心印合，每思秦子意珠圆。当年步月来幽谷，柱杖穿云冒夕烟。台阁山林本无异，故应文字不离禅。”[④]“昼公”是以唐诗僧皎然（清昼）比喻诗僧参寥（道潜），“秦子”指诗人秦观。根据上下文来看，“文字”是特指诗歌，“文字未离禅”是特指作诗、参禅本无区别，正如台阁与山林本无区别一样。惠洪的《石门文字禅》主要取义于此，即把诗歌视为禅的一种表现。一般说来，从纯宗教的

---

① 如“庭前柏树子”为赵州从谂禅师话头，“麻三斤”为洞山良价禅师话头，“干屎橛”为云门文偃禅师话头，“狗子无佛性”为赵州从谂话头，“一口吸尽西江水”为马祖道一禅师话头，“东山水上行”为云门文偃话头。

② 《大慧普觉禅师语录》卷一四《普说》。

③ 语见释惠洪《禅林僧宝传》卷一二《荐福古禅师传》。

④ 《苏轼文集》卷六八《书辩才次韵参寥诗》。

角度看，诗与禅是有冲突的。即使按照“不离文字”的说法，“文字”也应指经藏、语录、偈颂等，而不包括文学作品。所以禅僧作诗总有一种自责感。惠洪就常常感受到内心的冲突和外界的压力，对自己诗文中的“未忘情之语”尤感惭愧：

> 往时丛林老衲多以讲宗为心，呵衲子从事笔砚。予游方时省息众中，多习气，抉磨不去，时时作未忘情之语，随作随弃。①
>
> 予幻梦人间，游戏笔砚，登高临远，时时为未忘情之语，旋踵羞愧汗下。②
>
> 予始非有意于工诗文，夙习洗濯不去，临高望远，时时戏为语言，随作随毁，不知好事者皆能录之。南州琦上人处见巨编，读之，面热汗下。③
>
> 余少狂，为绮美不忘情之语。年大来，辄自鄙笑，因不复作。④

“未忘情之语”其实就是世俗的诗文，尤其指诗，它与禅僧追求的入定的境界是相矛盾的。尽管如此，惠洪的诗却在同时代的丛林中颇受欢迎，上引诸文就可见出友辈和后辈禅僧非常喜欢收录他的诗。而且，惠洪的自责中常隐藏着几分自豪，惭愧后常附带加一点辩护，对收蓄其诗的禅僧往往加以鼓励：“然佳言之好学，虽鄙语如予者亦收之，世有加予数十等之人，其语言文字之妙，能录藏以增益其智识，又可知矣。”⑤“然佳琦之好学，虽语言之陋如仆者，亦不肯遗，

---

① 《石门文字禅》卷二六《题弼上人所蓄诗》。
② 同上《题言上人所蓄诗》。
③ 同上《题自诗》。
④ 同上《题自诗与隆上人》。
⑤ 同上《题言上人所蓄诗》。

况工于诗者乎!”[1]显然，惠洪骨子里仍认为诗是有益于学禅的，不仅收录诗可以增益知识，就是作诗也无损于参禅:“予于文字未尝有意，遇事而作，多适然耳。譬如枯株无故蒸出菌芝，儿稚喜争攫取之，而枯株无所损益。”[2]正是在这种认识的基础上，惠洪最终调和了诗与禅的矛盾:“以临高眺远未忘情之语为文字禅。”[3]事实上，“文字禅”不只是惠洪夫子自道，而且真实地概括了宋代诗僧世俗诗词的吟咏，苏轼所称赏的一帮“以笔砚作佛事”的吴越名僧，也主要是他旧时的诗友，或“能文善诗及歌辞”，或“作诗清远如画工”，或“行峻而通，文丽而清”，或“语有璨、忍之通，而无岛、可之寒”。[4]进一步而言，不仅禅僧之诗可称为“文字禅”，士大夫之作也有同样的效用，如苏轼云:“暂借好诗消永夜，每逢佳处辄参禅。”[5]有助于参禅之诗，非“文字禅”而何?

所谓狭义的“文字禅”，就是指一切禅僧所作忘情的或未忘情的诗歌以及士大夫所作含带佛理禅机的诗歌。以惠洪为例，他的诗文集中既有谈禅说佛的诗偈，也有绮美多情的歌辞，而概称为“文字禅”。因此，以“文字禅”作为诗的别称，与其说是表现了作诗者融合诗禅的意图，不如说是取决于读诗者的接受态度，即把诗（不管是否忘情之语）当作禅的文本来阅读。

综上所述，我把“文字禅”的定义分为广义和狭义，既符合宋代人的阐释和宋代禅宗的实际情况，也符合惠洪“文字禅”的基本用法和对文字与禅关系的基本看法。事实上，在《石门文字禅》中，

---

① 《石门文字禅》卷二六《题自诗》。
② 同上《题珠上人所蓄诗卷》。
③ 同上卷二〇《懒庵铭序》。
④ 见《东坡志林》卷二《付僧惠诚游吴中代书十二》。
⑤ 《苏轼诗集》卷三〇《夜直玉堂，携李之仪端叔诗百余首，读至夜半，书其后》，中华书局排印本，1982年。

我们能找出许多为佛经文字、公案语录、僧史灯录、诗文偈颂等一切文字形式辩护的言论，因此，即使是惠洪的“文字禅”，也有广义狭义之分。

值得指出的是，除了上述的定义外，我们还可以发现宋人关于“文字禅”论述中蕴含的普遍精神：一是尊崇古典规范，重视传统资源，视文字为文献；二是主张博览精研，遍参饱参，视文字为学术；三是欣赏绮词丽句，提倡言之有文，视文字为美文。而这些精神显然与“文字禅”的阐释学语境——宋代士大夫普遍的禅悦倾向分不开。换言之，在禅宗从不立文字到不离文字的形式化、学术化、文学化的过程中，文化素养高的士大夫发挥了不可忽视的作用。同时我们还可看到，宋代诗歌也在近似的阐释学语境中完成了“以文字为诗”的过程，其形式化、学术化与“文字禅”正好是同步的。

# 第二章 ◎ “文字禅”的阐释学语境：宋代士大夫的禅悦倾向

## 一　参禅学佛与文化整合

士大夫的参禅学佛活动，在北宋中叶以前，大抵和晚唐五代相类似，总体说来水平不高，规模不大，除了杨亿、晁迥、王随、曾会、李遵勖、许式等数人被收入灯录外[①]，其余找不出多少可以称得上“居士”的人。换言之，参禅学佛还主要是一种个人爱好，还未形成社会风气。禅宗对诗歌的影响更有限，曾删改润色《景德传灯录》的杨亿和曾撰写《法藏碎金录》的晁迥，都是西昆体作家，其

① 如杨亿见《嘉泰普灯录》卷二三(日本《续藏经》第二编乙第十套第一册)、《五灯会元》卷一二、《居士分灯录》卷上(日本《续藏经》第二编乙第二十套第五册)、《居士传》卷二〇；晁迥见《居士分灯录》卷上、《居士传》卷二一；王随见《嘉泰普灯录》卷二二、《五灯会元》卷一一、《居士分灯录》卷上、《居士传》卷二一；曾会见《嘉泰普灯录》卷二二、《五灯会元》卷一六、《居士分灯录》卷上；李遵勖见《嘉泰普灯录》卷二二、《五灯会元》卷一二、《居士分灯录》卷上；许式见《嘉泰普灯录》卷二二、《居士分灯录》卷上。

“雕章丽句”的诗中，何曾能见到禅宗通脱自然的影子？

宋仁宗庆历前后，朝野上下掀起一股排佛浪潮，范仲淹、张方平等人从政治或经济的角度提出限制僧尼的主张[①]，孙复、石介、欧阳修、李觏等人则从思想上对佛教大肆挞伐。排佛浪潮的出现有其特定的社会背景。一是宋代统治者要求建立一种稳定的符合中央集权制的意识形态，儒家的社会政治伦理学说正符合这种时代需要。经历过太祖、太宗、真宗三朝的文化积累，儒家文化已全面复兴，以天下为己任、恢复先王古道的政治意识和道统意识已成为士大夫中的普遍思潮。而随着道统意识的加强，必然视佛老为异端，韩愈的《原道》正成为这个时代的旗帜。二是西夏的入侵形成尖锐的民族矛盾，华夷之辨是维系中华民族传统文化的重要课题，佛教作为外来文化与传统的儒家文化相冲突，自然被视为异端邪说。三是民族矛盾引发社会危机，宋代统治者和一切有识之士都把注意力集中到富国强兵的现实政治问题上来。而作为以个人生死解脱为主旨的佛教禅宗思想，由于与此现实政治问题毫不相干，所以相对遭到唾弃。四是由于佛教势力膨胀，使得游民混迹其间，滥度僧尼，大建佛寺，造成不少社会问题和经济问题。因此包括同情佛教的士大夫也主张限制佛教的规模。

这一时期，美文性的诗歌也遭到相似的命运。不仅石介这样的极端分子根本否定文学的独立价值，称魏晋以下“声律对偶之言”，“浮华相淫，功伪相炫”，“斯文其蠹也”，[②]而且梅尧臣这样的诗人也一再指责“烟云写形象，葩卉咏青红”的诗风[③]，声称“不书儿女书，

---

① 参见范仲淹：《范文正公集》卷七《上时务书》，《四部备要》本；张方平：《乐全集》卷一五《原蠹篇》，台湾商务印书馆影印文渊阁《四库全书》本。

② 石介：《徂徕石先生文集》卷七《录蠹书鱼辞》。

③ 梅尧臣：《宛陵先生集》卷二五《答韩三子华韩五持国韩六玉汝见赠述诗》，《四部丛刊》本。

不作风月诗。唯存先王法，好丑无使疑”[①]。在仁宗时代的诗论里，诗歌的主要功能是教化与讽谏，即纲纪人伦，干预政治。总之，在意识形态的各个领域，这一时代都强调的是实用和功利，强调的是定于一尊的道统和文统。

然而，随着北宋与西夏暂时休兵，民族矛盾相对缓和，随着封建文化复兴走向深入，石介式的偏激道统观显然日益不得人心。苏轼的话很有代表性："近世士大夫文章华靡者，莫如杨亿，使杨亿尚在，则忠清鲠亮之士也，岂得以华靡少之。通经学古者，莫如孙复、石介，使孙复、石介尚在，则迂阔矫诞之士也，又可施之于政事之间乎？"[②]事实上，曾遭石介痛斥的杨亿，在晚年的欧阳修那里得到相当的尊重，而杨亿的西昆体诗，也在后来王安石、黄庭坚及江西诗派中以各种不同方式继续表现出来。有趣的是，尽管欧阳修、梅尧臣等人领导的诗文革新运动是以儒家的文统为出发点，而这一运动的继承者，真正称得上诗人作家的，却往往对佛教特别是禅宗思想表现出浓厚的兴趣。

研究禅宗史的学者，都普遍注意到两宋士大夫参禅的盛况，却未留心禅悦之风的真正席卷朝野是在北宋中叶特别是熙宁（1068—1077）以后。苏轼的师友张方平曾说过一句令王安石大为叹服的话："儒门淡薄，收拾不住，皆归释氏。"[③]这是对隋唐五代儒学停滞衰落状况的如实概括，也是对孙复、石介等浅薄的儒者表示不满。熙宁以后禅悦之风的大盛表现在以下几个方面：

其一，士大夫参禅队伍空前庞大，有相当多的朝廷重臣和文坛领袖热衷释典，栖心禅寂，据《嘉泰普灯录》《五灯会元》《居士分

---

① 梅尧臣：《宛陵先生集》卷二六《寄滁州欧阳永叔》。
② 《苏轼文集》卷二五《议学校贡举状》。
③ 见《扪虱新话》上集卷三《儒释迭为盛衰》。

灯录》《居士传》等典籍记载，仅位至宰辅（宰相、参知政事、枢密使、枢密副使或同等职务）的就有富弼、赵抃、张方平、文彦博、欧阳修、司马光、吕公著、王安石、吕惠卿、苏辙、张商英、吴居厚、张浚、徐俯、李纲、李邴、钱端礼等等，其中当然不乏灯录作者拉名人壮声势的情况，如欧阳修、司马光很难说是宗门信徒，但也有对禅学研究极深的真正居士，如富弼、张方平、王安石、张商英、李纲等人。此外，北宋后期的诗坛盟主苏轼、黄庭坚、陈师道等，也与佛禅有非常密切的联系。这批宰臣和文豪的思想取向，无疑对整个社会风气发生巨大影响。在北宋后期的士大夫社交圈子里，几乎出现了“不谈禅，无以言”的状况①。在熙宁以前，还难得看到士大夫以“居士”为别号的现象，而熙宁以后，“居士”的名号简直泛滥成灾。苏门文人和江西诗派几乎由一帮居士组成，如淮海居士、后山居士、姑溪居士、东湖居士、溪堂居士、竹友居士、清非居士等等。

其二，士大夫的禅学水平空前提高，对佛经禅学的意旨多有发明，士大夫为佛经作注疏以及为禅师语录作序成为一时风尚。著名的如王安石著《维摩诘经注》三卷②、《楞严经解》十卷③，又著《华严经解》④；黄庭坚为翠岩可真、云居元祐、大沩慕喆、翠岩文悦、福州西禅暹老诸禅师作序⑤。张商英对佛禅更是深有研究，不仅从兜率从悦禅师参禅、为禅门大德语录作序，而且撰写《护法论》《金刚经四十二分说》《法华经合论》等⑥。士大夫的禅学水平也受到禅师们的

① 如司马光《温国文正司马公文集》(《四部丛刊》本)卷一五《戏呈尧夫》云:“近来朝野客,无座不谈禅。”
② 见脱脱等:《宋史·艺文志四》,中华书局排印本,1977年。
③ 见晁公武:《郡斋读书志》卷五,《四部丛刊三编》本。
④ 见《苏轼文集》卷六六《跋王氏华严经解》。
⑤ 见《豫章黄先生文集》卷一六。
⑥ 见日本《续藏经》目录。

高度评价，如惠洪称赞王安石的《楞严经解》“其文简而肆，略诸师之详，而详诸师之略，非识妙者莫能窥也”[①]；惠洪作《智证传》，屡引苏轼之说与佛经禅籍相印证，如引苏轼《虔州崇庆禅院新经藏记》证《金刚般若经》[②]。一些士大夫所作禅师语录序，也颇为丛林称道：“本朝士大夫与当代尊宿撰语录序，语句斩绝者，无出山谷（黄庭坚）、无为（杨杰）、无尽（张商英）三大老。”[③]尤其是张商英的禅学，更受到禅门学者的推许，称“相公禅”，后来竟有禅门长老承嗣张商英开堂说法。[④]

其三，士大夫中以反佛排佛相标榜的理学家也普遍受佛教学说影响，与此前的孙复、石介等人的作风大为不同。理学奠基人周敦颐曾从学于润州鹤林寺寿涯禅师，又问道于晦堂祖心，在庐山与东林常总讨论“性及理法界、事法界”，后从佛印了元悟禅旨，并追慕东晋白莲社故事，而结青松社，推佛印为社主。[⑤]程颢“自十五六时，闻汝南周茂叔论道，遂厌科举之事，慨然有求道之志。未知其要，泛滥于诸家、出入于老释者几十年”[⑥]。程颐虽自夸为“醇儒”，但也暗受禅学戒、定、慧修行方式的影响，“每见人静坐，便叹其善学”[⑦]。而他与灵源惟清禅师的交往也非同一般，《禅林宝训》中尚存二人往来的书状[⑧]。程门四先生游酢、杨时、吕大临、谢良佐更是出入于禅，力图打通儒释墙壁，谢良佐“说‘仁’字，正与尊宿谈禅

---

① 《林间录》卷上。
② 《智证传》。
③ 释道融:《丛林盛事》卷下，日本《续藏经》第二编乙第二十一套第一册。
④ 见《避暑录话》卷上。
⑤ 见《云卧纪谭》卷上、《居士分灯录》卷下等。
⑥ 《二程文集》卷一一程颐《明道先生行状》，《正谊堂全书》本。
⑦ 程颢、程颐:《二程全书》卷三七，《四部备要》本。
⑧ 释净善集:《禅林宝训》卷二引《笔帖》“灵源谓伊川先生曰”共二条，《大正藏》第四十八卷。

一般”。杨时尝曰:“微生高乞醯与人，孔子以为不直。《维摩经》云:‘直心是道场。’儒佛至此，实无二理。”又曾论《孟子》“形色天性”一章曰:“此与释氏色空之论何异?”吕本中致书游酢曰:“定夫既从二程学后，又从诸禅游，则儒释两家必无滞阂，敢问所以不同何也?”酢答曰:“佛书所说，世儒亦未深考。往年尝见伊川云:‘吾之所攻者，迹也。’然迹安所从出哉!此事须亲到此地，方能辨其同异。前辈往往不曾看佛书，故诋此如此，而其所以破佛者，乃佛书正不以为然者也。”①这些北宋后期的理学家为排佛的前辈不读佛书感到遗憾。不管他们是否怀着“入虎穴，探虎子”、“透识禅弊”的目的，总之，在客观上推动了禅悦之风的流行。

北宋中叶后禅悦之风大盛有多方面原因，潘桂明先生认为至少有三个因素:第一，所谓“儒门淡薄，收拾不住”;第二，士大夫因官场受挫而遁入空门;第三，与禅僧诗文相酬，情趣相投。②然而，这似乎只是唐宋时期士大夫参禅的基本原因，还不能解释北宋中叶后整个朝野参禅活动的盛况。事实上，宋代文化重建的目标，正是要改变“儒门淡薄，收拾不住”的局面，孙复、石介、欧阳修、李觏等人的排佛就是有见于此。显然，在儒学复兴运动之后出现的禅悦之风，有其更深刻的原因。同时，我们发现，有相当多的士大夫在未受挫折之前就已对佛典禅籍表示出浓厚的兴趣，如黄庭坚、张商英、徐俯、李纲等人。禅宗对于他们来说，不仅是一种现实中的宗教信仰，也是一种古典的精神传统。宋代文化的全面高涨造就了士大夫良好的学术修养，大量书籍的印行出版培养出他们大得惊人的阅读胃口，“一书之不见，一物之不识，一理之不穷，皆有憾

---

① 见《居士分灯录》卷下。

② 见潘桂明:《中国禅宗思想历程》第440—450页，今日中国出版社，1992年。

焉”[①]。显然，传统的儒家经典已不能满足这种需要，佛书禅籍自然而然进入士大夫的视野。换言之，他们像对待其他古典文献一样也把禅宗看成一种文献，一种人生必备的知识。他们不再像前辈儒者那样意气用事、致力于排佛老，而更多地用一种心平气和的理性态度去对待佛禅这份遗产，使之融合于以儒学为主体的封建传统文化中。这是文化复兴运动达到理性阶段所必然出现的现象。因此，可以这样说，禅悦之风的盛行与北宋文化的全面繁荣分不开，它符合一种文明达到鼎盛后所必然产生的文化整合的需要。宋代各文艺领域的“集大成”之说，都出现于熙宁之后[②]，正是这种文化整合观念的反映。

正是出于文化整合的需求，宋代禅悦之风已不同于唐代，士大夫更直接地加入了禅宗思想、文献的整理和阐释工作，同时也更自觉地把佛禅的文化资源移植到意识形态的其他领域，尤其是文学艺术领域。这样，一方面是文化素养较高的士大夫不断将学术气质、文学气质带进宗门，助长“以文字为禅”的新宗风；另一方面是佛禅文献作为全新的语言资源进入诗坛，与其他传统典籍一道助长“以文字为诗”的新诗风。如苏轼“平生斟酌经传，贯穿子史，下至小说、杂记、佛经、道书、古诗、方言，莫不毕究”，故能“如长江大河，汪洋闳肆，变化万状”；[③]黄庭坚、陈师道之诗“用事深密，杂以儒佛，虞初稗官之说，隽永鸿宝之书，牢笼渔猎，取诸左右”[④]。严羽在《沧浪诗话·诗体》中提出“元祐体”的概念，谓指“苏、黄、陈

---

① 陆游：《渭南文集》卷三九《何君墓表》，《四部丛刊》本。

② 参见《苏轼文集》卷七〇《书吴道子画后》；秦观：《淮海集》卷二二《韩愈论》，《四部丛刊》本。

③ 王十朋：《集注分类东坡先生诗》卷首附自撰《集注分类东坡先生诗序》，《四部丛刊》本。

④ 《山谷诗集注》卷首附许尹《黄陈诗集注序》。

诸公”；又批评近代诸公“以文字为诗，以才学为诗，以议论为诗”，“且其作多务使事，不问兴致，用字必有来历，押韵必有出处”。[①]当然，作诗是不可能“无文字为诗”的，严羽的意思是“近代诸公”（尤指苏、黄、陈诸公）把主要精力用在了使事、用字、押韵等的讲究上了。张宏生认为，元祐诗风形成的前提是政治倾向和结盟意识[②]。但是在宋代其它时期，如庆历年间石介和欧阳修等人的政治倾向和结盟意识也很强，却未形成为后人所承认的有特征的诗风。显然，元祐诗风的形成与当时文坛的学术化思潮和禅悦之风分不开，而与政治因素关系不太大。事实上，在苏轼的政敌王安石的诗中，我们仍然能看到元祐体的作风，使事、用字、押韵多有共同的追求。换言之，元祐诗风的形成是诗坛“文字化”的必然产物，而佛禅文献的文字资源在这一过程中发挥了不可忽视的作用。

“诗为儒者禅”这句唐人提出的口号，在宋代尤其是熙宁以后才真正得以实现。在宋诗发展的历程中有一个颇值得玩味的现象，即真正称得上诗人的士大夫，往往与禅宗有种种瓜葛，对佛教有特别的兴趣；而激烈排斥佛教的士大夫，或者并不以文学见长，或者从维护儒家道统的立场出发根本否定文学的独立价值，典型的是石介和程颐，前者把杨亿的“淫巧浮伪之言”与佛老“妖妄怪诞之教”并列在一起，当作“坏乱破碎我圣人之道者”；[③]后者则把杜甫的一些写景诗称为“闲言语”，认为“作文害道”。[④]在整个宋代，诗人的诗歌也一直遭到理学家的非难和排斥。相比之下，尽管佛教包括禅宗也把文学创作视为绮语、口业，但佛教的二谛思维方式却远比儒

---

① 严羽：《沧浪诗话·诗辩》，《历代诗话》本，中华书局，1981年。

② 张宏生：《元祐诗风的形成及其特征》，见《文学遗产》1995年第5期。

③ 《徂徕石先生文集》卷五《怪说》。

④ 《二程语录》卷一一，《正谊堂全书》本。

家的道统一元论具有灵活性，从而为文学创作提供了辩护的借口。因此，宋代的诗学和佛学、禅学在更多的情况下不是互相排斥，而是很自然地结合在某些诗人身上。就王禹偁和欧阳修而言，正是他们身上的诗人气质使他们从一味复古原道的立场上后退，从而濡染上佛教。这似乎表明，禅宗与文学尤其是诗歌，对于士大夫的人生具有某种近似的意义。这种近似的意义不仅表现为二者均为对世俗生活的超越，在解脱人生存在的痛苦方面颇有相通之处，而且表现为二者对语言游戏性质的肯定，在语言的游戏中使人生获得真正的自由。关于这一点，我将在第四章详细论及，兹不赘述。

值得注意的是，尽管杨亿的参禅与他的文学家气质相关，但他的诗歌仍缺乏禅意，他本人也从未自觉意识到要以禅为诗。与他同时代的其他近禅诗人也是如此。这种现象直到熙宁后才得以改变。这恰好印证了我前面申述的观点，即直到北宋文化发展到鼎盛，出现文化整合思潮时，诗歌和禅宗相融的潜在可能性才变为现实性，诗人才真正从参禅活动中受益。

宋代士大夫的参禅活动不是一种盲目的宗教崇拜，而是充满一种理性的怀疑精神，这表现为普遍对口耳受授的农禅传法方式的不满，提倡藉教悟宗。苏轼对当时的禅宗流弊大加挞伐："近岁学者各宗其师，务从简便，得一句一偈，自谓了证，至使妇人孺子，抵掌嬉笑，争谈禅悦，高者为名，下者为利，余波末流，无所不至，而佛法微矣。"[①]禅的简易化，同时也是禅的庸俗化。救此流弊的良药就是研习佛经。宋人参禅的过程，一般是由研读佛经入手，最后证之以禅家心印，从而使参禅不再是一种外在的宗教形式，而化为一种内在的心灵自觉，真正在解破疑团之后获得无上的喜悦。

---

① 《苏轼文集》卷六六《书楞伽经后》。

由于有这种理性精神，士大夫参禅由被动接受变为主动选择，反馈于禅学，就是对某些适合宋代士人心理需要和文化需要的佛教经典表现出明显的偏爱。除了唐代士大夫常阅读的《维摩》《金刚》二经外，《华严》《楞严》《圆觉》三经取代早期达摩时代的《楞伽》《法华》等经成为宋代居士参究的主要经典。《华严经》本是华严宗的经典，但以其事理圆融受到宋代士大夫的特别爱好。王安石曾作《华严经解》①；蒋之奇（字颖叔）亦撰《华严经解》三十篇②；欧阳修晚年借《华严经》，读至八卷而终③；周敦颐曾与常总禅师讨论华严理法界、事法界④；程颢亦曾观《华严合论》⑤；陈瓘（字莹中）早年即留心内典，特爱《华严经》，号华严居士⑥；张商英曾与克勤禅师剧谈《华严》旨要⑦；陈师道曾因布施寺院而买《华严经》一部八十策（册），自称“将口诵而心追”⑧；吴则礼闲居时声称“大部《华严经》，字字要饱观”⑨；李纲最精通《易》与《华严》二经⑩。至于苏轼与黄庭坚，也非常熟悉华严学说。苏轼有阅读《华严法界观》的自供⑪；黄庭坚用“行布”一词论诗论画，就是借用华严宗的术语⑫。华严

---

① 《苏轼文集》卷六六《跋王氏华严经解》。
② 《罗湖野录》卷下。
③ 《居士分灯录》卷下。
④ 同上。
⑤ 同上。
⑥ 同上。
⑦ 《罗湖野录》卷上。
⑧ 《后山居士文集》卷一七《华严证明疏》。
⑨ 吴则礼：《北湖集》卷一《闲居》，台湾商务印书馆影印文渊阁《四库全书》本。
⑩ 《居士传》卷二九《李伯纪传》。
⑪ 参见《苏轼诗集》卷一三《和子由四首·送春》。
⑫ 如《山谷诗集注》卷一六《次韵高子勉十首》其二云：“行布佺期近。”任渊注：“‘行布’字本出释氏，而山谷论书画数用之。按释氏言华严之旨曰：‘行布则教相施设，圆融乃理性即用。’”又如《豫章黄先生文集》卷二七《题明皇真妃图》云：“故人物虽有佳处，而行布无韵，此画之沉痾也。”按：释志磐《佛祖统纪》(《大正藏》第四十九卷)卷三上曰：“华严所说，有圆融、行布二门，行布谓行列布措。”

构想圆融无碍的宇宙体系，禅则发明人的主观心性，而这正是传统儒学所缺乏的，因此二者均成为构筑宋代理学的重要因素。华严通禅，儒释相融，也正与这个时代的文化整合观念相关。

更能体现宋代士大夫参禅特点的是《楞严》《圆觉》倍受推崇，在佛经中的地位不断上升，成为参禅学佛的基本教材。政和年间（1111—1117）进士郭印有诗云："《楞严》明根尘，《金刚》了色空；《圆觉》祛禅病，《维摩》现神通。四书皆其教，真可发愚蒙。"① 就是北宋中叶以来士大夫以此四部佛经为启蒙教材的真实写照。而其中《楞严》《圆觉》尤为宋人所青睐。王安石归老钟山，对《楞严经》颇为偏爱，每曰："今见此经者，见其所示，性觉妙明，本觉明妙。知根身器界生起，不出我心。"② 又曾问真净克文禅师："诸经皆首标时处，独《圆觉》不然，何也？"克文回答曰："顿乘所演，直示众生，日用现前，不属古今。"③ 苏辙自称曾"取《楞严经》翻覆熟读，乃知诸佛涅槃正路，从六根入"④。黄庭坚也很熟悉《楞严》《圆觉》二经，他不仅亲自手书《楞严经》⑤，而且诗中也常用《楞严》《圆觉》中的典故语词。张商英著《护法论》，重点引证的也是《圆觉经》《楞严经》。到了南宋，大慧宗杲禅师《宗门武库》更重点提倡参究《楞严》《圆觉》，甚至孝宗皇帝亲自以禅学思想注解《圆觉经》，并以《御注圆觉经》赐径山传法⑥。

《楞严》《圆觉》二经的倍受推崇与宋代禅宗逐渐由农禅转化为士大夫禅分不开。换言之，这二部佛经具有特别适应宋代文化需要

---

① 郭印：《云溪集》卷五《闲看佛书》，台湾商务印书馆影印文渊阁《四库全书》本。
② 《林间录》卷下。
③ 《嘉泰普灯录》卷二三《荆公王安石居士》。
④ 苏辙：《栾城集·后集》卷二一《书楞严经后》，上海古籍出版社排印本，1987年。
⑤ 黄庭坚：《豫章先生遗文》卷九《书自书楞严经后》，祝氏汉鹿斋补刊本。
⑥ 见《云卧纪谭》卷上。

的特色。其一，这二部经均属于中土伪书，从一定程度上体现了中国本土文化对印度佛经原典的消化、吸收、改造，其中有的思想和本民族文化有较深的联系，因而易引起士大夫的共鸣。其二，这二部经内容均较驳杂，如《圆觉经》既有华严思想，又通禅家之说；《楞严经》也包含佛教各宗思想，华严宗据以解缘起，天台宗引以说止观，禅宗援以证顿悟，密宗取以通显教。这种驳杂表现出一种圆通思想，和当时禅宗主张禅教合一的思想合拍，也与士大夫融通儒、释、道三教的愿望相契合。从更大的范围来看，二经的圆通性也符合时代的文化整合的思潮。其三，这二部经由于为中土作者所撰，与纯粹翻译的佛经原典在文笔上有很大不同，语法与修辞更富于文学性。尤其是《楞严经》，仅其文笔就足以引起士大夫的兴趣，正如苏轼所说："《楞严》者，房融笔授，其文雅丽，于书生学佛者为宜。"① "大乘诸经至《楞严》，则委曲精尽，胜妙独出者，以房融笔授故也。"② 士大夫在接受佛理的同时，在文字上也获得一种享受。这和早期农禅参究的《楞伽经》大为不同，"《楞伽》义趣幽眇，文字简古，读者或不能句"③。对于不重视文字的禅师来说，其文笔的艰涩并不碍事，主要取其"一切佛语心"的精神，并付诸实践。而对于以翰墨为生涯的士大夫来说，文笔的优劣与佛经的取舍却有很大的关系。因此，在《楞严》大受青睐之时，《楞伽》却"寂寥于是，几废而仅存"④。从一定意义上说，《楞严经》不仅是参禅学佛的范本，而且是作文吟诗的教科书，士大夫从中可以获得创作灵感、妙思奇想，甚至句法修辞。总而言之，佛教经典的重新选择，是士大夫直

---

① 《苏轼文集》卷六六《跋柳闳楞严经后》。
② 同上《书柳子厚大鉴禅师碑后》。
③ 同上《书楞伽经后》。
④ 同上。

接加入禅宗思想、文献的整理阐释工作的重要标志，也是宋代禅宗走向“文字禅”的重要标志。同时，这些佛教经典作为全新的思想资源和文学资源，对宋诗“以文字为诗”的特色的形成，也起了推波助澜的作用。

## 二　禅门宗风与宋诗派别

自北宋中叶以后，由于士大夫禅悦之风大盛，禅和子吟诗之习益浓，以禅入诗（创作）、以禅喻诗（批评）、以禅参诗（欣赏）便成为宋诗学的一大特点。而宋代的禅宗，门户众多，禅法各异，北宋有临济、云门的并立，黄龙、杨岐的分派，南宋有看话禅、默照禅的论争，临济、曹洞的对峙。诗人对于禅宗虽较少门户之见，或兼收并蓄，或遍参诸方，无非是借石攻玉；然而，因为受到时代、地域、家学、交游诸多因素的制约，对于不同的禅门自然各有偏嗜。禅思影响到诗思，便有诗风的差异和诗派的分别。宋诗流派的形成，固然有各种因素，然而禅门宗风的影响也为不可忽视的原因之一。宋人评论诗派，常常以禅门宗派相比附，考其原委，并非仅仅是简单的类比，而的确有禅学与诗学相对应的内在依据。

所谓“宗风”，指禅门各宗参禅证悟的特殊方式。禅宗自慧能而下，以南岳怀让、青原行思二系法嗣众多，心灯不绝。到了晚唐五代，二系逐渐形成五宗，沩仰、临济二宗出自南岳，曹洞、云门、法眼三宗出自青原。五宗各自有一套接引后学的方式。经五代到北宋，沩仰宗、法眼宗相继绝传，曹洞宗也不绝如缕，只有临济、云门二宗大德辈出，门徒众多，香火特盛。如惠洪所言：“自嘉祐（1056—1063）至政和（1111—1118）之初，云门、临济两宗之裔，卓然冠映诸方。”[①]同时的叶梦得亦云：“近岁四方谈禅，惟云门、临济二氏。”[②]

云门宗的大师，主要有雪窦重显制作颂古，佛日契嵩申明佛理，另有圆通居讷、天衣义怀、大觉怀琏、慧林宗本、法云法秀等宗师，名重一时。特别是宰相富弼投身宗本法嗣修颙禅师门下，云门宗愈益身价百倍，京洛士大夫更是心慕神追。云门宗在京师的势力之盛，竟引起苏轼的担忧：“稷下之盛，胎骊山之祸；太学三万人，嘘枯吹生，亦兆党锢之冤。今吾闻本（宗本）、秀（法秀）二僧，皆以口耳区区奔走王公，汹汹都邑，安有而不辞，殆非浮屠氏之福也。”[③]云门宗的影响，就时代而言，起于仁宗朝，迄于徽宗朝，南宋时逐渐衰落，孝宗朝已后继无人。就地域而言，主要在江浙一带，如雪窦在明州，佛日在杭州，天衣在越州，怀琏曾住持杭州、明州，宗本曾住持苏州、杭州；后来也蔓延到东京开封，如居讷、怀琏在净因院，宗本在慧林寺，法秀、善本在法云寺，颇受仁宗、英宗、神宗、哲宗的赏识。

临济宗经数传而至石霜楚圆，其下有法嗣慧南，住洪州黄龙山，开创黄龙派；又有方会，住袁州杨歧山，开创杨歧派。黄龙、杨歧二派合前五宗号为“五家七宗”[④]。黄龙派下有晦堂祖心、东林常总、宝峰克文诸大师；杨歧派下有白云守端、五祖法演、圆悟克勤诸大师。临济宗虽然不及云门宗显赫京师，但是诸大师行解卓荦，勇于革新，更具平民化色彩。因而当云门宗日益贵族化而走向衰微之时，临济宗尤其是杨歧派最终取代了它的位置。同时，由于临济宗

① 《石门文字禅》卷二三《僧宝传序》。
② 《避暑录话》卷上。
③ 《东坡志林》卷二《本秀非浮屠之福》。
④ 见《圆悟佛果禅师语录》卷一六,《大正藏》第四十七卷。

的在野地位，往往使补外或贬谪的官员与之有更多的接触机会，并为之推波助澜，所以在北宋它亦足以与云门宗抗衡。临济宗的影响，就时代而言，起自真宗朝，迄于南宋末（这里仅就在宋代的影响而言），杨亿问法于元琏，严羽借禅于妙喜（宗杲），就是明证。就地域而言，主要集中在江西，如黄龙、宝峰均在洪州，杨歧在袁州，东林在江州。有宋一代江西人文特盛，尤其是诗人辈出，当与此禅风有关。这是因为禅宗与诗歌在价值取向、思维方式、情感体验、语言表达诸方面多具共通性，所以二者的演变消长的轨迹也可一一对应。

北宋禅宗既然以云门、临济二宗为盛，因而士大夫所习之禅大抵不离这二家。受禅宗影响的诗人很多，如王安石、郭祥正等人的参禅，都有案可查。然而濡染禅学最深且影响诗坛最巨者，应当数苏轼与黄庭坚。诚如刘克庄所云："元祐（1086—1094）后诗人迭起，一种则波澜富而句律疏，一种则锻炼精而性情远，要之不出苏、黄二体。"[①] 诗坛唯有苏、黄二体，正如禅家唯有云门、临济二宗，北宋后期这一现象非常有趣。如果考察苏、黄与禅师的交往以及作诗的风格，便可知这一现象并非偶合，苏、黄诗学的分途，与他们禅学渊源的差别大有关系。

《五灯会元》卷一七将苏轼列为临济宗黄龙派东林常总禅师的法嗣，这乃是编撰者为壮临济宗声势之所为，其实并不可靠。考察苏轼一生行迹交游，倒与云门宗更接近。他交往较密的云门宗禅师有下列诸人：

大觉怀琏，云门五世，泐潭怀澄法嗣，皇祐间（1049—1054）曾住持东京净因院，与苏洵厚善。苏轼通判杭州，怀琏正住西湖。

① 刘克庄：《后村诗话·前集》卷二，中华书局排印本，1983年。

苏轼《祭龙井辩才文》云："我初适吴，尚见五公。讲有辩、臻，禅有琏、嵩。"[①] 又《祭大觉禅师文》云："我在壮岁，屡亲法筵。"[②] 自称学其禅法。怀琏移住明州，二人仍有书信往还，苏轼并为怀琏作《宸奎阁碑》[③]。

灵隐云知，云门五世，怀琏同门友，苏轼有《与灵隐知和尚一首》[④]。

云居了元，云门五世，开先善暹法嗣，赐号佛印。苏轼谪居黄州时，了元正住持庐山归宗寺，书信往来甚勤。苏轼为了元作《怪石供》[⑤]《磨衲赞》[⑥]。了元移住金山，苏轼路过，以玉带施与了元，元以衲裙相报，作诗唱和，传为丛林佳话[⑦]。

玉泉承皓，云门五世，北塔思广法嗣，眉州丹棱人，为苏轼同乡，住持荆州玉泉寺。苏轼到荆南，微服求见，与之斗机锋，后尊礼之[⑧]。

慧林宗本，云门六世，天衣义怀法嗣，赐号圆照，熙宁间自苏州瑞光寺移住杭州净慈寺。苏轼为知州陈襄作《杭州请圆照禅师疏》[⑨]；又病中独游净慈，谒见宗本并作诗[⑩]。

法云法秀，云门六世，宗本同门友，赐号圆通。苏轼谪居黄州，法秀寄书问讯，甚为推誉，苏轼有《与圆通禅师四首》[⑪]。

---

① 《苏轼文集》卷六三。
② 同上。
③ 同上卷一七。
④ 同上卷六一。
⑤ 同上卷六四。
⑥ 同上卷二二。
⑦ 《苏轼诗集》卷二四《以玉带施元长老，元以衲裙相报，次韵二首》。此事又见于《五灯会元》卷一六《云居了元禅师》。
⑧ 见《五灯会元》卷一七《内翰苏轼居士》。
⑨ 《苏轼文集》卷六二。
⑩ 《苏轼诗集》卷一〇《病中独游净慈，谒本长老，周长官以诗见寄，仍邀游灵隐，因次韵答之》。
⑪ 《苏轼文集》卷六一。

蒋山法泉，云门六世，云居晓舜法嗣。苏轼谪惠州，途经金陵，与之有诗书往还[①]。此僧即丛林号为“泉万卷”者。

径山维琳，云门六世，大觉怀琏法嗣。苏轼知杭州时，曾请维琳住持径山。苏轼自海南北归，至常州，维琳前来问疾，苏轼作《答径山琳长老》诗[②]。又有《与径山维琳二首》[③]。

金山宝觉，云门六世，大觉怀琏法嗣。苏轼于杭州通判任上结识宝觉，五年后移知湖州，再过金山，作诗赠宝觉[④]。

参寥道潜，云门六世，大觉怀琏法嗣，赐号妙总，北宋著名诗僧。苏轼诗集中多有与之唱和之作。陈师道《送参寥序》云：“妙总师参寥，大觉老之嗣，眉山公之客，而少游氏（秦观）之友也。释门之表，士林之秀，而诗苑之英也。”[⑤]

中际可遵，云门六世，报本有兰法嗣。苏轼过庐山，见其诗而和之[⑥]，后遂有书信往还[⑦]。

法云善本，云门七世，慧林宗本法嗣，赐号大通。世称宗本为大本，善本为小本。元祐初善本住持杭州净慈寺，苏轼知杭州，作《请净慈法涌禅师入都疏》[⑧]。善本住持东京法云寺，苏轼又为作《水陆法像赞》[⑨]。

寿圣省聪，云门七世，慧林宗本法嗣。苏轼谪黄州，省聪自筠

---

① 见《苏轼文集》卷六一《与泉老一首》。又见《苏轼诗集》卷三七《六月七日泊金陵，阻风，得钟山泉公书，寄诗为谢》。

② 《苏轼诗集》卷四五。

③ 《苏轼文集》卷六一。

④ 《苏轼诗集》卷一八《余去金山五年而复至，次韵旧诗，赠宝觉长老》。

⑤ 《后山居士文集》卷一一。

⑥ 《苏轼诗集》卷二三《余过温泉，壁上有诗云：直待众生总无垢，我方清冷混常流。问人，云：长老可遵作。遵已退居圆通。亦作一绝》。

⑦ 同上卷六一《与遵老三首》。

⑧ 同上卷六二。

⑨ 同上卷二二。

州来访，苏轼作《送寿圣聪长老偈》[①]。

净慈楚明，云门八世，法云善本法嗣。善本入京，苏轼请楚明住持净慈寺，有《与净慈明老五首》[②]。

此外，与苏轼交往而属于云门宗的禅师，还有栖贤智迁、佛日道荣、大愚如照、石塔戒、清凉和、南华得明等人[③]。

云门宗盛于吴越，声振京师。而苏轼一生多次至东京，两度莅杭为官，往来江浙之间，时间最久，受云门宗的影响也当最深。苏轼《赠常州报恩长老之二》诗云："荐福老怀真巧便，净慈两本更尖新。凭师为作铁门限，准备人间请话人。"[④]"老怀"指天衣义怀，"两本"指宗本、善本，就法系看，属云门宗祖孙三代，可见报恩长老也是云门宗传人。这首诗不仅表示出向往请话参禅的愿望，而且拈出"巧便"与"尖新"二词，形容云门宗风，而这二词，也正是苏诗具有的风格。苏轼在黄州期间，交往的也主要是云门宗禅师。至于苏轼经过庐山虽曾有向临济宗东林常总禅师问道的经历，并留下《赠东林总长老》那首著名的诗偈，但此次逗留时间很短，很难说受了多少影响。他反而在庐山过圆通禅院时，作诗怀念云门宗大师圆通居讷，明确表示："此生初饮庐山水，他日徒参雪窦禅。"[⑤]意欲由参雪窦重显进而参圆通居讷。雪窦、圆通都出自云门，由此可见苏轼接受的主要宗风。苏轼《再和并答杨次公》诗云："高怀却有

---

① 《苏轼文集》卷二三。

② 同上卷六一。

③ 参见孙昌武:《苏轼与佛教》,见《文学遗产》1994年第1期。

④ 《苏轼诗集》卷二五。

⑤ 同上卷二三《圆通禅院,先君旧游也。四月二十四日晚,至,宿焉。明日,先君忌日也。乃手写宝积献盖颂佛一偈,以赠长老仙公。仙公抚掌笑曰:昨夜梦宝盖飞下,著处辄出火,岂此祥乎!乃作是诗。院有蜀僧宣逮,事讷长老,识先君云》。

云门兴，好句真传雪窦风。”[1]虽是赞美杨杰，却也可视为夫子自道。

《五灯会元》卷一七列黄庭坚为临济宗黄龙派祖心禅师法嗣，则颇有依据。黄庭坚故乡洪州分宁县为黄龙派的发祥地，慧南、祖心、悟新、惟清等禅门大德均在此地传法。黄庭坚青年时代就受黄龙宗风薰染，元祐四年（1089）丁母忧，馆于祖心禅师庵旁两年，相从甚密，颇得祖心的禅法。祖心曾问庭坚《论语》中“吾无隐乎尔”一句作何解，庭坚诠释，祖心却曰：“不是！不是！”庭坚迷闷不已。一日随祖心山行，当时岩桂盛开，祖心问：“闻木樨华香么？”答曰：“闻。”祖心曰：“吾无隐乎尔。”庭坚大悟[2]。据禅门传灯规则，庭坚由祖心开悟，当属其入室弟子。所以，祖心将要入灭之时，特地托付庭坚主持后事。庭坚为他作《黄龙心禅师塔铭》，而且自称：“庭坚夙承记莂，堪任大法，道眼未圆，而来瞻窣堵，实深宗仰之叹。乃勒坚珉，敬颂遗美。”[3]又作《为黄龙心禅师烧香颂》三首[4]，推崇备至。

黄庭坚与祖心的法嗣悟新、惟清二禅师的交往也很深。悟新号死心叟，曾问庭坚：“新长老死，学士死，烧作两堆灰，向甚么处相见？”庭坚无言以对。直到贬谪黔南途中，他才打破疑团，参透禅关[5]。他在黔南致书死心曰：“往日常蒙苦口提撕，常如醉梦，依稀在光影中。盖疑情不尽，命根不断，故望崖而退耳。谪官在黔州道中，昼卧，觉来忽然廓尔，寻思平生，被天下老和尚谩了多少，唯有死心道人不肯，乃是第一相为也。”[6]惟清号灵源叟，与庭坚关系在师友之间。庭坚谪黔南，灵源以偈寄之曰：“昔日对面隔千里，如今万里

① 《苏轼诗集》卷三二。
② 见《五灯会元》卷一七《太史黄庭坚居士》。
③ 《豫章黄先生文集》卷二四。
④ 同上卷一五。
⑤ 《五灯会元》卷一七《太史黄庭坚居士》。
⑥ 《罗湖野录》卷上。

弥相亲。寂寥滋味同斋粥，快活谈谐契主宾。室内许谁参化女，眼中休去觅瞳人。东西南北难藏处，金色头陀笑转新。”庭坚和之曰：“石工来斫鼻端尘，无手人来斧始亲。白牯狸奴心即佛，龙睛虎眼主中宾。自携瓶去沽村酒，却脱衫来作主人。万里相看常对面，死心寮里有清新。”[①]建中靖国元年（1101）庭坚遇赦出三峡，回故乡，特地至黄龙谒见惟清，作诗赞“灵源大士人天眼”[②]；并与徐俯（师川）书曰：“平生所见士大夫，人品未有出于公（惟清）之右者。”[③]评价极高。值得注意的是，惟清和黄庭坚偈中的“契主宾”、“主中宾”均用临济宗“四宾主”之说。黄庭坚自黔南归来，诗变前体，“妙脱蹊径，言谋鬼神”[④]，与他长期参究临济禅法最终有悟分不开。

此外，黄庭坚对临济宗其他大师也深表敬意，如他曾为之作语录序的翠岩可真、云居元祐、大沩慕喆、翠岩文悦、福州西禅暹老，就都属临济宗门[⑤]；又如他曾为之作画像赞的黄龙南、大沩喆、五祖演、泐潭乾、云盖智、黄龙清等禅师[⑥]，也都是临济大德。黄庭坚禅学修养很深，得临济宗之真传，至今学术界也无异议，可置不论。

吕本中《江西宗派图》所列二十五位诗人，其中可考的江西籍诗人共计十人：徐俯、洪朋、洪刍、洪炎、谢逸、谢薖、汪革、李彭、饶节、善权。图中的其他人如韩驹曾宰分宁县，又寓居临川，祖可长住庐山，潘大临兄弟、夏倪等人，也常在江西活动。江西地区既然为临济宗的势力范围，那么江西籍或寓居江西的习禅诗人当受其影响。徐俯是临济宗杨歧派克勤禅师的法嗣[⑦]，又曾跟从灵源禅

---

① 《罗湖野录》卷上。
② 《山谷诗集注》一六《自巴陵略平江、临湘，入通城，无日不雨，至黄龙，奉谒清禅师》。
③ 见同上诗任渊注。
④ 见蔡絛：《西清诗话》，《宋诗话辑佚》初印本。
⑤ 参见《豫章黄先生文集》卷一六。
⑥ 参见同上卷一四。
⑦ 见《五灯会元》卷一九《枢密徐俯居士》。

师问学[①]；李彭为黄庭坚表侄，参道于宝峰克文法嗣泐潭文准（湛堂）禅师[②]；洪炎（玉父）品评宗杲法嗣信无言诗韵高古[③]；洪刍（驹父）为栖贤真教果禅师《辅教编注》作序，并题其画像[④]；诗僧祖可是果禅师的徒弟[⑤]；谢逸为惠洪《林间录》作序[⑥]。而惠洪为临济宗黄龙派宝峰克文的法嗣，与江西派诗人如黄庭坚、饶节、洪炎、谢逸、韩驹、李彭、善权、徐俯、汪革、夏倪、林敏功等都有唱和的诗，特别与李彭、韩驹、谢逸等人关系密切。图中其余诸人如陈师道，号后山居士，在《别宝讲主》一诗中，自称"重参二祖禅"，自注指赵州、临济[⑦]；晁冲之与法一禅师过从甚密[⑧]，而法一乃临济宗黄龙派泐潭善清的法嗣[⑨]。江西诗派诗人中可考者仅饶节一人半路出家后为云门宗香岩智月的法嗣，法名如璧[⑩]。因此，就江西诗派作家总体倾向而言，与禅宗关系甚密，而所谓"诗到西江别是禅"[⑪]，禅当为临济宗之禅。

宋人隐然有这样的认识，元祐以来苏、黄诗学的分途，与其禅法的差别相关，这种认识来自诗禅相通的观念。禅门中有"江西宗派"之说[⑫]，所以吕本中用以比附诗歌，作《江西宗派图》，依照禅宗灯录形式，以黄庭坚为宗主，列陈师道等二十五人为法嗣。顺便说，这也是"文字禅"对诗歌的影响之一，灯录的形式符合士大夫重视

① 见《罗湖野录》卷下。
② 见《云卧纪谭》卷下。
③ 同上。
④ 同上卷上。
⑤ 同上。
⑥《林间录》卷首附谢逸《洪觉范林间录序》。
⑦ 见《后山诗注》卷六，上海涵芬楼影印江安傅氏双鉴楼藏高丽活字本。
⑧ 见晁冲之：《晁具茨先生诗集》卷三《送一上人还滁州琅琊山》等诗，《海山仙馆丛书》本。
⑨ 见《五灯会元》卷一八《万年法一禅师》。
⑩ 见同上卷一六《香岩如璧禅师》。
⑪ 元好问编：《中州集》卷三刘迎《题吴彦高诗集后》，《四部丛刊》本。
⑫ 参见《石门文字禅》卷二一《董修龙王寺记》。

传统、讲究渊源的心态。大抵在宋人眼里，苏轼属云门宗，黄庭坚属临济宗，所以周紫芝云："吕舍人作《江西宗派图》，自是云门、临济始分矣。"[①] 吴坰说得更明白：

> （山谷）始受知于东坡先生，而名达夷夏，遂有苏、黄之称。坡虽喜出我门下，然胸中似不能平也。故后之学者因生分别，师坡者萃于浙右，师谷者萃于江右。以余观之，大是云门盛于吴，林（临）济盛于楚。云门老婆心切，接人易与，人人自得，以为得法，而于众中求脚跟点地者，百无二三焉；林济棒喝分明，勘辩极峻，虽得法者少，往往崭然见头角，如徐师川、余荀龙、洪玉父昆弟、欧阳元老，皆黄门登堂入室者，实自足以名家。噫！坡、谷一道也，特立法与嗣法者不同耳。彼吴人指楚人为江西之流，大非公论。[②]

这段话值得注意，一是指出苏、黄分别的事实，二是指出苏、黄影响的地域，三是指出云门、临济兴盛地域与苏、黄诗派的对应关系，四是以云门、临济的禅法比喻苏、黄的诗法，五是指出江西诗派兴盛的原因，六是指出苏、黄诗法的共同性，而不满学者强生分别以及相互攻击。印证苏、黄与禅宗的关系及其诗风的影响，可知这种说法颇有道理。有的研究者称苏轼、黄庭坚等元祐文人所交往的僧人都属临济宗，而《江西宗派图》中诗人则多受云门宗的影响[③]，其说恐怕很难成立。

特别需要指出的是临济宗杨岐派大慧宗杲（1089—1163）与江

---

① 周紫芝：《竹坡诗话》，《历代诗话》本，中华书局，1981年。

② 吴坰：《五总志》，台湾商务印书馆影印文渊阁《四库全书》本。

③ 如张毅《论活法》，见《中国诗学》第2辑，南京大学出版社，1992年。

西诗派的关系。下面试举例略作探讨。

宗杲与李彭。二人政和年间同问道于湛堂文准禅师[1]。李彭遇山舒水缓，必拉宗杲为禅悦之乐，尝有语曰："日涉园夫（李彭自号）与杲上人同泛烟艇，溯修江而上，游炭妇港诸野寺。杲击棹歌《渔父》，声韵清越，令人意界萧然。因语园夫曰：'子其为我作颂尊宿《渔父》歌之。'自汾阳已下，戏成十首，付杲上人，谈笑而就，故不复窜也。"[2]李彭用《渔父》作颂古十首，这显然是受汾阳善昭的影响。由此可知，李彭与宗杲的禅悦之乐，不光为佳山水，而且为颂古之类的"文字禅"。

宗杲与惠洪。政和五年（1115），宗杲集湛堂文准平日说法语要，谒见惠洪，惠洪为题其后[3]。湛堂平日说法语要，不许人抄录，而宗杲凭记忆诵出集成，也足见他并不赞成口耳受授那一套。政和七年（1117），宗杲又持大宁宽和尚语录求惠洪作序，惠洪序曰："有石门宗杲上人抗志慕古，俊辩不群，遍游诸方，得此录，读之而喜曰：'虽无老成，尚有典刑。'此语，老宿典刑也。……彼方尊事大名誉者，传受其语，而杲独取百年物故老僧之语，欲以夸学者，不亦迂乎！"[4]惠洪为宗杲同宗前辈，宗杲屡次求惠洪作文，与惠洪志趣相投，应当接受惠洪"文字禅"的观念。

宗杲与韩驹。宣和元年（1119），宗杲三至黄龙见灵源惟清。当时韩驹知分宁县，惠洪寓居云岩，宗杲与二人相游甚密[5]。建炎二年（1128），宗杲道经金陵，访韩驹，留五宿而别[6]。韩驹有《送云门妙

① 见《大慧普觉禅师年谱》。
② 《云卧纪谭》卷下。
③ 《石门文字禅》卷二五《题准禅师语录》。
④ 同上卷二三《洪州大宁宽和尚语录序》。
⑤ 见《大慧普觉禅师年谱》。
⑥ 同上。

喜游雪峰》诗云:“忆宰分宁日,逢师溪水头。裁书访彭泽,倚杖话荆州。幻世吾方梦,迷津子作舟。禅心如密付,更为小淹留。”[①]自称学禅于宗杲。

宗杲与徐俯。二人同为圆悟克勤的法嗣[②],靖康元年(1126)曾于克勤所主持的天宁寺有交往[③]。

宗杲与吕本中。绍兴三年(1143),宗杲至临川访韩驹、吕本中。后来吕本中多次向宗杲问法,而宗杲曾作数篇《答吕舍人书》[④],《大慧普觉禅师年谱》也将吕本中归类于“恪诚扣道,亲有契证”的士大夫。

宗杲的年龄约与江西诗派后期诗人相仿。在北宋末,他主要是诸方求学,受惠洪等人的影响较大,具有“文字禅”的倾向。南宋初期,宗杲建立了自己的禅法——“看话禅”,取代克勤成为一代宗师。一时士大夫奔走门下,形成禅门少有的盛况。不仅《江西宗派图》中几位活到南宋的诗人受其影响,而且当时诗坛的其他作家也很少不与之发生关系。如曾幾、汪藻、李邴、张九成、曹勋、张孝祥、汪应辰等等一大批诗人都曾向宗杲问法[⑤]。宗杲的“看话禅”在南宋势力很大,影响不止一代诗人。《大慧语录》为人所宝,朱熹十八岁应举考试前,据说箧中“只《大慧语录》一帙尔”[⑥];著名诗人杨万里从张浚问学,而张浚亦曾与宗杲书信往来[⑦];诗人葛天民称杨万里“赵州禅在口皮边”[⑧],即宗杲教人参究的赵州从谂禅师“狗子无

① 韩驹:《陵阳先生诗》卷四,清宣统庚戌刊《江西诗派》本。
② 见《五灯会元》卷一九。
③ 见《大慧普觉禅师年谱》。
④ 见《大慧普觉禅师语录》卷二八。
⑤ 参见《大慧普觉禅师年谱》。
⑥《大慧语录序》。
⑦ 见《大慧普觉禅师语录》卷二七《答张丞相德远》。
⑧ 葛天民:《葛无怀小集·寄杨诚斋》,《南宋群贤小集》本。

佛性”等话头；严羽在《答吴景仙书》中称“妙喜自谓参禅精子，仆亦自谓参诗精子”，妙喜即宗杲[①]。可见宗杲所代表的临济宗与南宋诗坛极有关系，从某种意义上来说，江西诗派在南宋初期的扩散蔓延以及在整个南宋的长盛不衰，与宗杲禅风的流布分不开；而江西诗派风格由北宋到南宋的演变以及诗派内部的分化，乃是从惠洪的“文字禅”到宗杲的“看话禅”演变所启示的结果。关于这一点，我将在讨论徐俯、韩驹、吕本中的诗论时详细论及。

曹洞宗经过北宋中叶的衰微后，徽宗朝出了一位大德芙蓉道楷禅师。道楷行解超绝，“及楷出，为云门、临济而不至者，皆翻然舍而从之，故今为洞山者，凡十之三”。[②]自道楷之后，曹洞宗有复兴之势。道楷传丹霞子淳，子淳传天童正觉，曹洞宗声势更甚，几乎取代云门而与临济抗衡。天童正觉（1090—1157）住持明州天童山，倡导“默照禅”，或曰“无言禅”，其“道法寖盛于江淮，大被于吴越”[③]。宗杲与正觉势不两立，正觉提倡静坐默照，被宗杲诋为“邪禅”、“邪见”、“鬼家活计”、“杜撰长老”[④]。“默照禅”在禅门也很有势力，它的禅法渊源始于达摩的壁观禅。在禅门日益文字化的趋势下，“默照禅”的提倡目的在于恢复早期禅师纯正的宗教修行方式，有纠正禅门流弊的意义。同时它那种静室禅房焚香默坐的方式，对诗人也很有吸引力。现在虽然难以考证哪位著名诗人与正觉有直接的嗣法关系，但“默照禅”法似乎也有诗人吸收，最有可能化入永嘉四灵的清苦诗风之中。如徐照《宿寺》诗云：“掩关人迹外，得句

---

① 《沧浪诗话》附《答吴景仙书》。
② 《避暑录话》卷上。
③ 释集成等编：《宏智禅师广录》卷五附冯温舒《天童觉和尚小参语录序》，《大正藏》第四十八卷。
④ 见《大慧普觉禅师语录》卷二六《答陈少卿》等。

佛香中。”[①]徐玑《宿寺》诗云:“独吟侵夜半，清坐杂禅中。”[②]翁卷《读书山寺寄问城间诸友》诗云:“止携书一箧，长日坐空林。每见僧家事，便生静者心。”[③]《能仁寺》诗云:“寒潭摇塔影，古木带厨烟。偶值高僧出，禅床坐默然。”[④]赵师秀《冷泉夜坐》诗云:“清净非人境，虚空是佛心”。[⑤]《太平山读书寄城中诸友》诗云:“野人别无事，故得坐空林。黄卷还铺目，青莲未悟心。”[⑥]都提到坐禅的经验和清净的意境。四灵诗学贾岛，贾岛诗中更多坐禅经验的描写，如《就可公宿》云:“僧同雪夜坐。”[⑦]《旅游》云:“留得林僧宿，中宵坐默然。”[⑧]《赠僧》云:“入定衲凝霜。”[⑨]如此等等,其实就是“默照禅”的形象刻画。四灵之诗应当有契于此。不过，当四灵之时，禅宗势力渐衰，其后，江湖诗人愈益市俗化，所以禅风与诗风的对应关系，不如孝宗以前明显。

概而言之，北宋云门、临济的对立，正与苏、黄分派相对应。南宋看话禅、默照禅的对峙，乃有江西、四灵的门户。云门渐衰，而学苏者也日少；临济大盛，而宗黄者也日多。临济宗风至宗杲一变，江西诗风亦至韩驹、吕本中一变。其间契合者很多，颇耐人寻味。

当然，诗派风格的形成乃是多种文化、心理因素整合的结果，不能将禅门宗派的影响绝对化，也不可将诗派的分别或对立绝对化。

---

① 徐照:《芳兰轩集》,台湾商务印书馆影印文渊阁《四库全书》本。
② 徐玑:《二薇亭诗集》,台湾商务印书馆影印文渊阁《四库全书》本。
③ 翁卷:《西岩集》,台湾商务印书馆影印文渊阁《四库全书》本。
④ 同上。
⑤ 赵师秀:《清苑斋诗集》,台湾商务印书馆影印文渊阁《四库全书》本。
⑥ 同上。
⑦《全唐诗》卷五七二。
⑧ 同上。
⑨ 同上卷五七三。

云门与临济，本同而末异，并且在北宋后期有逐渐合流的倾向，如临济宗克勤禅师评唱云门宗雪窦重显的《颂古百则》，为《碧岩录》；吕本中也曾劝李彭“参雪窦下禅”①。苏诗与黄诗，异迹而同趣，在南宋初也渐有合流的趋势，如王十朋撰《集注分类东坡先生诗》，汇百家注，《江西宗派图》中二十五人全在百家之列。所谓你中有我，我中有你。而且宗风与诗风，不仅牵涉于地域环境，也取决于时代精神。宋禅与宋诗，均有文字化、学术化的倾向，这就是其相同之处。

## 三　梦幻与真如：苏、黄代表的两种禅悦类型

无论是将个人存在的价值系于社会道德责任还是系于人的自然本性，最终要回答的都是人生的意义问题。大体说来，儒家思想把重点放在政治和伦理实践层次，属于社会性的实践；而禅宗却把重点放在宗教解脱层次，属于个人性的实践。这就是宋人常说的“世间法”和“出世间法”的区别。对于士大夫个人来说，儒释思想各自解决不同层次的问题，相异而不相冲突。正如莲池大师所说：“儒佛二教，圣人其设化，各有所主，固不必歧而二之，亦不必强而合之。何也？儒主治世，佛主出世。治世则自应如《大学》格、致、诚、正、修、齐、治、平足矣，而过于高深，则伦常伦理不能安立。出世则自应穷高极深，方成解脱，而于家国天下，不无稍疏。盖理势自然，无足怪者。若定谓儒即是佛，则《六经》《论》《孟》诸典灿然备具，何俟释迦降诞，达摩西来？定谓佛即是儒，则何不以

① 李彭：《日涉园集》卷八《戏次居仁见寄韵(居仁见督参雪窦下禅)》，《豫章丛书》本。

《楞严》《法华》理天下，而必假羲农尧舜创制于其上，孔孟诸贤明道于其下？故二之合之，其病均也。虽然，圆机之士，二之亦得，合之亦得，两无病焉，又不可不知也。”[①]北宋庆历前后排佛诸公的失误就在于混淆了不同层次的问题，因此不能击中佛教的要害。李觏（泰伯）后来认识到这一点：“民之欲善，盖其天性。古之儒者用于世，必有以教导之。民之耳、目、鼻、口、心智、百体，皆有所主，舍浮图何适哉！”[②]尤其是禅宗所讲的自心觉悟，从佛教一般的善恶果报的伦理思想逐渐转变为存在论意义上的对人生状态的根本说明，这一点更为传统儒家思想所欠缺，“儒门淡薄，收拾不住”的根本原因就在这里。伦理政治与个人存在的冲突，在南北朝之前往往通过儒道互补的方法解决，如汉初的黄老之学、魏晋的玄学；在南北朝以后，这种解决方法却逐渐表现为儒释互补，如隋唐的佛学、两宋的禅宗。从某种意义上说，佛禅比老庄更深刻地从存在论意义上揭示了人生状态，因而更能解决个人生死解脱问题。

在宋代我们能看到一种奇怪的现象，即很多耽于禅悦的士大夫却立朝刚正，政绩彪炳，在政治上颇有建树，如杨亿、赵抃、王安石、苏轼、黄庭坚、陈瓘、邹浩、李纲、张九成等一大批人，似乎禅门的消极思想并未使他们忘怀国事或同流合污，这与魏晋时代那些清谈误国的玄学之士大为不同。同时，在遭受政敌的打击迫害时，这些参禅居士完全不同于唐代那些诗人哭哭啼啼、满腹牢骚，而具有一种随遇而安的旷达和超脱。只要将同贬岭南的韩愈、柳宗元和苏轼、黄庭坚相比较，就可知道这种差别。显然，不能仅用“消极”、“悲观”这样的字眼来评价禅宗对宋代士大夫的影响。如黄庭

① 《居士分灯录》卷首附《莲池大师法语·儒释配合》。
② 《直讲李先生文集》卷二八《答黄著作书》，参见《云卧纪谭》卷上。

坚“虽白刃在前，一色元祐”[①]，面对迫害，有一种审美式的视死如归，这与他“照破死生之根”的禅学修养有很大关系。对于黄庭坚这类士大夫来说，禅学已有一种肯定人生的积极意义。

值得注意的是，我们在描述宋代士大夫禅悦倾向的共同之处时，也应注意禅学在不同诗人身上发生的不同影响。也就是说，士大夫对佛禅资源的接收，不仅与之所处的地域、环境、时代相关，也取决于个人经历，他们是根据个人人生的需要来选择佛禅思想的。正如苏轼、黄庭坚的诗学分途一样，他们的禅学修养也代表了北宋后期诗人受佛禅影响的两种模式。

在苏轼的很多文学作品（包括诗、文、词）中，始终贯穿着一个鲜明的禅学主题，即人生如梦、虚幻不实。这一主题来自禅宗的般若空观。佛教大乘般若部诸经特别宣扬世界一切皆虚妄，如著名的“大乘十喻”:“解了诸法如幻、如焰、如水中月、如虚空、如响、如揵闼婆城、如梦、如影、如镜中像、如化。”[②]又如著名的“六如观”:“一切有为法，如梦幻泡影，如露亦如电，应作如是观。”[③]《维摩经》里也一再说:“是身如聚沫，不可撮摩；是身如泡，不得久立；是身如炎，从渴爱生；是身如芭蕉，中无有坚；是身如幻，从颠倒起；是身如梦，为虚妄见；是身如影，从业缘乱；是身如响，属诸因缘；是身如浮云，须臾变灭；是身如电，念念不住。”又说:“诸法皆妄见，如梦，如炎，如水中月，如镜中像，从妄想生。”[④]这种思想强调人生如梦，烦恼亦是虚妄，勘破诸法皆妄，便能获得真正解脱。禅宗内部有各种佛教学说，般若空观是其中重要的一种观念。

---

① 见《五总志》。
② 《摩诃般若波罗蜜经》,《大正藏》第八卷。
③ 《金刚般若波罗蜜经》,《大正藏》第八卷。
④ 《维摩诘所说经》,《大正藏》第十四卷。

禅宗很重视《金刚经》，五祖弘忍以《金刚经》授徒，六祖慧能以《金刚经》悟道。宋代士大夫虽爱好《华严》《楞严》《圆觉》诸经，但《金刚经》《维摩经》等仍是最一般的佛学入门教材，至于“六如”之说，更是禅学基本常识。苏轼学佛如同白居易，思想较为驳杂，阅读的佛经也较多，而般若空观由于与他个人人生体验相契合，尤能引起他的共鸣。

早在苏轼26岁时，他就写出“人生到处知何似？应似飞鸿踏雪泥。泥上偶然留指爪，鸿飞那复计东西”[①]这样充满人生空漠感的诗句。尽管有的注释者不同意这一比喻出自云门宗天衣义怀“雁过长空，影沉寒水，雁无遗踪之意，水无留影之心”的话头[②]，但苏轼的“性灵所发”与禅宗的般若空观的暗合却是不争的事实。其实，在同一年他写下的另一首诗里，就出现了“乃知至人外生死，此身变化浮云随”的句子[③]，上句出自《庄子》，下句显然是《维摩经》中“是身如浮云，须臾变灭”的观点。此后，随着苏轼在政治及仕途上的连遭波折，不断徙移于东南各州，他开始对人生的虚幻有更深的体会。在杭州通判任上，苏轼借为吉祥寺僧题阁名表达了万事皆空的观点：

过眼荣枯电与风，久长那得似花红。上人宴坐观空阁，观色观空色即空。[④]

---

① 《苏轼诗集》卷三《和子由渑池怀旧》。

② 如王文诰案：“公（苏轼）后与王彭遇，始闻释氏之说，本案已立专条，非比往时注家指东画西皆可附会也。查注引《传灯录》义怀语，谓此四句本诸义怀，诬罔已极。凡此类诗，皆性灵所发，实为禅语，则诗为糟粕。句非语录，况公是时并未闻语录乎！”案：义怀语见《五灯会元》卷一六《天衣义怀禅师》。

③ 《苏轼诗集》卷三《凤翔八观·维摩像，唐杨惠之塑，在天柱寺》。

④ 同上卷七《吉祥寺僧求阁名》。

这首诗使我们想起法眼宗清凉文益禅师的一首偈:“拥毳对芳丛,由来趣不同。发从今日白,花是去年红。艳冶随朝露,馨香逐晚风。何须待零落,然后始知空。”①从色中悟空,从繁华中悟虚妄。在杭州和方外友的接触,苏轼对此感受更深,在他的诗中,不断出现“已将世界等微尘,空里浮花梦里身”②、“寓世身如梦,安闲日似年”③、“欲访浮云起灭因,无缘却见梦中身”④之类的诗句。

如果说在杭倅期间苏轼的这种人生感叹多起于与僧寺有关的题材的话,那么,自密州以后,则更多地增加了个人的切身体验。登常山绝顶,面对四周景色和席中清歌妙舞,他想起的却是“人生如朝露,白发日夜催。弃置何当言,万劫终飞灰”⑤;饮酒时他也作旷达了悟之语:“达人自达酒何功,世间是非忧乐本来空。”⑥仕途的艰难、政局的变化无疑是使他产生人生如梦思想的外在原因:“回头自笑风波地,闭眼聊观梦幻身。”⑦经历了“风波地”,才了悟“梦幻身”,其间因果关系非常清楚。在徐州,他还写了著名的《永遇乐·彭城夜宿燕子楼梦盼盼》,其中“燕子楼空,佳人何在?空锁楼中燕。古今如梦,何曾梦觉,但有旧欢新怨”,连用二“空”字、二“梦”字,表达出他对人生虚幻性的感悟。而这一主题,在乌台诗案后他贬谪黄州的作品中更加突出,特别是在词中,他不断低吟着“世事一场大梦,人生几度新凉”⑧,“人间如梦,一尊还酹江月”⑨,“万事到头

---

① 《五灯会元》卷一〇《清凉文益禅师》。
② 《苏轼诗集》卷八《盐官绝句四首·北寺悟空禅师塔》。
③ 同上卷九《过广爱寺,见三学演师,观杨惠之塑宝山、朱瑶画文殊普贤》。
④ 同上卷一〇《吊天竺海月辩师三首》其三。
⑤ 同上卷一四《登常山绝顶广丽亭》。
⑥ 同上《薄薄酒二首》其二。
⑦ 同上卷一七《次韵王廷老退居见寄》。
⑧ 苏轼:《东坡乐府》卷上《西江月·黄州中秋》,上海古籍出版社排印本,1979年。
⑨ 同上《念奴娇·赤壁怀古》。

都是梦，休休。明日黄花蝶也愁”①。在“长恨此身非我有”的人的异化面前②，苏轼对人生的真正意义表示怀疑，面对个人存在与伦理政治的分裂和冲突，他只有用禅宗的般若空观去淡化和消解。

经历过乌台诗案、黄州生涯，苏轼更加深感人生的虚幻性，“人生如梦”不只是抵抗忧患贫穷的麻醉剂，也是对待富贵荣华的醒酒汤。在元祐年间仕途显赫之时，苏轼诗中仍不断重复着这一人生主旋律：“吾生如寄耳，何者为祸福？不如两相忘，昨梦那可逐。”③“旧游空在人何处，二十三年真一梦。”④“再入都门万事空，闲看清洛漾东风。当年帷幄几人在，回首觚棱一梦中。”⑤“纷纷荣瘁何能久，云雨从来翻覆手。恍如一梦堕枕中，却见三贤起江右。”⑥“坐来念念失前人，共向空中寓一尘。”⑦显然，这醒酒汤仍充满了苦涩。

绍圣元年（1094），苏轼贬谪岭南，禅宗思想更成了他的精神支柱之一，般若空观尤对他解脱痛苦具有重要意义，是他随缘自适的人生态度的思想基础，如他在《四月十一日初食荔支》诗的结尾写道：“人间何者非梦幻，南来万里真良图。”⑧既然一切皆梦幻，那么涉世为口而活的人，食荔支就是最好的选择。他这一思想也表现在《和陶诗》中：“百年六十化，念念竟非是。是身如虚空，谁受誉与毁？”⑨“感子至意，托辞西风。吾生一尘，寓形空中。”⑩“对弈未终，摧然斧柯。再游兰亭，默数永和。

① 《东坡乐府》卷上《南乡子·重九涵辉楼呈徐君猷》。
② 同上《临江仙》。
③ 《苏轼诗集》卷二七《和王晋卿》。
④ 同上《送陈睦知潭州》。
⑤ 同上卷二八《送杜介归扬州》。
⑥ 同上《次韵三舍人省上》。
⑦ 同上卷三一《次韵王晋卿惠花栽，栽所寓张退傅第中》。
⑧ 同上卷三九。
⑨ 同上卷三五《和陶饮酒二十首》其六。
⑩ 同上卷四〇《和陶答庞参军六首》其六。

梦幻去来，谁少谁多？弹指太息，浮云几何？”[①]“万劫互起灭，百年一踟蹰。漂流四十年，今乃言卜居。”[②]正因如此，他和陶而不似陶，“自用本色”，以禅宗的空观取代了老庄的委运乘化。建中靖国元年（1101），苏轼遇赦北归，他以平静的心情来对待人生又一次戏剧性的转机，“回视人世间，了无一事真”[③]，诗人在对人生的这种大彻大悟中得到解脱。

纵观苏轼的全部诗歌，视人生如梦幻泡影露电空花浮云的诗句，几乎近百处。这种般若空观与老庄虚无思想相结合，构成苏轼处理人生存在意义的重要精神支柱之一，于是我们看到，“吾生如寄耳”成为苏轼诗中重要的主题句在不同的人生阶段反复出现[④]。本来按照佛教的观点，勘破诸法皆妄，便能真正泯灭烦恼和痛苦，获般若智，树金刚不坏身。然而，在苏轼诗中，人生如梦的主题却常常伴随着深沉的慨叹，并不轻松达观。尽管他勘破红尘，却难舍红尘，“四十七年真一梦，天涯流落泪横斜”[⑤]，反而由于认识到人生的虚幻而更加痛苦。在65岁时，他还写下了这样的诗句：

> 不用长愁挂月村，槟榔生子竹生孙。新巢语燕还窥砚，旧雨来人不到门。春水芦根看鹤立，夕阳枫叶见鸦翻。此生念念随泡影，莫认家山作本元。[⑥]

---

① 《苏轼诗集》卷四一《和陶停云四首》其四。

② 同上卷四二《和陶和刘柴桑》。

③ 同上卷四五《用前韵再和孙志举》。

④ 参见同上卷一五《过云龙山人张天翼》、卷二〇《过淮》、卷二七《和王晋卿》、卷三二《次韵刘景文登介亭》、卷三五《送芝上人游庐山》、卷三七《谢运使仲适座上送王敏仲北使》、卷四五《郁孤台》。

⑤ 同上卷三八《天竺寺》。

⑥ 同上卷四三《庚辰岁人日作。时闻黄河已复北流，老臣旧数论此，今斯言乃验二首》其二。

末二句查注曰："《楞严经》：徒获此心，未敢认为本元心地。"纪昀曰："末亦无聊自宽之语，勿以禅悦视之。"仔细体会诗意，自宽之中的确饱含着一种无法排遣的痛苦。

事实上，苏轼并未在禅宗思想那里找到真正的归宿，他对禅宗常常采用一种实用主义的态度，《答毕仲举》一书很能代表他的佛学观："往时陈述古好论禅，自以为至矣，而鄙仆所言为浅陋。仆尝语述古：'公之所谈，譬之饮食，龙肉也；而仆之所学，猪肉也。猪之与龙，则有间矣。然公终日说龙肉，不如仆之食猪肉，实美而真饱也。'"[①]苏轼是按照自己的需要来吸收佛理，所谓"时取其粗浅假说以自洗濯"[②]。禅宗对于他来说，是一种缓和紧张、消弭分裂、维持心理平衡的有效方法，他从未想到过"出生死，超三乘，遂作佛"，所以对"世之君子，所谓超然玄悟者"表示怀疑[③]。苏轼对禅宗义理谈不上有多少发挥或独到的体会，但由于他将人生如梦的真切体会以及随之而产生的游戏人间的态度与禅宗诙诡反常的思维方式结合在一起，因此在他身上充分显示了禅宗思想作为一种人生艺术所发挥的作用。其实，真正能帮助苏轼摆脱困惑和痛苦、体验到人生自由的不是禅学，而是文学创作，他的那些或庄或谐的富有禅意的文字本身，才使他感受到一种真正的生命欣悦。他与那些禅师们的交往，并不具备皈依佛法的虔诚，而多半是"以诗颂为禅悦之乐"[④]，而他交往的禅师，如参寥、仲殊、清顺、可久、可遵之流，也都是些世俗味甚浓的诗僧。所以，丛林中严守禅规的老宿往往为苏轼的禅学修养感到遗憾。如与黄庭坚交往甚密的灵源惟清禅师就特别对

① 《苏轼文集》卷五六。
② 同上。
③ 同上。
④ 如《云卧纪谭》卷下："佛印禅师平居与东坡昆仲过从，必以诗颂为禅悦之乐。"

苏轼的“龙肉”、“猪肉”之说表示不满，作偈辨明：“何知龙肉即猪肉，细语粗言尽入神。惜彼当年老居士，大机曾未脱根尘。”[①]

然而，正因为苏轼始终未脱根尘，才使得他的诗在旷达诙谐之外，保持着生活的热情，别具一番咏叹的情调。这也正是苏轼的可爱之处。

黄庭坚的参禅却是另一番情况。在苏轼诗中多得不可胜数的忧生叹老、感慨人生虚幻的内容，在黄庭坚诗中极为少见。从思想渊源来看，黄庭坚接收得更多的是禅宗的心性哲学，以本心为真如，追求主体道德人格的完善，以心性的觉悟获得生死解脱，使忧患悲戚无处安身。在黄诗中，自始至终贯穿着心性修养的主题，无论是以庄禅语还是以孔孟语出之，都指向不受世俗淄染的淡泊自持。

早在青年时代，黄庭坚对禅宗的宗旨就有较深的理解。他生活在禅宗文化氛围极浓的洪州分宁县，从小耳濡目染，接触到佛理禅机，十七八岁时他就写下了“人曾梦蚁穴，鹤亦怕鸡笼。万壑秋声别，千江月体同”这样阐述一切虚幻、万法平等观念的诗句[②]。和苏轼的实用主义态度不同，黄庭坚所追求的是渗透禅宗精神的宇宙本体与感性存在相即相入的“道”，这种抽象的“道”通过“心”的自觉而可致。禅宗思想对于黄庭坚来说，不是暂时消弭痛苦的麻醉剂，而是安身立命的根本。因此，他对苏轼崇奉的另一种实用主义的道教养生术，基本持一种否定态度。他曾赠诗劝告一位信奉方士的朋友：“万物浮沉共我家，清明心水遍河沙。无钩狂象听人语，露地白牛看月斜。小雨呼儿艺桃李，疏帘帏客转琵琶。尘尘三昧开门户，不用丹田养素霞。”史容注曰：“诗意劝以释氏三昧，勿学道家修养之法。”[③]值得注意的

① 见《罗湖野录》卷下。

② 史容注《山谷外集诗注》卷一《次韵十九叔父台源》，《四部备要》本。

③ 同上《何造诚作浩然堂，陈义甚高，然颇喜度世飞升之说，筑屋饭方士，愿乘六气游天地间，故作浩然词二章赠之》。

是，黄庭坚选择的“释氏三昧”从开始就是“治心”（所谓“无钩狂象”、“露地白牛”在佛经里都是喻“心”），同时一开始就落实到“艺桃李”、“转琵琶”的日常生活之中。这充分体现了自马祖道一以来中国禅宗最正统的精神——“道即是心”和“平常心是道”。诚然，般若空观是一切禅宗共同的认识论，但黄庭坚对此却并不太强调，而是对禅宗的心性修养方式特别感兴趣，把“治心养气”视为自己终生追求的目标。

黄庭坚认为，士大夫之所以有利欲之心、有忧患之念，就在于缺乏安身立命之本，而这安身立命之本不是外在的政治伦理信条，而是内在的不受污染的清净心。因为即使是儒家经典，也可能成为名利场中的商品，所谓“六经成市道，驵侩以为师”[①]。要做到淡泊自守，“临大节而不可夺”[②]，就必须做到“心通性达”，重新发现本真的自我。他在《赠别李次翁》诗中写道：

> 利欲薰心，随人翕张。国好骏马，尽为王良。不有德人，俗无津梁。德人天游，秋月寒江。映彻万物，玲珑八窗。于爱欲泥，如莲生塘。处水超然，出泥而香。孔窍穿穴，明冰其相。维乃根华，其本含光。大雅次翁，用心不忘。日问月学，旅人念乡。能如斯莲，讫可小康。在俗行李，密密堂堂。观物慈哀，莅民爱庄。成功万年，付之面墙。草衣石质，与世低昂。[③]

这首诗以德人之心和利欲之心对举，而关于德人之心的描述，他用了《庄子》的“天游”之说、佛典的“莲花”之喻，以之与儒家的“观物慈

---

① 史容注《山谷外集诗注》卷五《以“同心之言，其臭如兰”为韵，寄李子先》其二。
② 《豫章黄先生文集》卷二九《书缯卷后》。
③ 《山谷诗集注》卷一。

哀，莅民爱庄”之心相融通。这首诗提供了我们窥见黄庭坚心灵的窗口。在他看来，只有保持不受淄磷的清净之心，才能真正实现儒家的政治伦理主张。所以，他认为，读《论语》的目的在于“求养心寡过之术”[①]，读《孟子》的目的在于“讲明养心治性之理”[②]，治世必须首先治心。

黄庭坚比其他任何诗人都更自觉地把禅宗的心性哲学与儒家的养气观念、道家的心斋理论结合在一起，因此，他追求的心性境界既浩然充满，又虚静冲澹、湛然空明，孔孟之道的“内圣外王”在他那里几乎全转向“内圣”。于是，我们看到，不仅在黄庭坚的文集中，一再出现“中心纯粹”、“照见本心”、“养心治性”、“正心诚意”之类的字眼，而且在他的诗集中，“心”、“心地”、“灵台”、“胸次”、“胸中”等作为表示心性境界的专用术语使用的频率也极高，如“市声鏖午枕，常以此心观”[③]；“炒沙作糜终不饱，镂冰文章费工巧。要须心地收汗马，孔孟行世日杲杲”[④]；“世纷甚峥嵘，胸次欲空洞”[⑤]；“非无车马客，心远境亦静”[⑥]；“龟以灵故焦，雉以文故翳。本心如日月，利欲食之既。后生玩华藻，照影终没世。安得八纮罝，以道猎众智”[⑦]；“我提养生之四印，君家所有更赠君：百战百胜不如一忍，万言万当不如一默，无可简择眼界平，不藏秋毫心地直”[⑧]；“胸中浩然气，一家同化元”[⑨]；“险心游万仞，躁欲生五兵。隐几香一

---

① 《豫章黄先生文集》卷二〇《论语断篇》。

② 同上《孟子断篇》。

③ 《山谷诗集注》卷一《平阴张澄居士隐处三诗·仁亭》。

④ 同上《送王郎》。

⑤ 同上卷二《题王仲弓兄弟巽亭》。

⑥ 同上卷三《次韵张询斋中晚春》。

⑦ 同上卷四《奉和张文潜赠无咎，篇末多以见及，以“既见君子，云胡不喜”为韵》其一。

⑧ 同上《赠送张叔和》。

⑨ 同上卷五《柳闳展如，苏子瞻甥也，其才德甚美，有意于学，故以“桃李不言，下自成蹊”八字作诗赠之》。

炉，灵台湛空明”[①]；“士为欲心缚，寸勇辄尺懦。要当观此心，日照云雾散。扶疏万物影，宇宙同璀璨。置规岂惟君，亦自警弛慢”[②]；“万卷曲肱里，胸中湛秋霜”[③]；“胸中吉祥宅，膜外荣辱境。婆娑万物表，藏刃避肯綮。人生要当学，安宴不彻警。古来惟深地，相待汲修绠”[④]；“俗里光尘合，胸中泾渭分”[⑤]；“泾流不浊渭，种桃无李实。养心去尘缘，光明生虚室”[⑥]；“句中稍觉道战胜，胸次不使俗尘生”[⑦]；“事随世滔滔，心欲自得得”[⑧]；“观水观山皆得妙，更将何物污灵台”[⑨]。如此等等，不胜枚举。无论是孔孟的浩然之气，还是老庄的灵台虚室，无非都是湛然澄明的“本心”。而以此湛然澄明之心去抵御外界的“市声”、“世纷”、“利欲”、“险躁”、“荣辱”、“尘缘”、“俗尘”，是黄庭坚诗中反复出现的主旋律，他不仅苦口婆心地告诫朋友，也再三地警醒自己。于是，在北宋中叶欧阳修等人诗中常见的干预现实、指陈时弊的内容，逐渐被自我内省的道德完善主题所取代。

尽管黄庭坚的“治心养气”与儒家的“正心诚意”相一致，但他的修养方式和哲学根柢似更多来自禅宗的心性证悟。他在《与胡少汲书》中指出：“治病之方，当深求禅悦，照破死生之根，则忧畏淫怒，无处安脚。病既无根，枝叶安能为害。”[⑩]这几句话充分说明

---

① 《山谷诗集注》卷五《贯天锡惠宝薰，乞诗，予以“兵卫森画戟，燕寝凝清香”十字作诗报之》其一。
② 同上卷六《晁张和答秦觏五言，予亦次韵》。
③ 同上《卧陶轩》。
④ 同上卷七《送李德素归舒城》。
⑤ 同上《次韵答王眘中》。
⑥ 同上卷一一《颐轩诗六首》其六。
⑦ 同上卷一三《再次韵兼简履中南玉二首》其一。
⑧ 同上卷一四《次韵杨明叔见饯十首》其三。
⑨ 同上卷一六《题胡逸老致虚庵》。
⑩ 《豫章黄先生文集》卷一九。

他始终保持其人格操守的信仰基础，“照破死生之根”以后，他不再对人生的虚幻短暂感到痛苦和悲哀，而是更加懂得此岸现实生活的妙谛：“饥渴随时用，悲欢触事真。十方无壁落，中有昔愁人。”“去日撒手去，来时无与偕。若将来去看，还似不曾斋。”“向上关捩子，未曾说似人。困来一觉睡，妙绝更通神。”[①]这就是马祖道一所谓的“平常心是道”，这里再也没有“长恨此身非我有”的遗憾，一切都是本真人性的真实显现。

如果说苏轼主要吸收了禅宗的般若空观的话，那么黄庭坚的禅学则主要建立在如来藏思想之上。黄庭坚所说的“心”，从宇宙观上说，等于真如本体；从解脱论上说，又是纯粹的主观心性。世界一切都是虚幻的，而只有真如本体是唯一真实的存在。所以，相对于流变的世界，唯有“心”是不迁的：“世态已更千变尽，心源不受一尘侵。”[②]这样，他就像一个冷峻超悟的哲人，冷眼审视着在爱河欲浪、名场利海中苦苦挣扎的灵魂，而不时生出慈悲拯救之心。黄庭坚在诗中着力展现一种高洁孤傲、沉静自持的个人精神世界的存在。苏诗中常见的是梦、幻、泡、影、露、电、浮沤、微尘等象征转瞬即逝、虚幻不实的意象，而黄诗中最常见的意象却往往象征着坚固永恒或澄明高洁，如松柏、金石、砥柱、澄江、明月、莲花等等，或是于迁流不住的外境中坚贞自守：“群阴凋品物，松柏尚桓桓。老去惟心在，相依到岁寒。”[③]“金石不随波，松竹知岁寒。冥此芸芸境，回向自心观。”[④]“松柏生涧壑，坐阅草木秋。金石在波中，仰看

① 《豫章黄先生文集》卷一五《赠嗣直弟颂十首》其一、二、九。

② 《山谷外集诗注》卷六《次韵盖郎中率郭郎中休官二首》其二。

③ 《山谷诗集注》卷一〇《岁寒知松柏》。

④ 同上卷一一《颐轩诗六首》其一。

万物流。”[①]“颓波阅砥柱，浊水得摩尼。”[②]“万物随波流，金石终自止。”[③]或是于肮脏污浊的环境中洁身自好：“黄流不解涴明月，碧树为我生凉秋。”[④]“落木千山天远大，澄江一道月分明。”[⑤]“莲生于泥中，不与泥同调。”[⑥]“莲花生淤泥，可见嗔喜性。”[⑦]“红妆倚翠盖，不点禅心静。”[⑧]正因如此，禅宗思想对于黄庭坚来说已有一种肯定人生意义和个人存在价值的积极作用。

惠洪在《东坡居士赞》和《山谷老人赞》中也注意到苏、黄禅学的区别，如称东坡“视阎浮其一沤，而寄梦境于儋耳；开胸次之八荒，而露幻影如蛾眉”，称山谷“世波虽怒，而难移砥柱之操”[⑨]，正好分别使用苏、黄诗中常用的意象。显然，苏、黄代表了宋代诗人参禅的两种典型。苏轼是用禅宗精神来弥合伦理本体与自己的感性存在之间的分裂，意识到人生虚幻从而游戏人生，以嬉笑怒骂的态度来消解缓和内心的痛苦；黄庭坚则自觉地把禅宗顿悟真如的修养方式移植到士大夫的儒学修养中去，执着追求自我道德人格的完善，并力图把日常现实生活中的感性存在楔入宇宙本体的建构之中，从而在对“道即是心”的体认中获得一种审美式的愉悦。儒家外在的政治伦理之道在黄庭坚这里内化为一种心性境界，这无疑与同时代的理学精神是相契合的。事实上，黄庭坚的诗近于一些理学家的诗，即同样追求一种将道德和审美融为一体的人生艺术，道德不再

① 《山谷诗集注》卷一四《次韵杨明叔见饯十首》其九。
② 同上卷一八《陈荣绪惠示之字韵诗，推奖过实，非所敢当，辄次高韵三首》其一。
③ 《山谷外集诗注》卷五《赋“未见君子，忧心靡乐”八韵寄李师载》其七。
④ 同上卷七《汴阜置酒赠黄十七》。
⑤ 同上卷一一《登快阁》。
⑥ 《山谷诗集注》卷一《赣上食莲有感》。
⑦ 同上卷一二《次韵答斌老病起独游东园二首》其一。
⑧ 同上《又答斌老病愈遣闷二首》其一。
⑨ 《石门文字禅》卷一九。

成为外在的枷锁，因人自心的觉悟而具有“悠然自得之趣”。所不同的是，黄庭坚仍然是以一种文学的方式来表现心性证悟，仍然醉心于文字本身的韵味和价值，这一点他和理学家回避文字的方式大异其趣，而和苏轼的“以文字为禅”殊途同归。

## 四 诗学、禅学与理学的结盟

北宋后期愈演愈烈的新旧党争，不仅仅出于政治上的分歧，也出于学术文化上的对立。王安石执政时，以策论经术试进士，罢黜诗赋，引起苏轼的激烈反对，连上《拟进士对御试策引状》《议学校贡举状》痛加驳斥。经术与文学，分别成为王、苏学术的重要标帜。在苏轼看来，“文字之衰，未有如今日者也。其源实出于王氏。王氏之文，未必不善也，而患在于好使人同己。……地之美者，同于生物，不同于所生。惟荒瘠斥卤之地，弥望皆黄茅白苇，此则王氏之同也”①。元祐年间旧党当政，苏轼随之提出“欲稍变取士法”、“欲稍复诗赋”的想法②。此后，经学与文学又分别成为熙（宁）、（元）丰学术和元祐学术的标帜。

然而，在旧党当政的元祐年间，随着苏轼与程颐、刘挚等人的政治观点和学术观点的分歧，又逐渐形成蜀党、洛党和朔党的对立。其中蜀党和洛党的相互攻讦，与其说是政治斗争，不如说是文化冲突，即以苏轼为代表的文苑传统与以程颐为代表的道学传统的冲突，尤其表现为人的自然本性（情）与作为封建伦理政治的形而上表现的“天理”（理）的对抗。尽管如此，以蜀党为代表的文学和以洛党

---

① 《苏轼文集》卷四九《答张文潜县丞书》。
② 同上。

为代表的理学，还是共同构成元祐学术的主要内容，成为旧党人士共同的学术传统。

元祐以后，从哲宗绍圣到徽宗宣和的三十年间，基本上是新党的一统天下。如果说王安石时代的新党还代表着社会改革思潮的话，那么，绍圣以后的新党则完全是打着绍述先皇的旗号迫害异己了，甚至连一些在熙、丰年间支持新法的人物，也被划入元祐党籍，贬责远窜[①]。蜀党和洛党同时成为政治斗争的失败者，元祐学术普遍遭到排斥。在这段时期，禅宗思想作为精神避难所比任何时候都更受旧党士大夫的欢迎，士大夫与禅宗的关系也比任何时候都更加密切。同时，也正因如此，禅宗也遭到了与元祐学术相似的命运，即先是政治上的打击，后来进一步演变为文化上的迫害。

徽宗崇宁元年（1102），新党蔡京等籍元祐群臣一百二十人姓名，等其罪状，谓之奸党，请徽宗御书刻石于端礼门，这就是有名的“元祐党人碑”[②]。元祐学术的两大组成部分理学和文学相继遭到禁绝。程颐在绍圣中就被削籍贬涪州，后复官，又在崇宁元年再次被削籍。程颐的门徒吕大临等人也遭贬谪，尹焞等人绝意仕进。《宋史·尹焞传》曰：“崇宁以来，禁锢元祐学术，高宗渡江，始召杨时置从班，召胡安国居给舍。”除了政治上的原因外，也因为程颐的理学不同于王安石的经学。

苏、黄的文字（各种文学创作）更遭到禁毁。苏轼所作的碑

---

① 如张商英，本支持新法，绍圣间攻击司马光等人元祐更化，与章惇、蔡京等人力主绍述之说，但在崇宁二年（1103），诏入元祐党籍；三年（1104），入元祐党人碑。参见《宋史·张商英传》及《续资治通鉴》卷八八、八九，中华书局排印本，1979年。

② 元祐奸党姓名碑有二：一立于崇宁元年九月，徽宗手书刻石，置端礼门，凡百有二十人，首文彦博。明年九月，臣僚请颁端礼门石刻于外路州军。一立于崇宁三年六月，徽宗手书刻石，置文德殿门之东壁，凡三百九人，首司马光。又命蔡京书大碑，颁之天下。参见《宋史·徽宗本纪一》、《续资治通鉴》卷八九。

文，如《司马温公神道碑》《上清储祥宫碑》等等，都相继被毁[①]；而苏轼的翰墨手迹，“既经崇宁、大观禁毁之余，人间所藏，盖一二数也”[②]。黄庭坚的诗文碑帖也未逃厄运，陆游《跋山谷先生三荣集》云：“予集黄帖，得赠元师及王周彦三诗，甚爱之。有黄淑者家三荣，见而笑曰：‘绍兴中再刻本也，旧石方党禁时已磨毁矣。’”[③]在徽宗政和年间，竟出现了一场禁诗的闹剧。据叶梦得记载：

> 政和间大臣有不能为诗者，因建言：诗为元祐学术，不可行。李彦章为御史，承望风旨，遂上章论陶渊明、李、杜而下皆贬之。因诋黄鲁直、张文潜、晁无咎、秦少游等，请为科禁。故事，进士闻喜燕，例赐诗以为宠。自何丞相文缜榜后，遂不复赐，易诏书以示训戒。何丞相伯通适领修敕令，因为科云：“诸士庶传习诗赋者，杖一百。”是岁冬初雪，太上皇意喜，吴门下居厚首作诗三篇以献，谓之口号。上和赐之，自是圣作时出，讫不能禁，诗遂盛行于宣和之末。伯通无恙时，或问：“初设刑名将何所施？”伯通无以对，曰：“非谓此诗，恐作律赋省题诗害经术尔。”而当时实未有习之者也。[④]

这场禁诗闹剧最后虽因徽宗皇帝亦作诗而不了了之，但充分说明了新党试图利用封建专制制度的权威来进行文化迫害的险恶用心，至少他们在口头上一再声称作为元祐学术的诗赋是有害于熙、丰学术的经术的。值得玩味的是，首先冲破作诗禁令的大臣吴居厚，恰好

---

① 参见何薳：《春渚纪闻》卷五《张山人谑》，中华书局排印本，1983年。又见蔡絛：《铁围山丛谈》卷二，中华书局排印本，1983年。

② 《春渚纪闻》卷六《翰墨之富》。

③ 《渭南文集》卷二六。

④ 《避暑录话》卷下。

是禅门居士，这似乎意味着禅与诗在精神形态上有某种共通性。

与此同时而稍后，禅宗也因徽宗的崇尚道教而渐遭排斥。徽宗即位之初，政治上实施新旧调停之策，所以年号为建中靖国(1101)，其时禅宗也受到青睐。法云寺住持僧惟白集《建中靖国续灯录》三十卷上呈，徽宗为之作序[①]。但到后来，徽宗日益崇奉道教，和尚的地位逐渐低于道士，并不断遭到迫害。如惠洪于政和元年（1111）坐与张商英、郭天信、陈瓘等厚善，下狱，流配海南，后蒙恩释放。宣和年间，又被道士诬以为张怀素党人，下南昌狱百余日[②]。道士林灵素政和间至京师，以方术为徽宗所宠信，建议设立道学，欲尽废佛教。宣和元年（1119）徽宗下诏：佛改号为大觉金仙，余为仙人大士，僧为德士，其意欲以释氏为出于道教之下。这一举措引起天下僧俗的公愤，永道法师和悟明律师、华严慧日讲师等僧人与道士林灵素抗辩邪正，诉于朝廷。永道因忤旨而流放道州，次年与惠洪邂逅于长沙，惠洪赠以诗曰："道公胆大过身躯，敢逆龙鳞上谏书。只欲袒肩担佛法，故甘引颈受诛锄。三年窜逐心无愧，万里归来貌不枯。佗日教门纲纪者，近闻靴笏趁朝趋。"[③]

正是徽宗朝空前的文化专制政策，使诗学（蜀学）、理学（洛学）与禅学无形中结成在野的元祐学术同盟。禅学作为连接诗学与理学的桥梁，成为元祐党人安身立命的重要精神支柱。蜀党、洛党、朔党的内部恩怨相对淡化。建中靖国元年，朔党刘安世遇赦北归，与苏轼同途，关系亲密，"于暇日多谈禅"，安世曰："某尝患士大夫

---

① 《建中靖国续灯录》卷首附徽宗《御制建中靖国续灯录序》。

② 见《石门文字禅》卷二四《寂音自序》。

③ 见《云卧纪谭》卷下。又据释志磐《佛祖统纪》卷四六，宣和元年，诏佛为大觉金仙，服天尊服，菩萨为大士，僧为德士，尼为女德士。会僧徒将投牒于蔡京求辩论，盛章廉得之，捕其首高僧日华严、明觉二律师，凡七人杖杀之。永道上书抗辩，敕流道州。

多以此事为戏，且此事乃佛究竟之法，岂可戏以为一笑之资乎？”安世于元祐间曾攻击苏轼，而此时却赞“东坡立朝大节极可观”①。在了佛“究竟之法”的问题上，这批落难的士大夫达成了共识。后来在元祐学术风气影响下的晚辈诗人，进一步把作诗、问学（理学）、参禅融为一身，如江西诗派诗人汪革，跟从元祐党人吕希哲（吕荥阳）问学。吕希哲是理学家，而家世喜谈禅，所以后来希哲之孙吕本中尤其推尊汪革，赠诗曰：“富贵空中业，文章木上瘿。要知真实地，惟有华严境。”②另一江西诗派诗人饶节，元符年间（1098—1100）为曾布门客。徽宗即位，曾布为相，饶节上书曾布，请引用苏轼、黄庭坚诸人，布不听，饶节即辞去。崇宁年间跟从吕希哲游，后竟祝发为僧。政和末，诏僧为德士，加冠巾，饶节作《德士颂》讽之：“德士旧来称进士，黄冠初不异儒冠。种种是名名是假，世人谁不被名谩。”③此外如吕本中也兼通诗学、理学和禅学。

尽管苏轼的立朝大节、文章学术都为人们所景仰，但他那充分表现艺术个性和政治感情的文学创作也常常遭致各方面的劝告和批评。来自理学阵营的杨时指责苏诗：“只是讥诮朝廷，殊无温柔敦厚之气，以此人故得而罪之。”④来自诗学阵营的黄庭坚、陈师道也不满苏轼这一点：“东坡文章妙天下，其短处在好骂，慎勿袭其轨也。”⑤“苏诗始学刘禹锡，故多怨刺，学不可不慎也。”⑥而禅门大德惟清禅师则叹惜苏轼的“龙肉”、“猪肉”之说是“大机曾未脱根

---

① 见马永卿集：《元城语录》卷上，《畿辅丛书》本。
② 见刘克庄：《后村先生大全集》卷九五《江西诗派汪信民》，《四部丛刊》本。
③ 见吴曾：《能改斋漫录》卷一一《饶德操自号倚松道人》，中华书局排印本，1960年。
④ 杨时：《龟山先生语录》卷二，《四部丛刊续编》本。
⑤ 《豫章黄先生文集》卷一九《答洪驹父书》。
⑥ 陈师道：《后山诗话》，《历代诗话》本，中华书局，1981年。

尘”[1]。惠洪虽称赏苏轼言语文字，性理通晓，盖从般若中来，但“恨其窥梦幻如雾见月。若老而死，古今圣达所不免，譬如昼则有夜，而东坡喜学炼形蝉蜕之道，期白日而骨飞，竟以病殁”[2]。总之，从理学、诗学和禅学的眼光来看，苏轼的学术都有疵而不醇。

真正站在诗学、理学和禅学交接处的重要人物是黄庭坚。在北宋后期在野的元祐学术同盟中，黄庭坚以其不同凡响的诗歌，沟通了理学、文学和禅学之间的关系，代表了那个时代正直的封建士大夫最基本的人生感受。如果说苏轼的影响有相当大的程度是来自他政坛和文坛的双重领袖地位的话，那么，黄庭坚为后人所景仰之处则主要是由于他的人格和诗艺。相对于苏轼，黄庭坚较少党派习气和政治偏见，他虽属于元祐党人，但在对王安石的评价上却较为公正：“荆公六艺学，妙处端不朽。诸生用其短，颇复凿户牖。譬如学捧心，初不悟已丑。玉石恐俱焚，公为区别不？”[3]他虽属蜀党，思想却与理学家为近。他称赞理学开山祖师周敦颐“人品甚高，胸中洒落，如光风霁月”[4]。黄诗中常出现的莲花形象，使我们想起周敦颐《爱莲说》中“出淤泥而不染，濯清涟而不妖”的形象[5]。黄庭坚与范祖禹相厚善，而范祖禹与程颐意气相投，又与程氏门人吕希哲交好，杨时称其学“与洛学同”[6]。同时，黄庭坚和程颐都与灵源惟清禅师保持着密切的关系，说明他们在援禅入儒方面具有共同的学术起点。因此，在洛、蜀党争中，黄庭坚并未介入。更重要的是他那追求自我道德人格完善并将其诗意化的作风，与理学家津津乐道的“孔颜

① 见《罗湖野录》卷下。
② 《石门文字禅》卷二七《跋东坡忱池录》。
③ 《山谷诗集注》卷四《奉和文潜赠无咎，篇末多以见及，以“既见君子，云胡不喜”为韵》其七。
④ 《山谷别集诗注》卷上《濂溪诗序》。
⑤ 《全宋文》卷一〇七三。
⑥ 见黄宗羲：《宋元学案·叙录》，商务印书馆《国学基本丛书》本，1933年。

乐处”如出一辙。这一切，都引起了理学家对他的好感。甚至南宋理学家如朱熹也称其“孝友行，瑰玮文，笃敬人”[①]；黄震称其“孝友忠信，笃行君子”，并特别指出他在元祐时的表现：“方苏门与程子学术不同，其徒互相攻诋，独涪翁超然其间，无一语党同。……此其天资高明，不缁不磷，岂苏门一时诸人可望哉！”[②]在禅宗那里，黄庭坚也得到极高的评价，禅门学者或称苏轼为“门外汉”，对黄庭坚却赞不绝口，如释晓莹云：“古今文士于释教深排而力诋者，盖安于所习、毁所不见而然。若黄太史虽为江西宗派之鼻祖，然见道而知天下无二道，故勤勤恳恳，曲折指陈。”“黄公为文章主盟，而能锐意斯道，于黔南机感相应，以书露布，以偈发挥，其于清、新二老，道契可概见矣。噫！世之所甚重者，道而已。公既究明，则杜子美谓‘文章一小技’，岂虚也哉！”[③]又朱时恩云：“黄山谷护戒如护明珠，参禅如参铁壁，事师友不啻事父兄，劝同志不啻劝子弟，现宰官身，续佛慧命。若而人者，庶几无愧！”[④]

黄庭坚影响最大的无疑是他的诗学，他的诗歌不仅有相当多表现心性修养的理学、禅学主题，而且将这些主题抽象化为瘦硬雅健的句法结构，从而将个人存在的道德精神世界从现实政治行为中分离出来，使诗歌成为不附属于任何政治行为的纯粹独立的审美文字形式。而这种以“句法”追求为核心的诗歌，既可以避免“引颈以承戈，披襟而受矢”的文字迫害，又具有“情之所不能堪，因发于呻吟调笑之声，胸次释然”的使生命诗意化的意义[⑤]。显然，黄庭坚的诗学不是以其博大精深的内容，而是以其广泛的涵盖性成为北宋

---

① 见《宋元学案》卷一九。

② 黄震：《黄氏日钞》卷六五，清耕余堂刊本。

③ 《罗湖野录》卷上。

④ 《居士分灯录》卷下黄庭坚赞语。

⑤ 《豫章黄先生文集》卷二六《书王知载朐山杂咏后》。

后期元祐学术的真正旗帜。而他对诗歌句法格律的追求由于与“文字禅”有千丝万缕的联系，更是成为他身后数量众多的宋诗话喋喋不休的主题。正因如此，不是才华超群、诗艺非凡的苏轼，而是性格沉静、诗艺深刻的黄庭坚成为北宋后期和南宋前期最大的、也是唯一的诗派的宗祖。

宋室南迁之后，元祐学术重新得到尊崇，理学家得入皇帝经筵，诗人以挂名《江西宗派图》为荣耀，禅门大德也受到皇帝褒奖。尤其是临济宗，因与元祐党人关系密切而一时势力大增。然而，尽管禅门出现了径山宗杲的“看话禅”和天童正觉的“默照禅”两种声势浩大的新禅法，但都是前代早已有之的禅法的重申或回光返照，禅学的血液分别流进诗学和理学，而其本身再无多少新意。诗学从禅学中获得充分营养，“以禅入诗”、“以禅喻诗”登峰造极。江西诗派中人，几乎无人不晓禅宗的话头，无人不用禅家的典故。南宋初的诗坛几乎是江西诗派独霸天下，而禅学则是其最坚强的后盾。理学也完成了对禅学的“夺胎换骨”，禅宗的心性证悟和华严的法界观帮助理学家最终建立起反观内省的修养方式和理一分殊的哲学体系，理学在朱熹手上得以集大成，同时对诗学也产生更深刻的影响。由于理学取代禅宗最终成为士大夫安身立命的信仰基础，因而南宋后期的诗人也日益由禅宗居士转变为理学门徒，“文字禅”的影响也就日益削弱，只是在一些零星的以禅喻诗的诗话里，还能看到它昔日的辉煌。

# 第三章 ◎ 话语的转换：“文字禅”与宋代诗论

## 一 法眼：理一分殊和出位之思

从北宋中叶后开始，士大夫文化圈内出现一股整合会通的文化思潮，其特点是强调不同事物之间的共同性，在殊相中发现共相，在特殊中寻求一般，从而打通自然、人生与艺术之间的界限。用宋人的话来说，叫做“千江之月，实为一月”。这一思潮造就了宋代士大夫观察世界的全新眼光，即发现世界万物普遍联系的眼光。它既带有传统的天人合一的因子，更融进了外来佛教学说的血液，对于哲学思想和文艺思想的发展都具有重大意义。这里所要考察的是佛禅思想与此新思潮的事实联系，佛禅思想对此新思潮、尤其是文艺思潮所起的催化和激发作用，并讨论这种催化和激发的理论价值。

我们注意到，整合会通的文化思潮大约出现于熙宁前后，在理学家那里表现为“理一分殊”观念的提出。张载作《西铭》，以乾坤天地通于父子君臣、人伦道德，程颐极为推崇，认为“《西铭》明理一而分殊，扩前圣所未发，与孟子性善养气之论同功，自孟子后盖未之见”[①]。程颐的弟子杨时曾疑张载之说近于兼爱，闻理一分殊之说，乃豁然无疑[②]。“理一分殊”是理学家重要的认识论和思维方式之一，其主要精神是打通宇宙和人生的界限，把宇宙观和人生观结合起来，把社会伦理秩序解释为形而上的宇宙天理的表现。这种思维方式在周敦颐、二程的著述里有同样鲜明的表现，如周敦颐云：“二气五行，化生万物。五殊二实，二本则一。是万为一，一实万分。万一各正，小大有定。”[③]程颐也云：“散之在理，则有万殊；统之在道，则无二致。”[④]都包含着一种一本化生万末、万末归于一本的辩证思维。而这种思维在此前的儒家学说里还不曾真正具有过，正如朱熹所说：“千五百年间，不知人如何读这个（指《中庸》)，都似不理会这道理(指‘理一分殊’)，‘一实万分，万一各正’，便是理一分殊处。”[⑤]

与此相对应，宋代的文苑也在熙宁之后出现了类似的新观念，这就是主张打通艺术各门类之间的界限，强调各种不同媒体或不同文体的文艺形式之间具有内在的共通性。这种观点借用德国美学术语来说,叫做“出位之思”(Andersstreben)[⑥]。它本指一种媒体欲超越其本身的表现性能而进入另一种媒体的表现状态的美学，此处也借指同一媒体中不同体裁或类别的文艺形式的相互越界，如诗与文(同属语言艺术)、书与画（同属造型艺术）相通。虽然这种类似的观点东西方美学家提出来讨论者甚多，但在宋代，它和“理一分殊”

---

① 见《宋史·张载传》。参见《全宋文》卷一七五四程颐《答杨时论西铭书》。
② 见《宋史·杨时传》。
③《全宋文》卷一〇七四周敦颐《通书·理性命》。
④《全宋文》卷一七五六程颐《易序》。
⑤ 黎德靖编:《朱子语类》卷九四,中华书局排印本,1986年。
⑥ 参见叶维廉:《中国诗学》第146页,三联书店,1992年。

的哲学思潮几乎是同时出现的，因而显示出鲜明的时代特征和文化特征。

首先提出文艺各门类相互融通与相互越界的是苏轼。它有几句名言集中体现了这种观点：其一曰，“诗画本一律，天工与清新”[①]；其二曰，“味摩诘之诗，诗中有画；观摩诘之画，画中有诗”[②]；其三曰，“少陵翰墨无形画，韩幹丹青不语诗”[③]。这三句名言在宋代引起很大反响，得到苏轼同时代和后辈文人的普遍赞同，反复称道，一再引申。

其一，“诗画本一律”。苏轼的朋友进一步推广到其他文体或媒体形式，如黄庭坚云：“凡书画当观韵，……此与文章同一关纽。”[④]王钦臣（字仲至）云：“固知神骏不易写，心与道合方能知。文章书画固一理，不见摩诘前身应画师。”[⑤]范温云：“古人律诗亦是一片文章，语或似无伦次，而意若贯珠。……非唯文章，书亦如是。……故唐文皇称右军书云：‘烟霏云敛，状若断而还连；凤翥龙盘，势如斜而反直。’与文章真一理也。”又云：“夫书画文章，盖一理也。”[⑥]葛立方云：“书画用笔，同一三昧。……而丹青之妙，乃复如诗，当是书法三昧中流出。”[⑦]这些观点主要强调艺术各部类彼此间有共同的规律，即“分殊”的文体或媒体中有一“理”存在。

其二，“诗中有画，画中有诗”。蔡絛云：“丹青吟咏，妙处相资。昔人谓诗中有画，画中有诗，盖画手能状而诗人能言之。”[⑧]吴龙翰

---

① 《苏轼诗集》卷二九《书鄢陵王主簿所画折枝》。
② 《苏轼文集》卷七〇《书摩诘蓝田烟雨图》。
③ 《苏轼诗集》卷四八《韩幹马》。
④ 《豫章黄先生文集》卷二七《题摹燕郭尚父图》。
⑤ 见《苏轼诗集》卷二八《次韵子由书李伯时所藏韩幹马》合注引王仲至次韵诗。
⑥ 范温：《潜溪诗眼》，《宋诗话辑佚》本，中华书局，1980年。
⑦ 葛立方：《韵语阳秋》卷一四，《历代诗话》本。
⑧ 《西清诗话》。

云:“画难画之景，以诗凑成；吟难吟之诗，以画补足。”[①]这里强调的是诗画互补，两者都要求超越媒体的界限而指向美感状态（神理、韵、兴趣）的共同领域。宋人又由“诗中有画，画中有诗”推导出“诗中有文，文中有诗”的说法。谢谔云:“李杜诗多于文，韩柳文多于诗。世之不知者便谓多者为所长，少者为所短。以殆拘牵之论，而非圜机之士。……文即无韵之诗，诗即有韵之文。”[②]中国传统文学观念以“有韵为诗，无韵为文”，仅着眼于音律形式，而从更高的层次看，二者“盖本一致”[③]。因此，诗与文也可以相互越界，相互借鉴艺术手法或语言形式，如陈善所说:“韩以文为诗，杜以诗为文，世传以为戏。然文中要自有诗，诗中要自有文，亦相生法也。文中有诗，则句语精确；诗中有文，则词调流畅。”[④]

其三，“无形画”、“不语诗”。或者称诗为“有声画”、“无色画”，称画为“无声诗”、“有形诗”。这种说法虽不一定是苏轼最早提出，但可以肯定出自元祐文人集团的诗画创作活动。苏轼的诗写于元祐年间，而其他诗人在同一时期也表达了类似的观念。如黄庭坚云:“李侯有句不肯吐，淡墨写作无声诗。”[⑤]又云:“既不能诗成无色之画，画出无声之诗。”[⑥]孔武仲云:“文者无形之画，画者有形之文，二者异迹而同趣。”[⑦]张舜民云:“诗是无形画，画是有形诗。”[⑧]值得注意的是郭熙之说:“更如前人言:‘诗是无形画，画是有形诗。’

① 见曹庭栋《宋百家诗存》卷三七杨公远《野趣有声画》吴龙翰序，台湾商务印书馆影印文渊阁《四库全书》本。

② 王庭珪:《卢溪文集》卷首谢谔序，台湾商务印书馆影印文渊阁《四库全书》本。

③ 同上。

④《扪虱新话》上集卷一《韩以文为诗，杜以诗为文》。

⑤《山谷诗集注》卷九《次韵子瞻子由题憩寂图二首》其一。

⑥《豫章黄先生文集》卷一四《写真自赞六首》其一。

⑦ 孔武仲:《宗伯集》卷一《东坡居士画怪石赋》,《豫章丛书》本。

⑧ 张舜民:《画墁集》卷一《跋百之诗画》,《丛书集成初编》本。

哲人多谈此，吾人所师。”[1]郭熙是熙宁、元祐间的画家，苏、黄等人都为其画题过诗，他所说的“哲人多谈此”，当指苏、黄等人，而引用的前人言，便是张舜民之诗。此后，“无声诗”、“有形诗”和“有声画”、“无形画”几乎成为谈诗说画的口头禅，甚至歇后语。这些口头禅和歇后语意味着宋人能从诗中看到画的质素，或从画中发现诗的质素，要求人们除了从甲媒体本身的表现性能去欣赏外，还必须从乙媒体的表现角度去理解品评。显然，从“异迹而同趣”的认识里，我们能发现“理一分殊”的影子。

正如北宋中叶前的儒家学说里不曾真正具有“理一分殊”的观念一样，北宋中叶前的文艺理论中也不曾真正出现过“出位之思”。王维能诗善画，且能做到诗中有画，画中有诗，但他的实践是一种自发的实践，缺乏理论的自觉，而且他的融通诗画的艺术特点是通过苏轼的评价才真正为世人所发现。欧阳修曾说过“古画画意不画形，梅诗咏物无隐情。忘形得意知者寡，不如见诗如见画”的话头[2]，但那只是说读诗可以代替观画，或是提倡一种写意之画，并无“出位之思”的意思。至于邵雍论“史画”和“诗画”，更着重在历史、绘画和诗歌的区别，而非标举其同趣[3]。只是到了苏轼，文苑才真正出现了融通整合艺术各门类的新思想。换言之，即使在中国传统的艺术各门类之间具有某种融通的潜质，也是到了苏轼的时代才被开发出来。

现在我们要讨论的是，究竟是一种什么样的外来因素，激发了传统儒学和文艺中所蕴藏的“理一分殊”、“出位之思”的潜质？

值得注意的是，“理一分殊”这一观念出现的时代背景，它不

① 郭熙:《林泉高致》,人民美术出版社《画论丛刊》本。
② 《欧阳文忠公文集》卷六《盘车图》。
③ 见邵雍《伊川击壤集》卷一八《诗史吟》《史画吟》《诗画吟》等,《四部丛刊》本。

是首倡于孙复、石介、李觏、欧阳修这样的排佛健将，不是发明于《儒辱》《怪说》《潜书》《本论》诸文制作的庆历（1041—1048）前后，而是出之于“访诸释、老，累年极究其说”的张载[①]，与佛印禅师“相与讲道，为方外友”的周敦颐[②]，推广于“出入于老、释者几十年”的程颢[③]，与灵源惟清禅师“心契同风”的程颐，即熙宁前后建立儒家哲学体系的新一代理学家。同样，“出位之思”也非倡导于宋代诗文革新运动的领导者欧阳修、梅尧臣、苏舜钦等人，甚至也不见于兼擅诗画的文同的言论，而是开发于被《嘉泰普灯录》《五灯会元》《居士传》等禅籍列为禅宗临济宗法嗣的苏轼、黄庭坚等人，这就很耐人寻味。

正如我在第二章中所指出的那样，熙宁后参禅的士大夫普遍主张禅教相融，研读佛经，尤其对《华严经》很感兴趣。《华严经》最重要的学说是，以为万有之法，在真如法界中虽现种种之差别相，而基本体中则无丝毫之差别。种种之法，悉为绝对，而与一切法熔融时，知其一，即知一切。有充分的证据表明，“理一分殊”的观念受到华严思想的启发。周敦颐就曾与东林常总禅师论及《华严》的理法界事法界，“至于理事交彻，泠然独会，遂著《太极图说》，语语出自东林口诀”[④]。程颢也自称看《华严合论》，悟得“光照无尽世界，只在圣人一心之明”[⑤]。依华严法界观的思想，万法都是一真法界的体现，诸缘依恃，相互具足，平等无二。程颢云：“所以谓万物一体者，皆有此理。只为从那里来。‘生生之谓易’，生则一时生，皆

① 见《宋史·张载传》。
② 见《云卧纪谭》卷上。
③ 见《二程文集》卷一一程颐《明道先生行状》。
④ 见《居士分灯录》卷下。
⑤ 同上。

完此理。放这身来，都在万物中一例看，大小大快活！”①程颢所谓的“理”，在形式上显然受华严宗影响，华严宗所讲四法界中有所谓理法界，理法界即真空之理为一切法的本原。程颢只是将真空换为实体，在思维方式上，却与华严宗如出一辙。

艺术上的“出位之思”，也与熙宁以后的禅悦之风有相当大的关系。苏轼的佛禅思想为我们提供了一个有力的证据。苏轼在熙宁、元丰年间曾精研过华严思想，在《和子由四首·送春》诗中云：“芍药樱桃俱扫地，鬓丝禅榻两忘机。凭君借取《法界观》，一洗人间万事非。”自注曰：“来书云近看此书，余未尝见也。”②《法界观》即唐释宗密所作《注华严法界观门》，“法界”指所观之境，“观”指能观之智。法界观提出了宇宙间森罗万象相即相入、圆融无碍的观法。苏轼主要用这种思想来泯是非，齐物我，他在诗文中一再表述说：“我老人间万事休，君亦洗心从佛祖。手香新写《法界观》，眼净不觑登伽女。”③“孤云抱商丘，芳草连杏山。俯仰尽法界，逍遥寄人寰。”④“见闻随喜悉成佛，不择人天与虫鸟。但当常作平等观，本无忧乐与寿夭。丈六全身不为大，方寸千佛夫岂小。此心平处是西方，闭眼便到无魔娆。”⑤华严宗的法界缘起思想以平等观对待外境，认识到万物都不过是因陀罗网一样交织在法界中的一因子，人的自我亦如此。意识到这一点，就可以一体平等的观点看待万物，树立一种逍遥旷达的人生态度。

其实，禅宗也有类似的万法平等、本无差别的思想，如三祖僧

---

①《河南程氏遗书》卷二上，《四部备要》本。
②《苏轼诗集》卷一三。
③ 同上卷一八《送刘寺丞赴余姚》。
④ 同上卷二五《南都妙峰亭》。
⑤《苏轼文集》卷二一《阿弥陀佛赞》。

璨《信心铭》云："一即一切，一切即一。但能如是，何虑不毕。"① 又如永嘉玄觉《证道歌》云："一法圆通一切性，一法遍含一切法。一月普现一切水，一切水月一月摄。"② 正如朱熹论"格物"云："万物各具一理，而万理同出一源。释氏云：'一月普现一切水，一切水月一月摄。'也窥见这道理。"③ 而黄庭坚早在青年时期已悟得这道理，他的《次韵十九叔父台源》诗中有"万壑秋声别，千江月体同"之句④，就是"理一分殊"的形象表述。事实上，黄庭坚对《华严经》也相当熟悉，所以苏轼称他"以平等观作欹侧字"⑤，可见"平等观"是他从佛教那里得来的最基本的思想方法。

北宋后期出现的江西诗派是元祐学术的继承者，他们既接受了苏、黄的文学艺术思想，又与理学家有千丝万缕的联系，同时也大都耽于禅悦，因此对于佛禅的"一即一切，一切即一"的思想都应该有充分的了解。

一般观点认为，"诗画一律"的理论出自宋代士大夫的诗画创作实践，因为宋代的诗人和画家即使不是身兼二艺，也往往是同一圈子里的朋友，创作实践使他们产生出一种超越媒体、相互认同的强烈愿望。这当然是"出位之思"产生的重要原因之一。但在此之前，历代已有不少兼擅诗画的文人，却没有这种理论出现。显然，创作实践只提供了重要的基础，上升为理论还有待新的思想因素的激发和催化。

就苏轼而言，他曾跟从文同学画，但"诗画一律"的提出，与其说是有感于文同的创作，不如说是有得于观照万物诸法的平等观

---

①《景德传灯录》卷三〇。
② 释玄觉：《永嘉证道歌》，《大正藏》第四十八卷。
③《朱子语类》卷一八。
④ 见《山谷外集诗注》卷一。
⑤ 见《苏轼文集》卷六九《跋鲁直为王晋卿小书尔雅》。

点。他在黄州为佛印了元写《怪石供》一文，有云："禅师尝以道眼观一切世间，混沦空洞，了无一物，虽夜光尺璧与瓦砾等，而况此石？"[1] 又为了元作《磨衲赞》，序中借了元之口说："吾以法眼视之，一一箴孔有无量世界，满中众生所有毛窍，所衣之衣，箴孔线蹊，悉为世界。"[2] 值得注意的是所谓"道眼"、"法眼"，华严宗称为"法界观"，禅宗称为"正法眼"，其根本精神就是视万法平等，从而圆融无碍。相对于传统学术来说，这是一种全新的观照世界的方法。用圆悟克勤为张商英讲《华严》旨要的话来说："《华严》现量境界，理事全真，初无假法，所以即一而万，了万为一，一复一，万复万，浩然莫穷。心、佛、众生，三无差别，卷舒自在，无碍圆融。"[3] 既然万法本无差别，那么，艺术媒体的差别也就不重要了，各门类艺术之间亦可以打通界限，圆融无碍。正如苏轼在《送钱塘僧思聪归孤山叙》中所说："使聪日进不已，自闻思修以至于道，则华严法界海慧，尽为蘧庐，而况书、诗与琴乎？"[4]显然，华严思想在这里非常合乎逻辑地转化为艺术上的出位之思。所以，苏轼一再指出："物一理也，通其意，则无适而不可。分科而医，医之衰也；占色而画，画之陋也。"[5]那些拘执于各文体的疆界、各媒体的领域而主张诗、文、词各有体的人，以此圆通的"法眼"为评判标准，也就自然是"拘牵之论"，而非"圜机之士"。

与苏轼类似，黄庭坚也自觉将佛禅思想移植到文艺领域，以一种全新的眼光来品评诗画。他自称："余初未尝识画，然参禅而知无功之功，学道而知至道不烦，于是观图画悉知其巧拙功楛，造微入

---

① 《苏轼文集》卷六四。
② 同上卷二二。
③ 《罗湖野录》卷上。
④ 《苏轼文集》卷一〇。
⑤ 同上卷六九《跋君谟飞白》。

妙，此岂可为单见寡闻者道哉！”[①] 在黄庭坚的诗论中，我们还可以发现以“法眼”评诗的实例：“宁律不谐，而不使句弱；用字不工，不使语俗。此庾开府之所长也。然有意于为诗也。至于渊明，则所谓不烦绳削而自合者。虽然，巧于斧斤者多疑其拙，窘于检括者辄病其放。孔子曰：‘宁武子，其智可及也，其愚不可及也。’渊明之拙与放，岂可为不知者道哉！道人曰：‘如我按指，海印发光；汝暂举心，尘劳先起。’说者曰：‘若以法眼观，无俗不真；若以世眼观，无真不俗。’渊明之诗，要当与一丘一壑者共之耳。”[②] 他认为，以“法眼”来看陶渊明诗，其拙与放之处正是其高不可及之处，所谓“无俗不真”，其思想就来源于“心、佛、众生，三无差别”的华严法界观以及禅宗的“平常心是道”。事实上，正如苏轼把读诗比成参禅一样[③]，黄庭坚也将书法的“字中有笔”与诗歌的“句中有韵”比作禅家的“句中有眼”[④]，而这种比喻或类比本身就显示出诗人具有圆融无碍的“法眼”。

佛禅的“法眼”移植到诗学，也被称为“诗眼”。范温的《潜溪诗眼》正是取义于此。这部诗话最鲜明的特色就是“以禅喻诗”，但不光是比喻类比，而是直接借鉴禅宗的思维方式或曰观照方法来审视诗歌。范温的“诗眼”有这样一些特点：其一，借鉴华严法界观的智慧，论证“书画文章，盖一理也”，因此，不管“法门百千差别”，“悟得一处，乃可通其他妙处”。也就是说，各门类文艺形式中具有共同的规律，掌握领会其中任何一种，都可举一反三，推广引申出

---

① 《豫章黄先生文集》卷二七《题赵公佑画》。

② 同上卷二六《题意可诗后》。

③ 如《苏轼诗集》卷三〇《夜直玉堂，携李之仪端叔诗百余首，读至夜半，书其后》云：“暂借好诗消永夜，每逢佳处即参禅。”

④ 如《山谷诗集注》卷一六《赠高子勉四首》其四云：“拾遗句中有眼。”《豫章黄先生文集》卷二九《自评元祐间字》云：“字中有笔，如禅家句中有眼。”

其他规律，或推广引申到其他艺术门类。这种“诗眼”，强调的是融会贯通、圆融无碍的思维方式。其二，借鉴禅宗二道相因的中道观，论证诗歌创作的艺术辩证法。《坛经·付嘱品》曰：“若有人问汝义，问有将无对，问无将有对，问凡以圣对，问圣以凡对。二道相因，生中道义。”[①]所谓“中道义”是为了消除参禅中任何极端的观点和执着的态度。范温受此思想启发，特别强调诗歌创作中两种对立因素的调和，如论杜诗“凡一篇皆工拙相半”，“皆拙固无取，使其皆工，则峭急而无古气”；论杜甫《古柏行》中“形似之语”和“激昂之语”两体的结合；又论“自古诗人巧即不壮，壮即不巧”，只有杜诗“巧而能壮”。其三，借鉴禅宗正法眼的说法，论证诗歌的审美鉴赏力或诗性智慧的培养。他主张“学者要先以识为主，如禅家所谓正法眼者。直须具此眼目，方可入道”。整部《潜溪诗眼》的目的就是想通过一些具体诗歌作品的分析鉴赏使读者获得所谓“识”。范温是范祖禹之子，秦观的女婿，黄庭坚的学生。黄庭坚曾作《次韵元实病目》诗，结尾云：“君不见岳头懒瓒一生禅，鼻涕垂颐渠不管。”引用懒瓒禅师的典故，劝范温“当遗外形骸，不必以病目戚戚”[②]。显然，范温也相当熟悉禅典。他师从黄庭坚，不仅学得“句法”，也学会以“法眼”去观照诗歌。《潜溪诗眼》中多处转述山谷语，可证明这一点。

宋代“文字禅”的倡导者释惠洪津津乐道此“法眼”，更充分证明“出位之思”与佛禅思想的关系。惠洪有很深的禅学修养，不仅熟悉禅宗五家宗旨，而且对华严思想也颇有会心[③]。此外他还跟从黄庭

---

① 释宗宝编:《六祖大师法宝坛经》,《大正藏》第四十八卷。

② 见《山谷诗集注》卷一九。

③ 见《石门文字禅》卷二三《华严同缘序》、卷二五《题华严纲要》《题疾老写华严经》《题光上人所书华严经》《题华严十明论》等。

坚学过诗法，黄赠之诗曰："数面欣羊胛，论诗喜雉膏。"任渊注："上句言每见辄移，顷久而益亲；下句言得诗之膏腴。"[①]对他评价甚高。由于惠洪兼通禅学、诗学，因而颇能运用禅家的"法眼"来论诗谈艺。一方面，他不断祖述苏、黄已有的命题，如"有声画"、"无声诗"、"句中眼"等[②]；另一方面，他也提出一些很精辟的贯穿道与艺的观点，其中最重要的是"妙观逸想"之说：

> 今人之诗，例无精彩，其气夺也。夫气夺之人，百种禁忌，诗亦如之，富贵中不得言贫贱事，少壮中不得言衰老事，康强中不得言疾病死亡事。脱或犯之，人谓之诗谶，谓之无气。是大不然。诗者，妙观逸想之所寓也，岂可限以绳墨哉！如王维作画雪中芭蕉，自法眼观之，知其神情寄寓于物，俗论则讥以为不知寒暑。荆公方大拜，贺客盈门，忽点墨书其壁曰："霜筠雪竹钟山寺，投老归欤寄此生。"东坡在儋耳作诗曰："平生万事足，所欠惟一死。"岂可与世俗论哉！予尝与客论至此，而客不然予论，予作诗自志，其略曰："东坡醉墨浩琳琅，千首空余万丈光。雪里芭蕉失寒暑，眼中骐骥略玄黄。"云云。[③]

这段话有几点值得注意：第一，提出"妙观逸想"的构思理论，认为诗中的世界是诗人内在生命的展示，诗歌创作是要寄托"妙观逸

---

① 《山谷诗集注》卷二〇《赠惠洪》。

② 如《石门文字禅》卷一《同超然、无尘饭柏林寺，分题得柏字》："欲收有声画，绝景为摹刻。"《华光仁老作墨梅，甚妙，为赋此》："东坡戏作有声画，竹外一枝斜更好。"卷四《戒坛院东坡枯木、张嘉夫妙墨，童子告以僧不在，不可见，作此示汪履道》："雪里壁间枯木枝，东坡戏作无声诗。"《敦素坐诵公衮乌臼树绝句》："君看句中眼，秀却天下白。"卷八《肇上人居京华甚久，别余归闽，作此送之》："句中有眼莫惊嗟。"

③ 《冷斋夜话》卷四《诗忌》。

想”所产生的“神情”和“妙意”，它是诗人生命的存在之真，符合艺术的真实，不能拘泥于事实的真实加以指责。“妙观逸想”作为艺术家的构思过程，特别指艺术形象的塑造突破常形常理的局限，而进入一种挥洒自如、圆融无碍的创作状态。惠洪多次提到“妙观逸想”或“逸想”的概念，如云:“东坡妙观逸想，托之以为此文，遂与百世俱传也。”①“东坡居士，游戏翰墨，作大佛事，如春形容藻饰万象，又为无声之语……而妙观逸想，寄寓如此，可以想见其为人。”②“何人寄逸想，游戏浮沤间。以如幻之力，刻此旃檀像。”③“何人毫端寄逸想,幻出百福庄严身。”④这种“妙观逸想”是非逻辑的、非反映论的，是艺术家摆脱了一切现实拘绊的自由想象的体现，所谓“岂可限以绳墨哉”！第二，提出“自法眼观之”的欣赏理论。“法眼”是指华严宗的法界观或禅宗的正法眼，即一种佛教认识世界的方法论。惠洪认为，审视艺术作品应像参禅一样领会“物”中所寓的“神情”，特别是要领会其中的禅意，如王维的雪中芭蕉，以世俗的眼光来看就是不知寒暑，而以法眼来看，“无非像海底尘、腊月或火中莲等等，暗示‘希有’或‘不可思议’”⑤。正如黄庭坚一样，惠洪特别强调“法眼”和“俗眼”、“俗论”的区别。所谓“雪里芭蕉失寒暑，眼中骐骥略玄黄”，无非是要求艺术欣赏中放弃对象表现的“寒暑”、“玄黄”的差别，而直抉对象表象后面蕴藏的“神情”或“神理”。其实，苏轼论杜诗似太史公《史记》，荔枝似江瑶柱，正是从“法眼”的角度来看二者的相似性。而这“法眼”，无疑是来自佛教平等无二、圆融无碍的

① 《冷斋夜话》卷七《东坡留戒公疏》。
② 《石门文字禅》卷一九《东坡画应身弥勒赞》。
③ 同上卷一八《华藏寺慈氏菩萨赞》。
④ 同上《涟水观音画像赞》。
⑤ 参见《钱锺书散文·中国诗与中国画》第210页,浙江文艺出版社,1997年。

观照方式。第三，惠洪在论述“诗者，妙观逸想之所寓”这一命题时，举例却是王维的画，这充分说明在惠洪眼里，诗画原理完全相通，本无差别。在前面所举“妙观逸想”的几个用例中，分别涉及诗、文、绘画、雕刻等，可见，“法眼”帮助他在不同的艺术形式中找到了共同的艺术原理。

特别需要指出的是，惠洪诗文中多次使用的“文字禅”这一概念，也是禅家“法眼”启示的产物。明释达观（真可，号紫柏禅师）作于万历丁酉的《石门文字禅序》是探讨惠洪“文字禅”涵义的重要文献，其中一段云：

> 盖禅如春也，文字则花也。春在于花，全花是春；花在于春，全春是花。而曰禅与文字有二乎哉！故德山、临济，棒喝交驰，未尝非文字也；清凉、天台，疏经造论，未尝非禅也。而曰禅与文字有二乎哉！逮于晚近，更相笑而更相非，严于水火矣。宋寂音尊者忧之，因名其所著曰《文字禅》。①

禅是抽象的、普遍的春，文字是具象的、特殊的花，抽象是具象的本质概括，具象是抽象的本质体现，普遍中包含特殊，特殊是普遍的显现，文字与禅存在着同一性。这近似华严“即一而万，了万为一”的法界观。值得注意的是，达观的春花之喻，数见于惠洪诗文集中，如云:“文如水行川，气如春在花。”②“以空为坐礼十身，以愿为舌说千偈，如以花说无边春，如以滴说大海味。”③“天全之妙，非

① 见《石门文字禅》卷首。
②《石门文字禅》卷三《送朱泮英随从事公西上》。
③ 同上卷一八《枣柏大士画像赞》。

粗不传，如春在花，如意在弦。”[①]“风度凝远，杳然靖深，如春在花，如意在琴。”[②]“富贵之气，已如透花之春色；功名之志，又如欲雨之层云。”[③]“石门云庵示众之语，多脱略窠臼，于时衲子视之，如春在花木，而不知其所从来。”[④]“公之全体大用，如月照众水，波波顿见而月不分；如春行万国，处处同时而春无迹。”[⑤]以上这些句子，都以“花”表示具体而微的事物，以“春”表示抽象的神情、意境或理念。达观以“春”与“花”比喻“禅”与“文字”的关系，应该符合惠洪的思想。正如月印千江一样，春在于花也象征着理一分殊的观念。

北宋中叶文化全面繁荣产生的文化整合的需要促进了禅悦之风的盛行，而禅悦之风的盛行又反过来为文化整合提供了全新的观念，即万法平等的观念。这种观念开启了打通宇宙、人生和艺术的界限的新视点，不仅宗教、哲学领域出现儒、释、道融合、教禅合一的倾向，艺术领域出现提倡“出位之思”的趋势，而且在宗教、哲学与艺术这些不同领域之间也出现相互融通交流的局面。表现在诗学方面，就是以禅喻诗、以道喻诗的广为流行。苏轼的朋友李之仪说得好：“说禅作诗，本无差别，但打得过者绝少。”[⑥]这就是以平等观来看待禅与诗。不仅诗与禅，而且与仙道也“本无差别”，所以他认为“得句如得仙，悟笔如悟禅”[⑦]。正是这种新观念，使宋代诗论呈现出极为鲜明的时代特征，并具有相当的理论深度。

---

① 《石门文字禅》卷一九《郴州乾明进和尚舍利赞》。
② 同上《灵源清禅师赞五首》其四。
③ 同上《郃子中赞》。
④ 同上卷二五《题准禅师语录》。
⑤ 《禅林僧宝传》卷二《韶州云门大慈云弘明禅师赞》。
⑥ 李之仪：《姑溪居士前集》卷二九《与李去言》，《丛书集成初编》本。
⑦ 同上卷一《兼江祥瑛上人能诗又能书，为赋一首》。

## 二　宋代诗学术语的禅学语源

随着北宋中叶后禅悦之风的盛行，文化整合思潮的出现，宋代士大夫观照世界的审美眼光大为改变，传统的主要受儒家、道家影响的文论话语已不能完全传达他们的审美观念。同时，由于宋诗创作中佛教的思想资源、语言材料及表达方式的不断渗入，特别是宋人受参禅启示而对诗歌文本的重新认识，使得很多传统文论话语在解释新的文学现象时都未免显得方枘圆凿。宋代诗学极需要与“法眼”相对应的一套新的文论话语，来填补传统文论话语的不足，于是大量的禅宗术语被引进诗学，形成了宋诗学“以禅喻诗”的鲜明特色。下面仅就宋诗论中常见的禅宗术语的原始出处、理论内涵以及与禅门宗派的关系，试作一一说明。

1. **反常合道**。惠洪《冷斋夜话》卷五《柳诗有奇趣》条引东坡云：“诗以奇趣为宗，反常合道为趣。熟味此诗有奇趣，然其尾两句，虽不必亦可。”这是评价柳宗元的《渔翁》诗：“渔翁夜傍西岩宿，晓汲清湘燃楚竹。烟消日出不见人，欸乃一声山水绿。回看天际下中流，岩上无心云相逐。”去掉结尾两句，这首诗“奇趣”在哪里呢？试为解释之：烟消日出本当为渔翁形象出现之时，却曰“不见人”，此乃“反常”；然而，青山绿水中传来欸乃摇橹之声，暗示渔翁已与大自然融为一体，此乃“合道”。这种解释是否正确另可讨论，值得注意的是“反常合道”这一术语在诗论中的首次出现。《易·屯》象曰：“十年乃字，反常。”谓女子十年乃孕违反常道。《春秋公羊传·桓公十一年》曰：“权者何？权者反于经，然后有善者也。”“经”即“常”义。又《易·系辞下》曰：“巽以行权。”韩康伯注："权，反经而合道。"古人认为道之至当不变者为经，反经合道为权。尽管"反常合道"的思想出现很早，但作为固定的语言搭配或术语，它却常常出现在禅宗语录中，如《汝州叶县广教省禅师语录》："问：'如何是论顿不留朕迹？'师云：'日午打三更，石人侧耳听。'云：'如何是语渐返常而合道？'师云：'问处分明，觌面相呈。'"[①]又《舒州法华山举和尚语要》："上堂云：'语渐也，返常合道；论顿也，不留朕迹。直饶论其顿，返其常，是抑而为之。'"[②]而"论顿"、"语渐"两句，最早当出自唐释飞锡所作南阳慧忠国师碑文[③]。宋释赞宁《宋高僧传》卷九《唐均州武当山慧忠传》也称其"论顿也不留朕迹，语渐也返常合道"。可见"返（反）常合道"是禅宗最常见的话头之一。苏轼借此宗门语来说明诗歌的创作原则。"反常合道"就是超乎常规，合乎常理。诗歌不同于历史、哲学著作之处，就在于它的虚构性、想象性以及非逻辑性，表面上似乎违背生活常规，而实质上更深刻地体现出人的存在的真实。尤其是诗歌的语言，常采用一种"矛盾语言"，更是在自相矛盾的叙述中呈现出一种"形而上的真实"。在这一点上，禅宗语言和诗歌语言有很多共通之处，如前引叶县归省禅师的"日午打三更，石人侧耳听"就是典型的矛盾语言。可见"反常合道"这一宗门语引进诗论，有得于宋人对诗歌与禅宗本质的新认识。

2. **句中有眼**。黄庭坚诗云："拾遗句中有眼，彭泽意在无弦。"任渊注云："谓老杜之诗，眼在句中，如彭泽之琴，意在弦外也。"[④]可

---

① 《古尊宿语录》卷二三《汝州叶县广教省禅师语录》。

② 同上卷二六《舒州法华山举和尚语要》。

③ 日本无著道忠撰《禅林句集辨苗》"返常合道"条引《祖庭事苑》卷一《国忠师碑文》曰："论顿也，不留朕迹；语渐也，返常合道。"见《禅语辞书类聚》第1册第261页，日本花园大学禅文化研究所印行。按：据《宋高僧传》卷九，《慧忠国师碑文》为释飞锡所撰。

④ 《山谷诗集注》卷一六《赠高子勉四首》其四。

见，句中之眼相当于弦外之意。黄氏亦用来评书法："用笔不知擒纵，故字中无笔耳。字中有笔，如禅家句中有眼，非深解宗趣，岂易言哉！"[①]"余尝评书云：字中有笔，如禅家句中有眼，直须具此眼者，乃能知之。"[②]"余尝评书：字中有笔，如禅家句中有眼。至如右军书，如《涅槃经》说，伊字具三眼也。"[③]所谓"眼"，即"正法眼藏"，是禅宗教外别传的要义。本来，依禅宗祖训，"眼"是外于文字言句的。但到了晚唐五代禅宗五家兴起之后，使用新的农禅话语"宗门语"成为教外别传正法眼藏的主要途径。因而，禅宗的要义精髓虽外于经教的文字言句，但可以蕴藏于特殊的宗门语句之中。临济义玄禅师云："一句语须具三玄门，一玄门须具三要。"[④]"三玄"、"三要"即相当于句中之"眼"。法眼文益禅师说得更明白，他在《宗门十规论》中要求在对答中"须语带宗眼，机锋酬对，各不相辜"[⑤]。所谓"语带宗眼"，与黄庭坚的"句中有眼"显然是一个意思。圆悟克勤禅师的《碧岩录》卷三第二十五则《莲花峰拈拄杖》云："不妨句中有眼，言外有意。"其思路更与黄庭坚诗"拾遗句中有眼，彭泽意在无弦"如出一辙。禅宗的"正法眼藏"要体现在语词中，有如诗歌和书法的韵味要体现在句法中和笔法中。惠洪《冷斋夜话》卷五《句中眼》条载山谷评荆公、东坡诗曰："此皆谓之句中眼，学者不知此妙，韵终不胜。"正足见"句中眼"和"韵"的关系。黄庭坚把禅家"句中有眼"之说引入诗歌批评，在诗学上有重要意义。此前中国诗论因受庄子言意观影响，普遍主张"意在言外"，认为诗歌的特殊意味只可意会，不可言传，从而放弃对诗歌语言艺术的探究。而"句中有眼"之

---

① 《豫章黄先生文集》卷二九《自评元祐间字》。

② 同上卷二八《跋法帖》。

③ 同上《题绛本法帖》。

④ 《古尊宿语录》卷四《镇州临济慧照禅师语录》。

⑤ 《宗门十规论·对答不观时节兼无宗眼第四》。

说提供了从语言的选择与安排角度来揭示诗歌意味的奥秘的可能。事实上，黄庭坚的学生范温作《潜溪诗眼》就是从句法分析入手寻求诗韵的最佳尝试。自黄庭坚以后，江西诗派诗人以及其他宋诗人言及“句中眼”者甚多，几乎视为作诗的不传之秘。虽然后来不少人郢书燕说，理解为句中精彩的字眼，但仍保持了从文字形式中求韵味的精神。总之，“句中有眼”之说由于最符合“文字禅”和“以文字为诗”的风尚，因此在宋代诗坛有广泛传播的良好基础。

3. **点铁成金**。黄庭坚《答洪驹父书》云：“自作语最难，老杜作诗，退之作文，无一字无来处。盖后人读书少，故谓韩、杜自作此语耳。古之能为文章者，真能陶冶万物，虽取古人之陈言入于翰墨，如灵丹一粒，点铁成金也。”①这一术语来自禅宗典籍。它原是道教炼丹术，但禅宗却用来譬喻学人经过禅师的一言点化而开悟。如下列数则：“问：‘环丹一颗，点铁成金；妙理一言，点凡成圣。请师点。’师云：‘不点。’”②“问：‘还丹一粒，点铁成金；至理一言，点凡成圣。请师一点。’师曰：‘还知齐云点金成铁么？’”③“问：‘还丹一粒，点铁成金；至理一言，转凡成圣。学人上来，请师一点。’师曰：‘不点。’”④黄氏所云“点铁成金”，主要指借用前人已使用过的语言材料，运用自己的构思重新组织锻炼，使之化腐朽为神奇。关于它的理论价值，我曾借用英美新批评派的“语境”(context)和符号学的“互文”(intertext)加以阐释⑤，兹不赘述。范温《潜溪诗眼》则从另一个角度借用这一术语：“句法以一字为工，自然颖异不凡，如灵丹一粒，点铁成金也。”这一比喻似更与禅籍用法吻合，是说一句

---

① 《豫章黄先生文集》卷一九。
② 《祖堂集》卷一三《招庆和尚》。
③ 《景德传灯录》卷一八《杭州龙华寺灵照禅师》。
④ 《五灯会元》卷七《翠岩令参禅师》。
⑤ 见笔者《宋代诗学通论》第182—183页，巴蜀书社，1997年。

诗靠最贴切、最新奇或含义最丰富的一字（相当于“至理一言”）的选择使用，从而化平庸为警策。宋人后来使用“点铁成金”这一术语，大抵不出黄、范这两种用法的范围。

**4.夺胎**。“夺胎”这一词最早引进诗论时是和“换骨”分用而且含义有区别的。惠洪《冷斋夜话》卷一《换骨夺胎法》云:“山谷云:诗意无穷，而人之才有限，以有限之才，追无穷之意，虽渊明、少陵不得工也。然不易其意而造其语，谓之换骨法；窥入其意而形容之，谓之夺胎法。”“换骨”是指借鉴前人的构思，而换用自己的语言去表达，“骨”用以喻语言。宋无名氏《诗宪》也认为:“换骨者，意同而语异也。”[①]“夺胎”是指透彻领会前人的构思（窥入其意）而用自己的语言去演绎发挥，追求意境的深化与思想的开拓。正如《诗宪》所说:“夺胎者，因人之意，触类而长之。”本来，“夺胎”和“换骨”的原始意义《冷斋夜话》与《诗宪》已表达得很清楚了，但学术界对这两个术语的解释仍歧说纷纭。问题的关键是对“夺胎”一词辞源义的理解。迄今为止，几乎所有学者都认为黄庭坚（或惠洪）的“夺胎法”借用的是道教术语，即谓脱去凡胎而换成仙骨，以喻师法前人而不露痕迹，并能创新。但这种解释必须把“夺胎”与“换骨”二词连接起来，而且必须把“夺”通于“脱”，这样就很难和《冷斋夜话》的解释扣合。台湾学者黄景进意识到这一点，猜测道:“惠洪《冷斋夜话》介绍山谷教法，有所谓‘换骨、夺胎’的名称。就其名称而言，颇值得怀疑。因为道家原称‘脱胎换骨’，且只是指一件事，即脱去凡胎，换成仙骨。惠洪是当时著名的禅师，可能将道教胎息之说加以改造，将它分指两件事，应非山谷原意。”[②]黄景进注意到“换骨”、

① 《诗宪》,《宋诗话辑佚》本。
② 黄景进:《韩驹诗论》,《宋代文学研究丛刊》第2期第294页，台湾丽文文化公司，1996年。

“夺胎”指两件事，与道教“脱胎换骨”指一件事不同，但他却未能进一步从辞源上分析二者的区别，却反而怀疑是惠洪改造道教胎息之说。然而，在惠洪所有的著述中，我们很难找到修习道教胎息法的内证。相反，无论是黄庭坚还是惠洪，都对道教学说不感兴趣，这一点和苏轼不同。显然，黄庭坚和惠洪的禅学修养使我们有理由认为“夺胎”一词出自佛教。日本曹山元恭禅师《俗语解》即有“夺胎”一词，解云：

> 夺胎　夺他人所托之胎也。按，像海印这样的人托生，本来应当为男子，然倘若于迁化之日出生，因无结胎之时日，亦恐会暂夺女子所托之胎也。又，依十二因缘之次第，三为识，四为名色，五为六入，此三者皆胎内之位也。识者乃托生之一念也，名色之位则六根尚未具也，六入之位则六根具足，然后出生也。朱家之子六根既具，因已成女身之故，海印夺其一分之识，则转成女子矣。①

佛教有死后托生于母胎而转生的说法，而“夺胎”是指夺取他人所托之胎而转生。《五灯会元》卷一七《黄龙悟新禅师》：“师因王正言问：‘尝闻三缘和合而生，又闻即死即生，何故有夺胎而生者？某甚疑之。’师曰：‘如正言作漕使，随所住处即居其位，还疑否？’王曰：‘不疑。’师曰：‘复何疑也？’王于言下领解。”佛教虽然主张三缘和合而生，死即是生，但仍承认人的生命须寄存于具体的肉体形式之

---

① 《禅语辞书类聚》第1册第205页，日本花园大学禅文化研究所印行。此条日文材料由刘长东先生翻译，特此感谢。按：海印即超信禅师，为临济宗琅琊慧觉禅师法嗣，约卒于宋神宗时期。其夺胎而为朱家女子之事，见释道谦编《大慧普觉禅师宗门武库》，《大正藏》第四十七卷；又见释明河《补续高僧传》卷八《宋江州归宗宣禅师》附《海印》，上海古籍出版社影印《佛藏要籍选刊》本第十三册。

中，这就须托胎而生。而高僧在迁化（死亡）的同时就出生，因为没有形成胎儿的足够时间，只得夺他人所托之胎而转生，甚至不得已如海印禅师那样夺女子所托之胎而转生为女子。那么，何以证明诗歌创作的“夺胎法”取喻于此呢？我们知道，凡是比喻，须得喻旨与喻依有对应之处。在《冷斋夜话》里，“夺胎”是喻依，“窥入其意而形容之”是喻旨。如果“夺胎”作“脱胎”讲，那么显然喻依和喻旨之间扞格难通，因为无论如何，“脱”字是无法与“窥入”对应的，更不能引申出“师法”之义。倘若讲成“脱去凡胎，换成仙骨”，那么“胎”就是指自己的“意”，而非前人的“意”，也与这条诗法的内容相矛盾。换言之，如果以道教术语来解释，“夺胎”与“窥入其意而形容之”之间很难建立比喻关系。而以佛教术语“夺胎”来解释，一切矛盾就迎刃而解，喻旨喻依合若符契。诗文创作借鉴前人的构思而创新，正如高僧借他人所托之胎而转生。“胎”不是自己的凡胎，而是他人寄托的母胎，喻前人的诗意。“夺胎”是“夺其一分之识”，即窥入前人的诗意；在充分利用前人诗意的基础上创作出自己的新作品，正如在夺取他人胚胎的基础上完成自己的转生。据《五灯会元》卷一二《定慧超信禅师》，海印为汾阳善昭禅师第三世法孙，黄庭坚和惠洪均为汾阳善昭第五世法孙，而前面所举与王正言问答的黄龙悟新禅师，是黄庭坚的同门法友，黄氏也曾向他问及生死问题。可以说，海印夺胎而生是黄庭坚和惠洪非常熟悉之事，“夺胎而生”也是他们非常熟悉的术语。所以我们有充分理由认为“夺胎法”是以禅喻诗的产物。至于宋以后的诗话谓之“脱胎换骨”，那已是传释的走形，而非黄庭坚或惠洪的本意。

5. **换骨**。宋诗论中实际上存在着两种“换骨”之说。当今学者往往混为一谈，不可不辨。一种“换骨”即惠洪转述黄庭坚之语，是指一条具体的作诗方法——“不易其意而造其语”，称为“换骨法”。另一种即陈师道所谓“学诗如学仙，时至骨自换”[①]，是指学诗的艺术修养过程，通过艰苦的研习由必然王国走向自由王国。陈师道的“换骨”说取喻于道教的换凡骨为仙骨，是毫无疑义的。而惠洪的“换骨法”并无修炼之意，取喻很可能来自禅典。《祖堂集》卷二《第二十九祖慧可禅师》载：“又经八载，忽于静夜见一神人，而谓光曰：‘光欲受果，何于此住，不南往乎？而近于道。’本名曰光，光因见神现，故号为神光。至于第二夜，忽然头痛如裂，其师欲为灸之，空中有声报云：‘且莫且莫，此是换骨，非常痛焉。’师即便止。遂说前事见神之由，以白宝静。宝静曰：‘必是吉祥也，汝顶变矣，非昔首焉。’”此事也见于《景德传灯录》《五灯会元》等禅籍记载。惠洪不仅在《冷斋夜话》中转述山谷之语，而且在他自己的诗集中也实践过这一诗法：

> 古诗云：“芦花白间蓼花红，一日秋江惨憺中。两个鹭鸶相对立，几人唤作水屏风？”然其理可取，而其词鄙野。余为改之，曰“换骨法”：“芦花蓼花能白红，数曲秋江惨憺中。好是飞来双白鹭，为谁妆点水屏风？”[②]

修改后的诗保留了原诗的构思和主要意象，而改变了句法结构并置换了一两处动词，“立”换为“飞”、“唤作”换为“妆点”。“理”还是原来之“理”，而“词”高雅了许多，今非昔比。惠洪的“换骨法”并无一个修炼等待“时至”的过程，与慧可的换骨有相似之处，鉴于惠洪的禅师身份，我们有理由认为“换骨法”正是取喻于此。在宋代，两种“换骨”说都很流行。喻作诗修养的“换骨”，如曾幾

① 陈师道：《后山集》卷二《次韵答秦少章》，《四部备要》本。
② 《石门文字禅》卷一六。

云："学诗如参禅，慎勿参死句。……又如学仙子，辛苦终不遇。忽然毛骨换，政用口诀故。"①陆游云："六十余年妄学诗，工夫深处独心知。夜来一笑寒灯下，始是金丹换骨时。"②姜特立云："每叹学诗如学仙，未能换骨谩成篇。"③曾季貍云："后山论诗说换骨，东湖论诗说中的，东莱论诗说活法，子苍论诗说饱参；入处虽不同，然其实皆一关捩，要知非悟入不可。"④喻换用词语的"换骨"，如葛立方云："诗家有换骨法，谓用古之意而点化之，使加工也。"⑤曾季貍云："山谷《咏明皇时事》……全用乐天诗意。……此所谓夺胎换骨者也。"⑥宋诗话中此类论述甚多，不胜枚举。

6. **待境而生**。《王直方诗话》记载："山谷论诗文不可凿空强作，待境而生，便自工耳。"此条记载又见于吕本中《童蒙诗训》⑦。文渊阁《四库全书》本《山谷别集》卷六引《家传·论作诗文》文字稍异："文章惟不构空强作，诗遇境而生，便自工耳。"这条"待境而生"或"遇境而生"的诗法，出自禅宗的"心不孤起，托境方生"⑧。陆游引申黄庭坚的观点云："法不孤生自古同，痴人乃欲镂虚空。君诗妙处吾能识，正在山程水驿中。"⑨"法不孤生"显然是"心不孤起，托境方生"的缩写。这条诗法主张艺术思维必须依赖于诗人对现实世界的经验（境），艺术创作不能完全脱离现实，面壁虚构。黄

---

① 曾幾：《读吕居仁旧诗，有怀其人，作诗寄之》，《前贤小集拾遗》卷四，《南宋群贤小集》本。
② 陆游：《剑南诗稿》卷五一《夜吟》其二，汲古阁本。
③ 姜特立：《梅山续稿》卷四《和赵太中觅诗》，台湾商务印书馆影印文渊阁《四库全书》本。
④ 曾季貍：《艇斋诗话》，《历代诗话续编》本。
⑤ 《韵语阳秋》卷二。
⑥ 《艇斋诗话》。
⑦ 均见《宋诗话辑佚》本。
⑧ 见唐圭峰宗密《禅源诸诠集都序》上之二，《大正藏》第四十八卷。
⑨ 《剑南诗稿》卷五〇《题庐陵萧彦毓秀才诗卷后》。

庭坚的外甥徐俯对此有更具体详尽的发挥。曾季貍云:“东湖论作诗,喜对景能赋,必有是景,然后有是句。若无是景而作,即谓之‘脱空’诗,不足贵也。”[①]又曾敏行云:“汪彦章为豫章幕官。一日,会徐师川于南楼,问师川曰:‘作诗法门当如何入?’师川答曰:‘即此席间杯柈果蔬使令以至目力所及,皆诗也。但以意翦裁之,驱约束,触类而长,皆当如人意。切不可闭门合目,作镌空妄实之想也。’彦章颔之。”[②]所谓“脱空”,也是宗门常用语[③],与“凿空”、“构空”、“镂虚空”、“镌空妄实之想”意思相近,都是指虚妄不实。值得注意的是,徐俯警告的“切不可闭门合目”,与他的禅宗同门友大慧宗杲禅师批判“默照禅”禅法“一向闭眉合眼,做死模样”的语气如出一辙[④]。显然,黄庭坚、徐俯、陆游等人所反对的正是像“默照禅”一样的构思方式。

7. **中的**。《艇斋诗话》云:“东湖论诗说中的。”关于“中的”,未见徐俯有另外具体的解释,宋人诗话也很少谈到。所谓“中的”,台湾学者黄景进认为是“以儒说诗”,因为“中的”为射箭之术语,意为正中目标。在先秦时代,射为儒家“六艺”之一[⑤]。这种说法我认为值得讨论。尽管射箭可以推溯到儒家六艺,但“中的”这一术语的大规模使用,却见于禅宗典籍,如《景德传灯录》卷四《天台山佛窟岩惟则禅师》:“有僧问:‘如何是那罗延箭?’师云:‘中的也。’”卷一六《福州雪峰义存禅师》:“问:‘箭露投锋时如何?’师曰:‘好手

---

① 徐俯,字师川,号东湖居士。“东湖”二字,《历代诗话续编》本作“东坡”,疑误,因《艇斋诗话》重点是谈江西派诗法,言及东湖诗法最多,且此条诗法有曾敏行《独醒杂志》的旁证,故从《知不足斋丛书》本、《琳琅秘室丛书》本作“东湖”。

② 曾敏行:《独醒杂志》卷四,《知不足斋丛书》本。

③ 日本无著道忠《葛藤语笺》曰:“持换寓像曰脱空;有外相而内无实,故妄谈谩语曰脱空。”见《禅语辞书类聚》第2册第40页,日本花园大学禅文化研究所印行。

④ 参见《大慧普觉禅师语录》卷二〇《示真如道人》。

⑤ 黄景进:《韩驹诗论》,《宋代文学研究丛刊》第2期第295页。

不中的。'" 卷一七《澧州钦山文邃禅师》:"有人举似同安和尚，安云:'良公虽发箭，要且未中的。'" 卷二十《蕲州乌牙山彦宾禅师》:"问:'百步穿杨，中的者谁?' 师曰:'将军不上便桥，金牙徒劳拈筈。'" 又如《碧岩录》中至少有七八处出现"中的"一词，如卷九第八十一则"药山麈中麈"条:"法灯有颂古云:'古有石巩师，架弓矢而坐。如是三十年，知音无一个。三平中的来，父子相投和。子细返思量，元伊是箭垛。' 石巩作略与药山一般，三平顶门具眼，向一句下便中的。" 禅宗常喻语言为箭锋，以禅旨为靶的，于言下悟得禅旨为中的。徐俯跟从《碧岩录》作者克勤禅师参禅，《嘉泰普灯录》《五灯会元》都列他为克勤的法嗣。《碧岩录》卷七第七十则《沩山请和尚道》中有"言中辨的"之说，徐俯"中的"之说当受其影响。"中的"比喻学诗，应当指通过对前人诗句的语言辨析而悟得诗艺的真谛，其具体方法虽不得而知，但其基本精神正如曾季貍《艇斋诗话》所说:"要知非悟入不可。" 而黄景进认为:徐俯所谓"中的"与典故运用有关，并引《西斋话纪》云:"古人作诗，引用故实，或不原其美恶，但以一时中的而已。如李端于郭暧席上赋诗，其警句云:'新开金埒教调马，旧赐铜山许铸钱。' 乃比邓通耳。既非令人，又非美事，何足算哉! 凡用故事，多以事浅语熟，更不思究，率尔用之，往往有误。"（原注:《诗人玉屑》页一五八）黄氏进一步指出:"据此，则所谓'中的'乃指典故的运用能切合作品本身的用意而言。……当典故的运用能切合作品本身立意的要求时，称之为'中的'。若泥于典故的本义，而不顾及作品本身的用意，反显得'率尔用事'，不能'中的'。由此可知，'中的'是指活用典故而言。"① 然而，黄氏似乎误解了《西斋话纪》的意思，所谓运用典故"多以事

① 黄景进:《韩驹诗论》,《宋代文学研究丛刊》第2期第296页。

浅语熟，更不思究，率尔用之”，正是“不原其美恶，但以一时中的而已”。显然，“一时中的”，并非活用典故，而是不知典故的美恶褒贬用法，只图事类相近，虽表面意思契合（中的），但褒贬有误，如李端赠郭暧诗正是比拟不伦。可见，《西斋话纪》所言“一时中的”，与“东湖论诗说中的”，乃风马牛不相及。

8.**识取关捩**。周紫芝云:“具茨（元不伐勋），太史黄公客也。具茨一日问:‘作诗法度，向上一路如何?’山谷曰:‘如狮子吼，百兽吞声。’他日又问，则曰:‘识取关捩。’具茨谓鲁直接引后进，门庭颇峻，当令参者自相领解。”[①]“关捩”本指木制机关，禅宗借以喻悟道的关键之处。如《景德传灯录》卷九《黄檗希运禅师》:“师云:‘夫出家人须知有从上来分，且如四祖下牛头融大师，横说竖说，犹未知向上关捩子。有此眼脑，方辨得邪正宗党。”禅宗以“识取关捩”为悟道的必备条件，禅籍中此类话头甚多，不胜枚举。黄庭坚曾告诫后学:“更能识诗家病，方是我眼中人。”[②]这也包含了“识取关捩”之意，即学诗首先得具备辨别诗歌艺术优劣的审美鉴赏力，识得“诗家病”，就能知诗家“向上关捩子”。范温《潜溪诗眼》转述山谷言“学者若不见古人用意处，但得其皮毛，所以去之更远”，反复强调“学者要先以识为主”。后来严羽《沧浪诗话·诗辩》云:“夫学诗者以识为主，……路头一差，愈骛愈远，由入门之不正也。”都是黄庭坚“识取关捩”之意。在宋诗话中可以见出这一理论的沿袭性。曾季貍《艇斋诗话》认为“换骨”、“中的”、“活法”、“饱参”等诗论，“其实皆一关捩”，也取喻于此，视“悟入”为作诗的关键。

9. **饱参与遍参**。《艇斋诗话》谓“子苍论诗说饱参”。子苍即

---

① 周紫芝:《太仓稊米集》卷五八《见王提刑书》，台湾商务印书馆影印文渊阁《四库全书》本。

②《山谷诗集注》卷一六《荆南签判向和卿用予六言见惠次韵奉酬四首》其三。

江西诗派诗人韩驹。韩驹今存《陵阳先生诗》四卷，另有论诗之语见于范季随辑录《陵阳先生室中语》。“饱参”二字为宋代禅宗常用语，流行于“文字禅”风靡的时代，体现出禅门崇尚“典刑”的精神，意思是多方参究禅理公案，烂熟于心。如释晓莹云：“明州和庵主，从南岳辨禅师游，丛林以为饱参。”①又如释圆悟云：“金华元首座，刚峭简严，丛林目为饱参。”②陈师道《答颜生》诗亦云：“世间公器毋多取，句里宗风却饱参。”③可见“饱参”是指从“句里”熟悉“宗风”。韩驹的“饱参”显然是指饱读前人的诗歌作品，从而获得诗性智慧。考察韩驹的论诗言句，可知“饱参”之说实有二义：一是指“遍参”，二是指“熟参”。韩驹《赠赵伯鱼》诗云：“荆州早识高与黄，诵二子诗声琅琅。后生好学果可畏，仆常倦谈殊未详。学诗当如初学禅，未悟且遍参诸方。一朝悟罢正法眼，信手拈出皆成章。”④又《次韵曾通判登拟砚台》诗云：“篇成不敢出，畏子诗眼大。唯当事深禅，诸方参作么。”⑤以禅徒遍参诸方宗师比喻学诗者遍读诸家前辈诗人的作品，比较鉴别，学习领悟，最终获得“诗眼”、“正法眼”，即一种高明的艺术眼光。韩驹的“遍参”受两方面的启示，一是来自“高与黄”即江西诗派前辈诗人高荷和黄庭坚，二是来自方外友大慧宗杲。韩驹《送云门妙喜游雪峰三首》其三云：“旧事时追忆，深禅得细论。”⑥忆及宗杲的教诲，而“事深禅”与“参诸方”相关，足见“遍参”之说受宗杲启发。据《五灯会元》卷一九《径山宗杲禅师》载，宗杲曾阅《古云门录》，从曹洞宗诸老宿而得其

---

① 《罗湖野录》卷下。
② 释圆悟：《枯崖漫录》，日本《续藏经》第二编乙第二十一套第一册。
③ 《后山诗注》卷六。
④ 《陵阳先生诗》卷一。
⑤ 同上卷二。
⑥ 同上卷四。

说，游四方，后从临济宗克勤而悟。宗杲于禅即“遍参诸方”，韩驹之说应当有得于此。吕本中《童蒙诗训》亦云：“学者若能遍考前作，自然度越流辈。”均基于同一思路。“饱参”的另一个含义可能是“熟参”，乃指参究的深度而言，所谓“深禅细论”。严羽《沧浪诗话·诗辩》反复提倡“熟参”历代诗人作品，其观点乃有得于此。

10. **熟与生**。《复斋漫录》云：“韩子苍言：‘作诗不可太熟，亦须令生。近人论文，一味忌语生，往往不佳。’东坡作《聚远楼》诗，本合用‘青江绿水’对‘野草闲花’，以此太熟，故易以‘云山烟水’，此深知诗病者。予然后知陈无己所谓‘宁拙毋巧，宁朴毋华，宁粗毋弱，宁僻毋俗’之语为可信。”①“熟”与“生”的关系问题，也是禅宗常讨论的话题。如苏轼《次韵子由浴罢》诗云：“稍能梦中觉，渐使生处熟。”王十朋注云：“《传灯录》：‘老宿有语：生疏处，常令热熟；热熟处，放令生疏。’”②此条老宿之语出处虽难查寻，但无疑是当时禅门较为流行的话头。如《大慧普觉禅师语录》卷二九《答黄知县》云：“时时提撕话头，提来提去，生处自熟，熟处自生。”所谓“生疏处常令热熟”，引申出“熟参”的读诗方法；而“热熟处放令生疏”，则为“作诗不可太熟，亦须令生”的诗法所本。根据俄国形式主义文学批评的说法，某类用语一旦常常使用，便会形成“自动化”，再不会引起读者的特殊感受，只有采取反习惯的用法造成“陌生化”，才能再度引发读者的新鲜感。“青江绿水”对“野草闲花”，就因为“太熟”而造成“自动化”，苏轼改为“云山烟水”对“野草闲花”，的确因为稍“生”而具有一种新颖的艺术魅力。禅宗主张“丈夫皆有冲天志，莫向如来行处行”③，参禅的路上也反对

---

① 胡仔：《苕溪渔隐丛话后集》卷二七引，人民文学出版社，1981年。
② 《集注分类东坡先生诗》卷四二。
③ 《景德传灯录》卷二九《同安察禅师十玄谈》。

走熟路，所以有“熟路上不著活汉”的说法[①]。当然，“熟”与“生”是一种辩证的关系，“太熟”或“太生”都是作诗的大忌，正如传楚禅师所说：“生路上死人无数。”[②]

11. **参活句**。许颉《彦周诗话》云：“王丰父待制，岐公丞相之子，少年词赋登科，文章世其家。……其诗精密，人鲜知者。如‘白发衰天癸，丹砂养地丁’，意脉贯串，尚胜‘三甲’、‘六丁’之语，此所谓参禅中参活句也。”[③]许颉，字彦周，号阐提居士，与惠洪交契甚深，为之作《智证传序》，又与之论诗，今《彦周诗话》中有两处谈及与惠洪论诗事。许颉的“参活句”之说，当与惠洪的启示有关。惠洪有云：“予建中靖国之初，故人处获洞山初禅师语一编，福岩良雅所集，其语言宏妙，真法窟爪牙。大略曰：‘语中有语，名为死句；语中无语，名为活句。未达其源者，落在第八魔界中。’”[④]又云：“巴陵真得云门之旨。夫语中有语，名为死句；语中无语，名为活句。使问‘提婆宗’，答曰：‘外道是。’问‘吹毛剑’，答曰：‘利刃是。’问‘祖教同异’，答曰：‘不同则鉴。’作死语，堕言句中。今观所答三语（指巴陵所答三语：僧问巴陵‘提婆宗’，答曰：‘银碗里盛雪。’问‘吹毛剑’，答曰：‘珊瑚枝枝撑着月。’问‘佛教祖意是同别’，答曰：‘鸡寒上树，鸭寒下水。’），谓之语则无理，谓之非语，则皆赴来机，活句也。”[⑤]根据惠洪的分析，“死句”是指对问题的正面答语，可以从字面来理解其含义的句子。“活句”是指本身无意义、不合理路的句子，通常是反语或隐语，不对问话作正面回答。宋代禅师普遍认为，“活句”才具有启悟的功能，因此，“但参活句，莫参死句”

---

① 《景德传灯录》卷二〇《凤翔府青峰山传楚禅师》。
② 同上。
③ 许颉:《彦周诗话》,《历代诗话》本。
④ 《林间录》卷上。
⑤ 《禅林僧宝传》卷一二《荐福古禅师传赞》。

已成为宋代文字禅的重要话头，如《碧岩录》卷二第二十则《翠微禅板》:“只如这僧问祖师西来意，却向他道‘西来无意’。你若恁么会，堕在无事界里，所以道须参活句，莫参死句。活句下荐得，永劫不忘；死句下荐得，自救不了。”宋代诗论家借用“参活句”之说，是指诗句表面似无理，而内在意脉贯串。也指诗人能随机应变，视诗意的需要，变换句式，突破规则。这也是江西诗派的一条重要诗论，曾得韩驹和吕本中指导的诗人曾幾就说:“学诗如参禅，慎勿参死句。纵横无不可，乃在欢喜处。”[①]后来陆游也继承了这一观点:“我得茶山一转语，文章切忌参死句。”[②]甚至连痛斥江西诗派的严羽也主张“须参活句，勿参死句”[③]。

12. **死蛇弄得活**。张戒云:“往在桐庐见吕舍人居仁，余问:‘鲁直得子美之髓乎?’居仁曰:‘然。’‘其佳处焉在?’居仁曰:‘禅家所谓死蛇弄得活。’”[④]吕居仁即吕本中，他借用禅宗话头“死蛇弄得活”来比喻黄庭坚学杜诗所取得的成就，它的意思是让已成为陈迹的、前人的死文字活起来，把它的生命移植到自己的创作中。用黄庭坚自己的话来说,叫做“以故为新”[⑤]。“死蛇弄得活”是宋代禅宗常用的话头，比喻将教条式的佛经文字化为活泼自由的心灵证悟。如《碧岩录》卷七第六十七则《傅大士讲经竟》:“这个就中奇特，虽是死蛇解弄也活。”就吕本中而言，可能有得于宗杲的“看话禅”，从《大慧普觉禅师语录》卷一八《普说》中就能找出证据:“这个虽是死蛇解弄却活。”南宋诗人葛天民《寄杨诚斋》诗云:“参禅学诗无

---

① 《读吕居仁旧诗,有怀其人,作诗寄之》。
② 《剑南诗稿》卷三一《赠应秀才》。
③ 《沧浪诗话·诗法》。
④ 张戒:《岁寒堂诗话》卷上,《历代诗话续编》本。
⑤ 见《山谷诗集注》卷一二《再次韵杨明叔诗引》。

两法，死蛇解弄活鱍鱍。”[①]可以说道出了宋代禅学和诗学共同的文字化和拟古化的精神。

13. **云门三种语**。叶梦得云:“禅宗论云门有三种语[②]:其一为随波逐浪句，谓随物应机，不主故常；其二为截断众流句，谓超出言外，非情识所到；其三为函盖乾坤句，谓泯然皆契，无间可伺。其深浅以是为序。余尝戏谓学子言，老杜诗亦有此三种语，但先后不同。以‘波漂菰米沉云黑，露冷莲房坠粉红’为函盖乾坤句；以‘落花游丝白日静，鸣鸠乳燕青春深’为随波逐浪句；以‘百年地僻柴门迥，五月江深草阁寒’为截断众流句。若有解此，当与渠同参。”[③]叶梦得精习禅学，颇熟悉禅史，他的《避暑录话》《岩下放言》等叙及禅门各宗派消长，如数家珍，而尤偏嗜云门宗[④]。云门宗德山缘密禅师云:“德山有三句语：一句函盖乾坤，一句随波逐浪，一句截断众流。”[⑤]此后云门宗禅师对此三句解答甚多，《人天眼目》与《五灯会元》共载八家十说。撮其大要，大概函盖乾坤乃指对合天盖地、普遍存在的佛性的顿悟；截断众流乃指斩断语言葛藤、超越正常思维的识解；随波逐浪乃指一法不立、无可用心的随机应物。叶氏分别借指诗家物我冥契、意象浑然的境界，构思造语出奇制胜的境界以及触兴而发、不拘一格的境界。在叶氏看来，杜诗虽然有云门三种语所类似的境界，但其深浅次序和云门三种语不同，即在云门宗看来是最深即最后一关的“函盖乾坤句”，在杜诗中却是最浅的，杜诗的最高境界是“截断众流句”。这也许不仅代表了叶氏个人的看法，

---

① 《葛无怀小集·寄杨诚斋》。

② “云门”二字,《历代诗话》本及其他各本均作“云间”,误。今据《苕溪渔隐丛话前集》卷九改。

③ 叶梦得:《石林诗话》卷上,《历代诗话》本。

④ 参见张伯伟:《禅与诗学》第51—55页。

⑤ 《景德传灯录》卷二二《朗州德山缘密禅师》。

而且在宋诗学中具有一定的普遍性。

14. **不犯正位，切忌死语**。任渊《后山诗注目录序》云："读后山诗，大似参曹洞禅，不犯正位，切忌死语，非冥搜旁引，莫窥其用意深处。"①曹洞宗祖师曹山本寂云："正位即空界，本来无物。偏位即色界，有万象形。正中偏者，背理就事；偏中正者，舍事入理……君为正位，臣为偏位。"②所谓"正位"，是形而上的道理，是佛教一切皆空的解脱之道，以君臣关系作譬喻，君就是"正位"。曹山本寂又云："以君臣偏正言者，不欲犯中，故臣称君，不敢斥言是也。此吾法宗要。"③"斥言"是训诂学术语，谓指名而言。《左传·桓公六年》："周人以讳事神。"杜预注："自父至高祖，皆不敢斥言。"臣称君要避讳，不敢斥言，曹山本寂借以喻谈禅不得直接说道理，这就是所谓"不犯正位，切忌死语"。洞山良价法孙匡化（报慈藏屿）禅师作《龙牙和尚半身画像赞》云："日出连山，月圆当户。不是无身，不欲全露。"惠洪称其"匠心独妙，语不失宗"，体现了"不犯正位，语忌十成"的曹洞宗风④。对于诗歌而言，就是不正面切入主题，不直接道出意旨。任渊认为，陈师道诗简约含蓄、旁敲侧击、欲说还休的语言风格，正与曹洞禅风相似。宋金人评黄庭坚诗往往也取曹洞宗为喻，如蔡絛云："山谷诗妙脱蹊径，言谋鬼神，无一点尘俗气。所恨务高，一似参曹洞下禅，尚堕在玄妙窟里。"⑤又李屏山云："黄鲁直天资峭拔，摆出翰墨畦径，以俗为雅，以故为新，不犯正位如参禅，着末后句为具眼。"⑥这是因为黄庭坚诗有类似的生

---

① 《后山诗注》卷首附。
② 日本慧印编《抚州曹山元证禅师语录》,《大正藏》第四十七卷。
③ 同上。
④ 《林间录》卷上。
⑤ 《西清诗话》。
⑥ 《中州集》卷二刘西岩汲小传引李屏山《西岩集序》。

涩隐晦的风格。

15. **透脱**。杨万里云:“学诗须透脱，信手自孤高。”①“透脱”就是不呆板，不拘泥，不执着，灵动自由，活泼无碍。这是禅宗常用术语，如克勤《题南泉和尚语要》:“王老师真体道者也，所言皆透脱，无毫发知见解路。”②称赞南泉禅师（俗姓王）的语句摆脱了逻辑理性（“知见解路”）的束缚，灵活自由。又如《五灯会元》卷一九《昭觉克勤禅师》:“问:‘有句无句，如藤倚树，如何得透脱?’师曰:‘倚天长剑逼人寒。’”可见，“透脱”就得如利剑斩断言句的葛藤，超脱言句的束缚。陈善借此语来形容读书:“见得亲切，此是入书法;用得透脱，此是出书法。”③杨万里借此语来形容作诗不拘书本、不囿于物、思路灵活、纵横无碍的境界。杨氏师承张浚，张浚问学于宗杲，《大慧普觉禅师语录》中常见“透脱”二字，如卷一九《示清净居士》云:“决定透脱生死。”可见杨氏与宗门语的渊源。据罗大经言，张浚（紫岩）读到杨万里的诗，曰:“廷秀（杨万里字廷秀）胸襟透脱矣!”④杨氏论诗，或许有得于张浚的启发。后来活泼泼的“杨诚斋体”的形成，应有得于此“透脱”的胸襟。

16. **寂默**。史浩《赠天童英书记》诗云:“学禅见性本，学诗事之余。二者若异致，其归岂殊途?方其空洞间，寂默一念无。感物赋万象，如镜悬太虚。不将亦不迎，其应常如如。向非悟本性，未免声律拘。”⑤史浩的“寂默”说显然受天童正觉禅师“默照禅”的影响。正觉《默照铭》云:“默默忘言，昭昭现前。鉴时廓尔，体处

---

① 杨万里:《诚斋集》卷四《和李天麟二首》其一,《四部丛刊》本。
② 《古尊宿语录》卷一二。
③ 《扪虱新话》上集卷四《读书须知出入法》。
④ 《鹤林玉露》甲编卷四《透脱》。
⑤ 史浩:《鄮峰真隐漫录》卷一,台湾商务印书馆影印文渊阁《四库全书》本。

灵然。”[①]又《坐禅箴》云:“不触事而知,不对缘而照。”[②]主张闭目合眼，沉思冥想，在寂然静坐中进入一种无思虑的直觉状态，即禅的状态。史浩的诗学正有取于此，提倡清心虚静的默照状态，心如镜鉴，反映万象，认为禅思与诗思可以相通。史浩于宋高宗绍兴十四年甲子（1144）登进士第，此前曾隐居于浙江鄞县鄮峰，号真隐居士，距离正觉传道的明州天童山很近。史浩《东湖游山》诗，题下原注:“庚申居下水。”“庚申”即绍兴十年，“下水”在四明山。诗中有句云:“金襴禅老今大颠，坏衲蒲团日坐禅。我行不问西来意，消息还将方寸传。”[③]“日坐禅”的“禅老”当指正觉或正觉一派禅师。史浩又有《次韵鲍以道天童育王道中吴体》，中有句云:“奇声俊逸鲍夫子，莲社不挂渊明心。”[④]可见天童山的禅师为他的方外友。特别是他的《赠天童英书记》一诗后半首云:“英师个中人，以诗隐浮图。桃红柳青青，翠竹黄花俱。……堂堂老阿师，道价东西徂。住山垂一世，学子纷云趋。寒潭风静练，皎月天心孤。迩来只履轻，片雪销洪炉。……顾我坐学省，兀兀如守株。因君听篷雨，为谢故溪鱼。”“天童”，即明州天童山，正觉长期住持此山。“英书记”，当为正觉弟子，书记，指禅林的书写僧。诗中“老阿师”当指正觉。“只履轻”用禅宗初祖达摩只履西归的典故，指圆寂。按，正觉卒于绍兴二十七年（1157），其时史浩为秘书省校书郎兼二王府教授，故曰“顾我坐学省”。总而言之，史浩曾对“默照禅”法颇有兴趣，所以用来比喻学诗。顺便说，张浚与史浩是政敌，张浚主战，史浩主和，张浚习“看话禅”，史浩习“默照禅”，其中也颇有耐人寻味之处。

---

① 《宏智禅师广录》卷八。
② 同上。
③ 《鄮峰真隐漫录》卷一。
④ 同上。

**17. 临济下与曹洞下**。严羽《沧浪诗话·诗辩》云:“论诗如论禅,汉、魏、晋与盛唐之诗,则第一义也。大历以还之诗,则小乘禅也,已落第二义矣。晚唐之诗,则声闻、辟支果也。学汉、魏、晋与盛唐诗者,临济下也。学大历以还之诗者,曹洞下也。”从诗歌史来看,汉、魏、晋、盛唐之诗与大历、晚唐之诗是有优劣之分的;而从禅宗史来看,临济宗出自南岳怀让,曹洞宗出自青原行思,都是南宗五宗之一,本无高低之别。所以,后人都以为严羽于禅学无知,纷纷指责,如明李维桢云:“严沧浪曰:‘学汉、魏、晋与盛唐,临济下也;学大历以还诗,曹洞下也。’论诗则是,论禅则非。临济、曹洞有何高下?”[①] 陈继儒云:“严沧浪云:‘学汉、魏、晋与盛唐诗者,临济下也;学大历以还之诗者,曹洞下也。’此老以禅论诗,瞠目霄外,不知临济、曹洞有何高下?而乃剿其门庭影响之语,抑勒诗法,可谓杜撰禅。”[②] 清钱谦益云:“严氏以禅喻诗,无知妄论。……谓学汉、魏、盛唐为临济宗,大历以下为曹洞宗,不知临济、曹洞初无胜劣也。”[③] 特别是冯班,专著《严氏纠谬》痛加驳斥:“沧浪虽云宗有南北,详其下文,都不指喻何事,却云临济、曹洞。按临济玄禅师、曹山寂禅师、洞山价禅师,三人并出南宗,岂沧浪误以二宗为南北乎?……临济、曹洞,机用不同,俱是最上一乘。今沧浪云大历已还之诗,小乘禅也,又云学大历已还之诗,曹洞下也。则以曹洞为小乘矣。……此最是易知者,尚倒谬如此,引以为喻,自谓亲切,不已妄乎?”[④] 然而,这些指责至少有两点误解了严羽:一是不了解严羽所处的阐释学语境。在南宋,自宗杲的“看话禅”和

---

① 李维桢:《大泌山房集》卷一二九《读苏侍御诗》,明刊本。

② 陈继儒:《偃曝谈余》卷下,《宝颜堂秘笈》本。

③ 钱谦益:《有学集》卷一五《唐诗英华序》,《四部丛刊》本。

④ 冯班:《钝吟杂录》卷五《严氏纠谬》,《常熟二冯先生集》本。

正觉的“默照禅”开始对立后，禅宗内部隐然出现南北宗之争，临济宗盛行于南方，而曹洞宗自正觉以后影响渐衰，金、元之交兴盛于北方，代表曹洞宗势力的是万松行秀一支[①]。而万松行秀（1166—1246）正好与严羽（约1192—1245）同时代而稍前[②]。可见严羽所谓“宗有南北，道有邪正”的比喻，是基于临济、曹洞南北分疆、“看话”、“默照”禅法对立的禅学背景提出来的。二是不了解严羽的禅学立场。其实，严羽在《答吴景仙书》中已经表明：“妙喜（自注：‘是径山名僧宗杲也。’）自谓参禅精子，仆亦自谓参诗精子。”[③]也就是说，他是以临济宗看话禅来喻诗的。而事实上，南宋士大夫所参之禅也主要是宗杲的禅法，如朱熹青年时箧中只有《大慧语录》一帙，罗大经《鹤林玉露》也称引宗杲语。因此，严羽以临济、曹洞禅喻诗，特别是站在临济宗立场上以禅喻诗，是使南宋士大夫感到“莫此亲切”的，何妄之有？在宗杲眼中，临济和曹洞是“道有邪正”的，他曾对曹洞宗默照禅大加挞伐：“近年以来，有一种邪师，说‘默照禅’，教人十二时中是事莫管，休去歇去，不得做声。”[④]并多次诋之为“邪禅”、“屎禅”、“杜撰禅”，而自命为“正宗”、“正法眼藏”。严羽既然仿宗杲“参诗精子”，当然认为临济、曹洞有高下之分了。值得注意的是，严羽仿宗杲以禅喻诗的另一层喻义至今还未有学者拈出。宗杲曾经指出当时人学禅有两大弊病：“今时学道人，不问僧俗，皆有二种大病：一种多学言句，于言句中作奇特想；一种不能见月亡指，于言句悟入，而闻说佛法禅道不在言句上，便尽拨弃，一向闭眉合眼，做死模样，谓之‘静坐’、‘观心’、‘默

① 参见杜继文、魏道儒：《中国禅宗通史》第464、479页。
② 王士博《严羽的生平》、陈定玉《严羽考辨》所得其生卒年结论相近，本文采其说。二文均见《严羽学术研究论文选》，鹭江出版社，1987年。
③ 《沧浪诗话》附《答吴景仙书》。
④ 《大慧普觉禅师语录》卷二六《答陈少卿》。

照’。……去得此二种大病，始有参学分。”[1]前一种病，指参究《碧岩录》之人，“不明根本，专尚语言，以图口舌”，对此，宗杲毁掉《碧岩录》刻板加以杜绝；后一种病，即指“默照邪禅”。然而，前一种病毕竟是临济宗内部之病，后一种才是曹洞宗之病。事实上，宗杲的“看话禅”也需看公案语录，他真正势不两立的死对头是完全舍弃语言、闭眉合眼的“默照禅”，从他大骂“邪师”、“邪说”的言论中，可窥见他对文字禅其实是“阳挤而阴助之”。严羽的《沧浪诗话·诗辩》也指出当时学诗人的两大弊病：一种是“近代诸公作奇特解会，以文字为诗，以议论为诗，以才学为诗”，主要指苏、黄和江西诗派；另一种是“近世赵紫芝、翁灵舒辈，独喜贾岛、姚合之语，稍稍复就清苦之风；江湖诗人多效其体，一时自谓之唐宗，不知止入声闻、辟支之果，岂盛唐诸公大乘正法眼者哉！”在这两种禅病中，严羽显然是以“多学言句，于言句中作奇特想”的禅病比喻苏、黄诸公“作奇特解会”的诗病，那么，另一种禅病就当比喻四灵及江湖诗派的诗病。事实上，严羽正是把四灵、江湖诗派所尊的唐宗视为“声闻、辟支之果”。按此推论，则四灵、江湖诗派“学大历以还之诗”，就应该是“曹洞下”了。换言之，无论是从诗学还是禅学立场，严羽都有理由视接近默照禅法的四灵诗为“曹洞下”。如果《沧浪诗话》真如严羽自诩的“以禅喻诗，莫此亲切”的话，那么，苏、黄等近代诸公之诗和严羽主张之诗便都应是“临济下”了。临济宗至宗杲宗风大变，其主要特点是把惠洪、克勤等人对禅宗典籍的文字解说化为一种对文字的心灵领悟，化理性思维为直觉体验，而严羽也试图使诗风大变，即把苏、黄等人学术化、理性化的诗歌变为一种无思辨痕迹的、空灵透明的诗歌。正因如此，严羽在提倡

---

① 《大慧普觉禅师语录》卷二〇《示真如道人》。

“熟参”和“妙悟”方面，和江西诗派有诸多一致之处，只是在悟后的境界（“兴趣”）上才显出真正的区别来，应该说，严羽是从江西诗派阵营中反戈一击的批评家。

18. **不涉理路，不落言诠**。严羽《沧浪诗话·诗辩》云：“夫诗有别材，非关书也；诗有别趣，非关理也。而古人未尝不读书、不穷理。所谓不涉理路、不落言筌者，上也。”严羽的时代，宋代文化全面繁荣的高潮已逐渐成为过去，“文字禅”和“以文字为诗”曾经体现的阐释学和文化整合的积极意义已逐渐消失，禅学和诗学内部出现一股重新恢复纯粹禅学和纯粹诗学的思潮，力图把禅与诗从其他文化因素中剥离出来。“看话禅”只参公案话头已表现出对“专尚语言”的“文字禅”（指《碧岩录》一类的颂古、评唱及经典注疏）的不满，“默照禅”更是提倡恢复早期祖师的正宗禅法。而在诗学领域，则响起了一片强调“诗必诗人为之”的呼声[①]。“不涉理路，不落言诠”正是力图从诗中消除性理之学和文章之学的影响，使之成为诗人本色之诗。这八个字也出自禅宗的观念，如三祖僧璨曾说：“故知圣道幽通，言诠之所不逮。”[②]因此，禅宗反对从言诠理路去探寻佛教宗旨，如《碧岩录》尽管以文字说禅，也反复告诫：“指南之旨，不在言诠。”[③]“此语不涉理性，亦无议论处，直下便会。”[④]然而，严羽借用这一禅宗术语来说诗时，忘记了禅与诗最

---

① 如杨万里《诚斋集》卷七九《黄御史集序》：“诗非文比也，必诗人为之。”刘克庄《后村先生大全集》卷一〇六《跋何谦诗》：“余尝谓以情性礼义为本，以鸟兽草木为料，风人之诗也。以书为本，以事为料，文人之诗也。世有幽人羁士，饥饿而鸣，语出妙一世；亦有硕师鸿儒，宗主斯文，而于诗无分者。”卷九四《竹溪诗序》：“唐文人皆能诗，柳尤高，韩尚非本色。迨本朝则文人多，诗人少。三百年间虽人各有集，集各有诗……要皆经义策论之有韵者尔，非诗也。”卷一〇九《跋刘澜诗集》：“诗非本色人不能评。”

② 《楞伽师资记》卷一。

③ 《碧岩录》卷一第七则《慧超问佛》。

④ 同上卷五第四十四则《禾山解打鼓》。

根本的区别，即禅可以“不立文字”，而诗却必须“不离文字”。正如冯班指责的那样：“至于诗者，言也，言之不足故长言之，长言之不足故咏歌之，但其言微不与常言同耳，安得有不落言筌者乎？诗者，讽刺之言也。凭理而发，怨诽者不乱，好色者不淫，故曰‘思无邪’。但其理玄，或在文外，与寻常文笔言理者不同，安得不涉理路乎？”①

宋代禅宗术语引入诗学，不光是基于一种比喻，而是具有深刻的文化内蕴。禅悦之风为宋代士大夫建立了一个禅文化语义场，诗人、批评家和读者生活在同一个语义场中，文论话语在此语义场中必须改头换面稍作变形才能适应对话的需要。同时，使用此语义场中的话语，对于对话双方来说都具有传统术语所无法传达的言外之意。换言之，宋代士大夫生活在一个禅文化网络之中，参禅是他们自身存在的一种方式，他们从自身的存在中编织出语言，又将自己置于语言的陷阱之中。诗学语言也无法逃离这一文化网络，因而也无法回避禅宗的语言陷阱。事实上，宋人也曾以仙喻诗，但终于未能形成气候，只有“以禅喻诗”才“莫此亲切”，这固然因为诗与禅的本体有某种共通之处，也因为禅悦之风使宗门话头成为颇具社会性、能广泛交流的语言。当然，时过境迁，随着宋以后参禅之风的逐渐衰歇，禅文化语义场的逐渐消失，以禅喻诗的局限性也显露出来，诚如明代杨慎所说：“或一方之语，不可通于他方；一时之言，不可施于后世。……语欲求易晓，反为难知；本欲明经，适以晦道也。”②严羽自诩为“莫此亲切”之说，被明清人痛诋为“无知妄论”，正是由于文化语义场的变迁造成的扞格牴牾。所以，要了解宋人以禅喻诗的精髓，必须重建禅文化语义场。

---

① 《钝吟杂录》卷五《严氏纠谬》。

② 杨慎：《丹铅续录》卷七《活泼泼地》，台湾商务印书馆影印文渊阁《四库全书》本。

## 三　悟入：文字形式中的抽象精神

禅宗给诗歌最重要的启示莫过于一个“悟”字，以上我们讨论的宋人以禅喻诗的话头，大多与“悟”字有关。尤其是江西诗派的作家或受其影响的批评家，更以“悟入”为不二法门，正如曾季貍《艇斋诗话》所说：“后山论诗说换骨，东湖论诗说中的，东莱论诗说活法，子苍论诗说饱参，入处虽不同，然其实皆一关捩，要知非悟入不可。”

“悟入”说无疑是宋人最富个性、最有创造性且最具生命力的诗歌理论。关于它的理论价值，现代学者多有阐释、引申、发挥，谢思炜的解说尤为精彩：“悟入在解释文学或艺术经验时具有两种涵义：首先是在直接的感性形式中来感受人的生命和活动，在语言形式中突破概念指义活动而进入人的真正的生活世界；其次则是在艺术中像在禅悟中那样呈现，把握人的时间性、历史性的存在，恢复人的本源性的存在状态。”[①]这种解释无疑从语言与存在的关系中深刻地把握了“悟入”的本质。

不过，宋诗学中的“悟入”产生之初，并非在一般意义上涉及语言与存在的关系，而是在特定意义上牵涉到语言与宋人特殊存在方式的关系。也就是说，“悟入”产生于一种独特的社会语境。正如我在前面论述过的那样，宋代禅宗与早期祖师禅时代的禅宗有很大的不同，日益由农禅变为士大夫禅。由于宋代重文轻武的基本国策，使得士大夫的功名兴趣渐由边疆马上转向翰墨书斋，因此，宋代士

① 《禅宗与中国文学》第255页。

大夫的生活内容主要是从事笔砚活动，并且这种翰墨生涯日益从科举功名中抽象出来，成为宋代士大夫的特殊存在方式，用诗人吴则礼戏谑的话来说，叫做“失身文字因果中，黄发犹还毛颖债”[①]。早期农禅运水搬柴的神通妙用对于从事笔砚活动的士大夫再没有多少现实的针对性，只有文字才能建立起禅宗与士大夫真正的亲和关系。笔砚活动本身就是士大夫或富有文化修养的禅僧的日常实践行为，正如运水搬柴是早期农禅的日常实践行为一样。既然运水搬柴中就有神通妙用，那么舞文弄墨又何尝不可以转化为宗教实践呢？既然失身于文字因果之中，那么只有通过对文字的参究才能真正顿悟解脱。事实上，文字对于宋代居士和禅僧来说，已具有形而上的准宗教的意义。居士们或禅僧们在读前人诗文和读祖师公案时感受过程也就有了相似之处。明白这一点就可以知道为什么苏轼会在读李之仪诗时会感到一种参禅的喜悦，为什么李之仪会说“悟笔如悟禅”了。可见，“悟入”引入诗论，已不仅仅是一种比喻，而是基于诗与禅在恢复诗人和禅僧本源性的存在状态的相通。因此，“悟入”说只可能产生于“文字禅”的时代，运水搬柴或面壁静坐的宗教实践不可能导致“悟入”诗论的形成。特殊的社会语境规定了宋人“悟入”说的主要内容和特点。

其一，“悟入”的对象是文字，特别是前人作品的文本，公认的文学创作范本。因此，“悟入”不是指一般的灵感迸发或直觉体验，而是特指对前人文本妙义精华的透彻领会。无论是范温《潜溪诗眼》的“识文章者，当如禅家有悟门”，还是严羽《沧浪诗话》的“禅道惟在妙悟，诗道亦在妙悟”，着眼点都在古人文字，即通过对古人文字的揣摩玩味，逐渐获得文字外的意义，并领悟到艺术的精髓，从

---

① 《北湖集》卷二《寄韩子苍》。

而培养出高度的鉴赏能力和创造能力。例如范温号称“诗眼”、“悟门”，而其诗话中讨论的主要内容都是有关前人作品的艺术分析，而严羽的“妙悟”也无非是号召人们“熟参”自汉魏之诗至本朝苏、黄以下诸公诗。宋人的“悟入”不是从丰富多彩的社会实践中获得，而主要集中在前人的文学创作范本上，这正是因为文字本身对于他们的人生具有特殊的意义。

其二，“悟入”的妙处主要不在于作品的内容，而在于句法命意等艺术技巧或格韵气味等抽象精神。如范温《潜溪诗眼》常谓“此专论句法，不论义理”，“余然后晓句中当无虚字”，“晓句法不当重叠”等。吕本中《童蒙诗训》亦云：“渊明、退之诗，句法分明，卓然异众，惟鲁直为能深识之。学者若能识此等语，自然过人。”又云：“老杜歌行，最见次第，出入本末。而东坡长句，波澜浩大，变化不测，如作杂剧，打猛诨入，却打猛诨出也。《三马赞》‘振鬣长鸣，万马皆瘖’，此记不传之妙。学者能涵泳此等语，自然有入处。”[①] 诗歌并不仅仅把语言当作工具，借助语言运载某种东西，而且把语言自身也视为所要运载的内容。对于诗歌来说，语言并不是直奔指义终点的超音速飞机，而是游乐场中回旋往复的翻空列车，意义就在于回旋往复的行驶过程之中。文字形式本身就具有一种抽象的精神内容，每个诗人的精神世界就蕴含在他独特的“句法”之中。“悟入”的实质就是由形式层面的“句法”进入精神层面的“韵味”，由于这种韵味具有抽象性质而近似于形而上之“道”，所以宋人的“悟入”实际上体现了由艺进道的思想。所谓“句中有眼”，正是借禅家的正法眼来隐喻这种形而上之道。所以“眼”既在句中（形式层面），又超出言外（精神层面）。

---

① 吕本中：《童蒙诗训》，《宋诗话辑佚》本。

其三，“悟入”亦指对艺术规律的透彻认识。宋人认为艺术规律贯穿于各门类艺术中，悟得一处，可以通于他处。如黄庭坚云：“凡书画当观韵……余因此深悟画格，此与文章同一关纽，但难得人入神会耳。”[①]江西诗派中人谈“悟入”，大多与“理一分殊”、“出位之思”有关。他们普遍认为艺术规律贯穿于各门类艺术中，悟得一处可以通于他处。陈师道云：“张长史见担夫争道而得笔法，观曹将军舞剑又得其神。物岂能与人巧，乃自悟之。”[②]这“自悟”凭借的就是“法眼”。以“法眼”观照世界，不仅艺术各门类之间有共同之理，而且万事万物无不有共同之理。江西派诗人晁冲之的《送一上人还滁州琅琊山》一诗所言最通达：

> 上人法一朝过我，问我作诗三昧门。我闻大士入词海，不起宴坐澄心源。禅波洞彻百渊底，法水荡涤诸尘根。迅流速度超鬼国，到岸舍筏登昆仑。无边草木悉妙药，一切禽鸟皆能言。化身八万四千臂，神通转物如乾坤。山河大地悉自说，是身口意初不喧。世间何事无妙理，悟处不独非风幡。群鹅转颈感王子，佳人舞剑惊公孙。风飘素练有飞势，雨注破屋空留痕。惜哉数子枉玄解，但令笔墨空腾骞。君看琅琊酿泉上，醉翁妙语今独存。向来溪壑不改色，青嶂尚属僧家园。君行到此知此意，辩才第二文中尊。西江一口尽可吸，云梦八九何劳吞。他年一瓣炉中香，此老与有法乳恩。[③]

诗中首先描述了禅悟的过程：在摄心宴坐的观照冥想中森罗万象纷

① 《豫章黄先生文集》卷二七《题摹燕郭尚父图》。
② 陈师道：《后山谈丛》卷二，《四部备要》本。
③ 《晁具茨先生诗集》卷三。

然现前，草木禽鸟俱显神通。然后指出“悟”作为一种精神现象并非仅仅是“非风动，非幡动”的参禅成果，世间万事万物均有类似佛性的“妙理”，因而，“悟”也就存在于人们所有的活动中，王羲之睹鹅转颈、张旭观舞剑而悟书法等故事可以为证。最后感慨他们的“玄解”（悟）只限于书法而未通于诗歌，因此勉励法一上人去参究欧阳修的《醉翁亭记》，从前人的文本中悟得诗家三昧。这首诗打通参禅、书法、绘画、作文、写诗之间的界限，认为都有“妙理”，都可以通过“悟”这一直觉经验的形式获得。《江西宗派图》的作者吕本中则直接把“悟”与“理一分殊”的观念联系起来："天下万物一理，苟致力于一事者必得之，理无不通也。张长史见公主担夫争道，及公孙氏舞剑，遂悟书法；盖心存于此，遇事则得之；以此知天下理本一也。"[①]强调各种技艺的学习，其道理是共通的。所以他们相信，自一处悟门悟入，就会“自尔看诗，无不通者”[②]。

通过以上分析可以看出，“悟入”说明显呈现出文字化、形式化、学术化的时代特征，然而这并不意味着“悟入”说是纯粹无聊的形式主义学说，它最本质的精神是要穿透语言文字形式，在伦理学或本体论层次上进入人的生存状态。试以黄庭坚的“悟入”为例，范温《潜溪诗眼》指出："山谷之悟入在韵，故关(开)辟此妙，成一家之学，宜乎取捷径而迳造也。如释氏所谓一超直入如来地者，考其戒、定、神通，容有未至，而知见高妙，自有超然神会、冥然吻合者矣。是以识有余者，无往而不韵也。"那么，山谷的“韵”究竟是什么呢？

首先，“韵”是指形式结构本身的安排布置所形成的艺术张力给

① 吕本中:《紫薇杂说》,台湾商务印书馆影印文渊阁《四库全书》本。
② 见吴可:《藏海诗话》,《历代诗话续编》本,中华书局,1983年。

人的美感。黄庭坚论画曾提出“行布无韵，此画之沉疴也”的观点[①]，他在《题摹燕郭尚父图》中曾借李伯时之画予以说明。伯时画李广夺胡儿马，引满弓拟射追骑，他选取的动作，是故事发展到顶点前的最富于包孕性的顷刻，给人留下丰富的想象余地。这是书画之韵，也是诗文之韵，要求在“行布”之时含蓄收敛，切勿将笔势、画旨、文义、诗意发露无遗。在内容不变的情况下，“行布”对于艺术的成功与否是具有决定意义的，是有韵无韵的关键。

其次，“韵”是指形式结构体现出来的艺术创造主体的精神境界，黄庭坚云：“陈元达，千载人也，惜乎创业作画者，胸中无千载韵耳。”[②]又云：“论人物要是韵胜为尤难得，蓄书者能以韵观之，当得仿佛。”[③]艺术形式中的韵来自艺术家胸中之韵。而胸中之韵主要是一种不俗的精神境界。何谓“不俗”？黄庭坚指出：“视其平居无异于俗人，临大节而不可夺，此不俗人也。”[④]范温引申说：“孔子德至矣，然无可无不可，其行事往往俯同乎众人，则圣有余之韵也。”[⑤]可见这种精神境界，是独立不惧的人格与和光同尘的处世态度的统一。特别是在北宋末年元祐学术遭受打击的情况下，这种精神境界既可使人避免同流合污，又可使人避免惹火烧身，所以被江西派诗人以及理学家视为人生的最高境界。而这种境界显然具有道德论的意义。

再次，“韵”作为诗歌的审美特质既存在于语言之中，又超越于语言之外。所谓存在于语言之中，是指它附着于语言的直接的感性形式，如句法格律等等；所谓超越于语言之外，是指它超越语言的指义功能，不属于语言的意指(事实的世界)或意谓(思想)。诗歌中

---

① 《豫章黄先生文集》卷二七《题明皇真妃图》。
② 同上《题摹锁谏图》。
③ 同上卷二八《题绛本法帖》。
④ 同上卷二九《书赠卷后》。
⑤ 《潜溪诗眼》。

的“韵”是非逻辑、抗分析的，它与人的生存状态密切相关，即人处于本源性的存在状态中所作的诗歌，最具有韵味，用苏轼的话来说，叫做“如风吹水，自成文理”①；用黄庭坚的话来说，叫做“如虫蚀木，偶尔成文”②。诗歌语言尽管可以是指义的，但诗中的韵味却是超语言或前语言的。黄庭坚把书法艺术通于诗歌艺术，实际上就是力图突破语言的指义状态，凸现语言的感性形式和游戏性质，把诗歌艺术化为一种人生艺术，在“无意于文”、“无所用智”的创作过程中恢复人的本真存在状态。由此诗歌从政治伦理事功中独立出来，成为一种真正摆脱功利、超越世俗、体现精神独立自由的艺术。

尽管黄庭坚与江西派诗人主张作诗须“待境而生”，但由于他们的“悟门”依托于前人文本，悟后所获得的是人生境界，因此其诗学的重心在“韵”不在“境”。“境”在唐代诗学里，主要与意象有关，必须具有形象性。因此“境”这一术语，只能用于诗和画这样可以刻画形象的艺术，而不能像“韵”那样可以用于音乐、书法这样以抽象的音符和线条构成的艺术。宋人既然打通各门艺术之间的门墙，显然只有“韵”才能成为各门艺术可以共同追求的东西。就诗歌而言，如果说唐人重视的是生于意象的具象之境的话，那么宋代江西派诗人重视的是生于句法的抽象之韵，后者为有意味的形式，把精神活动从社会现实中抽象出来，把句法形式与人的生命形式相对应。从理论上说，当宋人把悟入说从书法艺术引入诗歌艺术时，实际上接触到艺术经验更本质的东西。而只有“悟入”抽象的“韵”，艺术经验才在更深的层次与禅经验真正相通。

大慧宗杲在介绍禅经验时所说的话，与江西派论“悟入”的观点非常相似，他说：“禅有多途……如此等辈，不求妙悟，以悟为落

① 《苏轼文集》卷六八《书辩才次韵参寥诗》。
② 《豫章黄先生文集》卷一六《福州西禅暹老语录序》、卷二七《题李汉举墨竹》。

在第二头，以悟为诳謼人，以悟为建立，自既不曾悟，亦不信有悟底。妙喜常谓衲子辈说，世间之巧技艺，若无悟处，尚不得其妙，况欲脱生死?”[①]很容易使我们想起范温所谓“夫法门百千差别，要须自一转语悟入”[②]，以及陈师道所谓“法在人，故必学；巧在己，故必悟”[③]。而宗杲在谈及“看读佛教”文本时所说的“当须见月亡指，不可依语生解”[④]，也很容易使我们联想起宋人关于诗韵诗味的辨析。事实上，不仅宗杲的禅学对江西诗派的理论有影响，而且江西诗派尤其是黄、陈等早期江西派领袖的艺术经验也给宗杲的“看话禅”以相当的启示。在“禅有多途”的北宋末期，在“文字禅”盛行时代，宗杲从黄庭坚等人对文字的抽象精神的追求中体悟到禅之所在。他扬弃了黄、陈等人在创作实践中“记持古人言语，蕴在胸中作事业、资谈柄”的弊病[⑤]，而吸收了他们消解语言的指义功能、恢复人的本真存在的精神。正如黄庭坚、吕本中等人反复强调“无意为文”一样，宗杲也认为参禅“第一不得存心等悟。若存心等悟，则被所等之心障却道眼”[⑥]，“心无所之，忽然如睡梦觉，如莲花开，如披云见日，到恁么时自然成一片矣”[⑦]。因而，从某种意义上说，宗杲比惠洪更深刻地理解江西诗派“向上一路”的精神。惠洪只是从“句法”层次上祖述黄庭坚，而宗杲则真正继承了黄庭坚论“韵”的精神。

---

① 《大慧普觉禅师语录》卷三〇《答张舍人状元》。
② 《潜溪诗眼》。
③ 《后山谈丛》卷二。
④ 《大慧普觉禅师语录》卷一九《示清净居士》。
⑤ 同上。
⑥ 同上卷三〇《答汤丞相进之》。
⑦ 同上卷二八《答宗直阁书》。

# 第四章 ◎ 语言艺术：禅语机锋与诗歌句法

## 一 游戏三昧：从宗教解脱到艺术创造

苏轼在给诗僧道潜的信中曾说过这样几句话："老师年纪不小，尚留情句画间为儿戏事耶？然此回示诗，超然真游戏三昧也。"[①]这虽半带开玩笑的口吻，倒也真表达出苏轼的一种观念，即诗文字画这类艺术活动是可以体现禅宗的"游戏三昧"的。游戏三昧，本为佛教语，游戏是自在无碍之义，三昧是正定之义，合称意谓自在无碍而心中不失正定意。禅宗以解脱束缚为三昧，所以游戏三昧也指达到超脱自在、无拘无束的境界。《坛经·顿渐品》："普见化身，不离自性，即得自在神通，游戏三昧，是名见性。"这是禅宗重要的宗教解脱法门，如"南泉扣大寂之室，顿然忘筌，得游戏三昧"[②]。真净克

① 《苏轼文集》卷六一《与参寥子》其一八。
② 《景德传灯录》卷八《池州南泉普愿禅师》。

文禅师对此有形象的解说："事事无碍，如意自在。手把猪头，口诵净戒。趁出淫坊，未还酒债。十字街头，解开布袋。"[1]既然在声色场中都能获得宗教解脱，那么诗文字画这类艺术活动又何尝不具备"游戏三昧"呢？问题的关键是在对于艺术活动采取一种什么样的态度，如果是执着的、认真的、殚精竭虑的苦学、苦练、苦吟，那么艺术就成为人生的束缚、负担；如果是随意的、戏谑的、轻松自如的闲吟、漫兴、戏作，那么艺术就具有缓和紧张、消弭分裂的作用，从而在心理学的意义上与宗教解脱相通。

当苏轼用"游戏三昧"来评论道潜之诗时，意味着他已认识到诗文字画创作具有某种宗教意义，这正如读诗如参禅一样，诗文的"游戏三昧"类似于黄庭坚、惠洪所说的"文字禅"，如果用游戏的性质来看待文字创作，那么在自在无碍中也就进入正定三昧，即禅的境界。显然，在作为人生解脱的"游戏三昧"向作为艺术创作态度的"游戏三昧"的转化过程中，士大夫的禅宗意识起了决定性的作用。

正如前面所说，苏轼主要接受了禅宗般若空观的影响，了解世事如梦如幻的哲理，因此常常在诗中流露出一种游戏人生的思想。而艺术创作在苏轼看来，是游戏人生的一种最佳方式，"羡师游戏浮沤间，笑我荣枯弹指内。尝茶看画亦不恶，问法求诗了无碍"[2]；"物生有象象乃滋，梦幻无根成斯须。方其梦时了非无，泡影一失俯仰殊。清露未晞电已徂，此灭灭尽乃真吾。云如死灰实不枯，逢场作戏三昧俱。化身为医忘其躯，草书非学聊自娱"[3]，由对世界虚幻性的觉悟，而生出游戏浮沤、逢场作戏的解脱法，并行之于看画、求诗、

① 见《罗湖野录》卷下。

② 《苏轼诗集》卷二四《龟山辩才师》。

③ 同上卷三四《六观堂老人草书》。

作草书这样的艺术活动中，这既是苏轼对舞文弄墨的禅僧的称赞，也是对自己翰墨生涯的自慰性辩解。后来宋人也正是这样理解苏轼的："东坡居士，游戏翰墨，作大佛事，如春形容藻饰万象。"① "东坡谪居齐安时，以文笔游戏三昧。"② 的确，对于苏轼而言，使他真正达到超越世俗、无拘无碍的自由境界的是艺术创作，而非参禅活动，他在"冲口出常言，法度去前轨"以及"我书意造本无法，点画信手烦推求"的艺术创作中获得真正的自由，也就是佛家神通无碍的大自在的境界。

黄庭坚则在另一个意义上悟得"游戏三昧"。苏轼在评黄庭坚书法艺术特点时说过这样几句话："鲁直以平等观作欹侧字，以真实相出游戏法，以磊落人书细碎事，可谓三反。"③ 表面看来，黄庭坚的人生态度和艺术风格是相矛盾的，他以"治心养气"的道德修养为终身追求目标，承认真如本体"心"的唯一真实，应是立身谨慎的"谨笃人"，然而他的艺术个性却并不严谨平实，不仅书法体现出"欹侧"、"游戏"的特点，而且诗歌也显示出奇崛诙诡的性质，其游戏成分绝不比苏轼更少。

黄庭坚的游戏法，可能受黄龙派的启发，他在《黄龙心禅师塔铭》中称晦堂祖心"脱略窠臼，游戏三昧"④，实可移用来评他自己的诗。祖心禅师曾创"触背关"，勘辨学禅之人，见学者必举手示之曰："唤作拳是触，不唤拳是背。"黄庭坚深知此关奥妙⑤。"触背关"意即非"触"即"背"，使人不执着于事理任何一端，勘破此理，方可悟禅。诗人有取于此，则随机打趣，不落窠臼。事实上，"以真

---

① 《石门文字禅》卷一九《东坡画应身弥勒赞序》。
② 陈岩肖：《庚溪诗话》卷下，《历代诗话续编》本。
③ 《苏轼文集》卷六九《跋鲁直为王晋卿小书尔雅》。
④ 《豫章黄先生文集》卷二四。
⑤ 见《冷斋夜话》卷七《触背关》。

实相出游戏法”，不仅可由书法移用来评论黄诗，而且概括了不少宋代参禅诗人的特点。而这种矛盾现象，是完全可以用禅宗的观点予以解释的。“真实相”就是佛家所谓“实相”，指宇宙间万物的真相，世界的本体。在禅宗看来，宇宙全体为一心，即所谓真如。而“真实相”是一种超语言的实体，因此，如果执着于语言的指义性质，而试图通过语言概念去追寻“真实相”的涵义，无异于南辕北辙。所以禅师常用不合理路的句子来回答初学者的提问，如“问：‘如何是祖师西来意？’师曰：‘庭前柏树子。’”[①]“问：‘如何是佛法大意？’师曰：‘填沟塞壑。’”[②]让人明白语言概念是无意义的，从而破除迷执。初学者的提问是严肃的，而禅师的回答是戏谑的，这种戏谑正是为了突出语言的游戏性质，暗示“佛法大意”非语言所可及。就禅师而言，“真实相”并不能通过真实（认真）的态度而只能通过游戏（不拘著）的态度才能领悟。而黄庭坚无疑从禅宗的“游戏法”中获得启示，并将其移植到艺术创作中，其目的乃在于借游戏的语言艺术展现他追求的心性境界。正因这一点，黄庭坚的思想基础虽与同时代的理学精神相契合，但却决不像程颐那样视诗歌为“闲言语”，视诗歌为害道的东西，而是在打诨戏谑中进入道德和审美相融合的人生境界。

尽管苏轼和黄庭坚借鉴的禅宗思想有差异，但在将禅宗“游戏三昧”由人生引入到翰墨方面却颇有一致之处，这表现在苏、黄诗中文字游戏成分的大大增多，所谓“以文字为诗”在很大程度上是指“以文字为戏”。据不完全统计，苏轼诗集中仅诗题有“戏”字

① 《五灯会元》卷四《赵州从谂禅师》。
② 《景德传灯录》卷一七《抚州曹山本寂禅师》。

者就有93首[1]，而黄庭坚诗集中诗题有“戏”字者更高达114首[2]。各种俳谐诗也大量涌现，苏轼有回文诗、集字诗、禽言诗、一字诗等等[3]，黄庭坚更有集句诗、药名诗、建除体、八音歌、二十八宿歌等尝试[4]。值得注意的是，同样有禅悦倾向的王安石，也是文字游戏的爱好者，诗集中不仅有回文诗、药名诗等，而且其集句诗颇为后人称道[5]。当然，文字游戏古已有之，六朝人尤精于此道，但在宋代儒家思想建立统治地位之后，这种文字游戏的重新大规模出现并变本加厉，无疑与禅宗“游戏三昧”观念的影响有关。

唐人韩愈作《毛颖传》，友人张籍斥之为“驳杂无实之说”，以为“是戏人也，是玩人也，非示人以义之道也”[6]。柳宗元引《诗经》“善戏谑兮，不为虐兮”为之辩护，称其为“有益于世”[7]。宋人欧阳修在为自己同僚唱和之诗“时发于奇怪，杂以诙谐笑谑”作辩护时说：“夫君子之博取于人者，虽滑稽鄙俚，犹或不遗，而况于诗乎？古者《诗三百篇》，其言无所不有，惟其肆而不放，乐而不流，以卒归乎正，此所以

---

① 据《苏轼诗集》正编和补编诗。

② 此仅据《山谷诗集注》和《山谷外集诗注》。

③ 如《苏轼诗集》卷二一《记梦回文二首》、卷四七《次韵回文三首》、卷四九《题金山寺回文体》、卷四三《归去来集字十首》、卷二〇《五禽言五首》、卷三九《戏和程正辅一字韵》。

④ 如《山谷诗集注》卷一《戏和答禽语》、《山谷外集诗注》卷九《寿圣观道士黄至明开小隐轩，太守徐公为题曰快轩，庭坚集句咏之》、卷一四《铜官县望五松山集句》、卷一七《荆州即事药名诗八首》《碾建溪第一，奉邀徐天隐奉议，并效建除体》、卷六《八音歌赠晁尧民》《赠无咎八音歌》、卷一五《古意赠郑彦能八音歌》、卷六《二十八宿歌赠别无咎》。

⑤ 见《王荆文公诗李壁注》卷四〇《回文四首》、卷一六《和微之药名劝酒》、卷一八《既别羊、王二君，与同官会饮于城南，因成一篇追寄》，上海古籍出版社影朝鲜活字本。又集句诗见王安石《临川先生文集》卷三六、卷三七，凡古体四十一首、律绝二十一首，《四部丛刊》本。

⑥《全唐文》卷六八四张籍《上韩昌黎第二书》，中华书局影印本，1983年。

⑦ 柳宗元：《柳河东集》卷二一《读韩愈所著毛颖传后题》，上海人民出版社排印本，1974年。

为贵也。”[1]柳、欧为俳谐文学作辩护，都是站在儒家的立场引经据典，从道德论层面上强调其有用的一面。但由于这种辩护没有真正认识文字游戏超功利的精神解脱作用，因而只能把它限制在偶一为之的范围内。禅宗的“游戏三昧”无疑从本体论意义上为文字游戏的存在提供了最充分的辩护理由，不仅是绮语口业的诗文，甚至“戏人”、“玩人”的俳谐文学都可以纳入“游戏三昧”的保护伞。只要作者在文字游戏中摆脱了世俗功名羁绊，得到了愉悦和放松，或是在驾驭语言时进入随心所欲的境界，就都能达到自在无碍的效果。因此，我们能看到，视诗歌为口业的佛门弟子对文字游戏的态度远比古板的理学家宽容得多。

事实上，在宋代的“文字禅”开始风行之后，禅门中也出现了不少游戏之作。如苏州定慧超信禅师作《贻老僧》诗曰：“俗腊知多少，庞眉拥毳袍。看经嫌字小，问事爱声高。暴日终无厌，登阶渐觉劳。自言曾少壮，游岳两三遭。”这其实是嘲老僧之作，无关乎禅旨，诚如晓莹所说：“信为明眼宗匠，此乃其游戏耳。然品题形貌之衰惫，模写情思之好尚，抑可谓曲尽其妙矣。”[2]又如南闽修仰书记曾题《净发图》，体类俳优，而用事切当，其词曰：“垢污蓬首，笑志公堕声闻之乡；特地洗头，嗟庵主入雪峰之彀。为当时之游戏，属后世之品量。谁知解石门关，别有弃繻手段；饮沩潭水，总是突雾爪牙。更不效从前来两家，直要用顶门上一著。锋铓才动，心手相应。一搦一抬，谁管藏头白、海头黑；或擒或纵，说甚胡须赤、赤须胡。曾无犯手伤锋，不用扬眉瞬目。一新光彩，迥绝廉纤。休寻头上七宝冠，好看顶后万里相。一时胜集，七日良期。不须到佛殿阶前，彼处无草；普请向大智堂里，此间有人。”[3]此文借用宗门

① 《欧阳文忠公文集》卷四三《礼部唱和诗序》。
② 《罗湖野录》卷下。
③ 《云卧纪谭》卷上。

典故双关剃头过程，遣词巧妙，颇得“以俗为雅”的奥妙。北宋末年，惠洪的师兄庐山慧日文雅禅师曾仿唐人“本草”类游戏文字[①]，作《禅本草》一篇，其词曰：“禅，味甘，性凉，安心脏，祛邪气，辟壅滞，通血脉，清神益志，驻颜色，除烦恼，去秽恶，善解诸毒，能调众病。药生人间，但有大小、皮肉、骨髓、精粗之异，获其精者为良。故凡圣尊卑悉能疗之。余者多于丛林中吟风咏月。世有徒辈多采声壳为药食者，误人性命。幽通密显，非证者莫识。不假修炼，炮制一服，脱其苦恼，如缚发解，其功若神，令人长寿。故佛祖以此药疗一切众生病，号大医王，若世明灯，破诸执暗。所虑迷乱幽蔽，不信病在膏肓，妄染神鬼，流浪生死者，不可救焉。伤哉！”而另一位师兄湛堂文准禅师则著《炮制论》以佐之，其词略曰：“人欲延年长生，绝诸病者，先熟览《禅本草》……若克依此书明药之体性，又须解如法炮制。盖炮制之法，先须选其精纯者，以法流水净洗，去人我叶，除无明根……后之学医上流，试取《禅本草》观之，然后依此炮制，合而服之，其功力盖不浅也。”这两篇文章分别把禅比作草药和炮制草药，行文诙谐，分明是游戏文字，而大慧宗杲却称赞其“知作文关楗”，宗杲的弟子晓莹也予以高度评价，以为“世称韩昌黎《毛颖传》以文章为滑稽，若《禅本草》，宁免并按者欤？”“若夫《炮制论》，文从字顺，详譬曲喻，而与《禅本草》相为表里，非具起膏肓必死之手，何能及此哉！”[②]由此可见，禅宗的“游戏三昧”从理论上为文字游戏提供了依据，而士大夫传

① 如《太平广记》卷二五五《侯味虚》条引《朝野佥载》曰：“唐户部郎侯味虚著《百官本草》，题御史曰：‘大热，有毒。’又朱书云：‘大热有毒，主除邪佞，杜奸回，报冤滞，止淫滥，尤攻贪浊，无大小皆搏之。畿尉簿为之相，畏还使，恶爆直，忌按权豪。出于雍洛州诸县，其外州出者，尤可用。日炙干硬者为良。服之，长精神，减姿媚。久服，令人冷峭。’”又同卷《贾言忠》亦载唐贾言忠撰《监察本草》。中华书局排印本，1981年。又《全唐文》卷二二六有张说《钱本草》。

② 《罗湖野录》卷下。

统的俳谐文学则从实践上为文字游戏树立了范本。这就是苏、黄以文字为戏的文化基础。

苏轼和黄庭坚在借禅宗语言艺术为诗方面虽多共同之处，但二人通过文字游戏所要达到的目的仍有不同。概括说来，苏轼是“借禅以为诙”，即借用禅宗诙诡反常的思维方式来表达自己戏谑的人生态度；黄庭坚则是“打诨通禅”，即把杂剧的诨趣与禅语的诙谐结合起来，表达自我完善的人格精神，于“游戏法”中见“真实相”。下面试分别而言之。

禅宗的语言艺术称为“机锋”，苏轼对此很感兴趣，他在《金山妙高台》诗中称赞佛印了元“机锋不可触，千偈如翻水”[①]；在《次韵王定国南迁回见寄》诗中称赞乐全居士张方平“掣电机锋不容拟”[②]；又在《以玉带施元长老，元以衲裙相报，次韵二首》其一中自谦“钝根仍落箭锋机”[③]。“机锋”的特点是迅捷锐利，不落迹象。禅宗灯录里记有苏轼和几位禅师斗机锋的故事，如：“闻玉泉皓禅师机锋不可触，公（苏轼）拟抑之，即微服求见。泉问：‘尊官高姓？’公曰：‘姓秤，乃称天下长老底秤。’泉喝曰：‘且道这一喝重多少？’公无对，于是尊礼之。”[④]又如：“师（了元）一日与学徒入室次，适东坡居士到面前。师曰：‘此间无坐榻，居士来此作甚么？’士曰：‘暂借佛印四大为坐榻。’师曰：‘山僧有一问，居士若道得，即请坐；道不得，即输腰下玉带子。’士欣然曰：‘便请。’师曰：‘居士适来道，暂借山僧四大为坐榻。只如山僧四大本空，五阴非有，居士向甚么处坐？’士不能答，遂留玉带。”[⑤]苏轼虽在禅僧那里常常输一着，但

① 《苏轼诗集》卷二六。
② 同上卷二四。
③ 同上。
④ 《五灯会元》卷一七《内翰苏轼居士》。
⑤ 同上卷一六《云居了元禅师》。

也学到不少东西，尤其是“不可触”的“机锋”，给他的诗歌以很大的启发。苏轼有一首诗表明了他借禅为戏的写作态度：

> 道人出山去，山色如死灰。白云不解笑，青松有余哀。忽闻道人归，鸟语山容开。神光出宝髻，法雨洗浮埃。想见南北山，花发前后台。寄声问道人：“借禅以为诙，何所闻而去，何所见而回？”道人笑不答，此意安在哉！昔年本不住，今者亦无来。此语竟非是，且食白杨梅。①

王文诰评此诗曰：“通篇如谜，皆不道破，住得更妙。”②其实本篇不过是借禅宗“无差别境界”的观念给辩才师开了个玩笑，通篇立意在一“戏问”之“戏”字上或“借禅以为诙”的“诙”字上。诗的前半段写辩才的去而复归，渲染天竺寺因辩才去而悲哀，因辩才归而欢乐。后半段却宣扬昔与今、去与来本无差别，无须悲喜。结句“且食白杨梅”完全用的是禅宗问答机锋的惯技，使我们想起赵州从谂禅师的公案：“师问新到：‘曾到此间么？’曰：‘曾到。’师曰：‘喫茶去。’又问僧，僧曰：‘不曾到。’师曰：‘喫茶去。’后院主问：‘为甚么曾到也云喫茶去，不曾到也云喫茶去？’师召院主，主应喏，师曰：‘喫茶去。’”③正如不管僧曾到不曾到，赵州和尚都说“喫茶去”一样，苏轼此诗的结句也不管辩才过去、现在是否曾住上天竺，只是说“且食白杨梅”。

苏轼诗集中这类“借禅以为诙”的游戏之作为数不少。他晚年遇赦北归，与刘安世（字器之）相遇同游，曾作一首诗戏之曰：“丛

---

① 《苏轼诗集》卷一六《闻辩才法师复归上天竺，以诗戏问》。
② 同上。
③ 《五灯会元》卷四《赵州从谂禅师》。

林真百丈，法嗣有横枝。不怕石头路，来参玉版师。聊凭柏树子，与问箨龙儿。瓦砾犹能说，此君那不知。"[①]此诗通篇采用禅语双关，极戏谑之能事，如"丛林"双关丛聚的林木和禅宗的寺院。"百丈"双关树木之高大和禅宗著名圣地洪州百丈山。"横枝"据苏轼自注："玉版，横枝竹笋也。"据王注次公曰："禅宇谓之法嗣，而禅家旁出，谓之横枝。"[②]又如"石头路"双关禅宗大师石头希迁的门庭。"柏树子"出自赵州和尚著名的公案，僧问赵州："如何是祖师西来意？"答曰："庭前柏树子。"[③]"瓦砾犹能说"用南阳慧忠国师无情说法的典故[④]。苏轼意谓既然柏树子可参祖师西来意，瓦砾无情犹能说法，何况已经人格化的"箨龙儿"和"此君"这样的有情之物，当然也可视为玉版禅师了。惠洪《冷斋夜话》记载了这个故事："(苏轼）又尝要刘器之同参玉版和尚。器之每倦山行，闻见玉版，欣然从之。至廉泉寺，烧笋而食。器之觉笋味胜，问此笋何名。东坡曰：'即玉版也。此老师善说法，要能令人得禅悦之味。'于是器之乃悟其戏，为大笑，东坡亦作偈。"[⑤]清查慎行注苏诗曰："此诗尽用禅家语形容，可谓善于游戏者也。"[⑥]可见这类作品苏轼并非真正为了宣扬禅宗义理，而只是借用禅宗的语言来表达他游戏人生的智慧。

黄庭坚则随时在谐谑中保持着对禅宗心性境界的追求，禅宗的"游戏法"——诙诡的语言是他通向"真实相"的桥梁。他为学诗者

---

① 《苏轼诗集》卷四五《器之好谈禅，不喜游山。山中笋出，戏语器之，可同参玉版长老，作此诗》。

② 同上。

③ 《五灯会元》卷四《赵州从谂禅师》。

④ 《景德传灯录》卷二八《南阳慧忠国师语》："僧又问：'阿那个是佛心？'师曰：'墙壁瓦砾是。'……无情既有心性，还解说法否？'师曰：'他炽然常说，无有间歇。'"

⑤ 《冷斋夜话》卷七《东坡戏作偈语》。

⑥ 《苏诗补注》卷四五，清乾隆辛巳香雨斋刻本。

传授了这样一条诗法："作诗正如作杂剧，初时布置，临了须打诨，方是出场。"[①]这条诗法经江西诗派诗人辗转称引，成为宋诗的一条重要技巧。据《王直方诗话》说，黄庭坚之所以揭示出这条诗法，"盖是读秦少章诗，恶其终篇无所归也"。可见，黄庭坚作诗并非为了"打诨"而"打诨"，而是力图使诗有"所归"，即表现出某种旨趣。据王季思先生分析，杂剧的打诨和禅宗的语言艺术颇有对应之处，元代杂剧《汉钟离度脱蓝采和》第一折【点绛唇】曲有"打诨通禅"一语，可谓透露出杂剧的打诨和禅宗的"游戏法"之间的关系[②]。其实，黄庭坚与江西诗派早已意识到这一点，如张元幹所说："文章盖自造化窟中来，元气融结胸次，古今谓之活法。所以血脉贯穿，首尾俱应，如常山蛇势；又如风行水上，自然成文；又如优人作戏，出场要须留笑，退思有味。非独为文，凡涉世建立，同一关键。吾友苏养直（苏庠），平生得禅家自在三昧，片言只字，无一点尘埃。宇宙山川，云烟草木，千变万态，尽在笔端，何曾气索。"[③]张元幹曾跟从徐俯、吕本中等人学诗，论诗接近江西诗派观点，他将"文章活法"与"优人作戏"、"禅家自在三昧"（即"游戏三昧"）联系起来的看法，在江西诗派诗论中很有代表性。值得注意的是，张元幹提到的"退思有味"，和黄庭坚所主张的终篇应有所归，在精神上是一脉相承的。

"打诨"一般采用"打猛诨入"和"打猛诨出"的方式，其主要特点是以看似寻常的语言入题（打猛诨入），以出乎意料的解释结尾（打猛诨出）。禅家公案里颇多这种类似"打诨"的妙语，如"僧

① 见《王直方诗话》引,《宋诗话辑佚》本。
② 王季思:《打诨参禅与江西诗派》,见《玉轮轩曲论》,中华书局,1980年。
③ 张元幹:《芦川归来集》卷九《跋苏诏君赠王道士诗后》,台湾商务印书馆影印文渊阁《四库全书》本。

问:‘如何是佛法大意?’师曰:‘庐陵米作么价?’”①“问:‘如何是古佛心?’师曰:‘镇州萝卜重三斤。’”②“佛法”、“佛心”这样一些庄严的话题，得到的却是些毫不相干的世俗性的解释，令人哑然失笑。这种解释富有强烈的幽默感，完全是在玩语言游戏，但这种语言游戏暗示第一义的不可言说性，因此诙诡中具有破除迷执、指示方便的深义，可谓“戏言而近庄”。黄庭坚的有些诗，不仅在语言形式上接近禅家公案的问答，而且具有“戏言而近庄”的精神，游戏中包蕴着严肃的内容。如他于元祐年间在京师试院里观画写下的一首诗:“竹头抢地风不举，文书堆案睡自语。忽看高马顿风尘，亦思归家洗袍袴。”③前两句用俳谐的笔调描写文职官员沉闷乏味的生活,完全与题画无关，这是“打猛诨入”；后两句插入正题，点明主旨:看到骏马抖落身上风尘的画面，不由得联想到自己也应脱离官场，归隐故山，洗净精神上的污浊，这是“打猛诨出”。细细品味，才能领略前两句的用意，原来是为了渲染文职官员精神上的“风尘”。这首诗表现了黄庭坚诗中的一个重要主题，即保持人格自由，不受世俗淄染。又如，他在见到老松连理枝这一奇特的生物现象时写出这样的诗句:“老松连枝亦偶然，红紫事退独参天。金沙滩头锁子骨，不妨随俗暂婵娟。”任渊注云:“《传灯录》:僧问风穴:‘如何是佛?’穴曰:‘金沙滩头马郎妇。’世言观音化身，未见所出。案《续玄怪录》:昔延州有妇人，颇有姿貌，少年子悉与狎昵，数岁而殁，人共葬之道左。大历中，有胡僧敬礼其墓曰:‘斯乃大(圣)，慈悲喜舍，世俗之欲，无不徇焉。此即锁骨菩萨，顺缘已尽尔。’众人开墓以视其骨，钩结

① 《景德传灯录》卷五《吉州青原山行思禅师》。
② 同上卷一三《汝州首山省念禅师》。
③ 《山谷诗集注》卷九《题伯时顿尘马》。

皆如锁状，为起塔焉。马郎妇事大率类此。"[①] 根据注释，我们可以领会到此诗的谐趣，参天的古松偶然生出象征儿女私情的连理枝，好比金沙滩头的锁骨菩萨，也不妨偶然化作人间的多情少妇。这首诗从诗题和出乎寻常的比喻都可看出是戏谑之作，然而戏谑中无疑包容了忌俗（老松、锁骨菩萨）和随俗（连理枝、婵娟）相统一的人生哲理，而这与黄庭坚"俗里光尘合，胸中泾渭分"的人生态度是一致的[②]。

在直接借用禅语打诨时，黄庭坚仍注意终篇有所归。如《次韵元实病目》诗，结尾出之以"君不见岳头懒瓒一生禅，鼻涕垂颐渠不管"两句，用的是懒瓒禅师的故事，"懒瓒居衡山之顶石窟中，德宗遣使诏之，寒涕垂膺，未尝答。使者笑之，且劝拭涕。瓒曰：'我岂有工夫为俗人拭涕耶？'竟不能致而去"。这个故事似乎与病目的题旨无关。然而，正如任渊所说，黄庭坚用此故事，"言当遗外形骸，不必以病目戚戚，且终首句之意"[③]。又如《六舅以诗来觅铜犀，用长句持送。舅氏学古之余，复味禅悦，故篇末及之》诗云："海牛压帘写银钩，阿雅守之索自收。长防玩物败儿性，得归老成散百忧。先生古心冶金铁，堂堂一角谁能折？儿言觳觫持赠谁，外家子云乃翁师。不着鼻绳袖两手，古犀牛儿好看取。"[④] 此诗前面八句均言欲将压帘的铜犀赠给六舅之事，最后两句却用禅典打趣，以水牯牛比喻铜犀。在禅门中，牧水牯牛是著名的公案，石巩慧藏禅师和福州大安禅师都有"若落路入草，便把鼻孔拽转来"的牧牛故事[⑤]。牧水牯牛拽鼻绳已成为调养心性的一个著名的隐喻。黄诗"不着鼻绳"两

---

① 《山谷诗集注》卷九《戏答陈季常寄黄州山中连理松枝二首》其二。
② 同上卷七《次韵答王眘中》。
③ 同上卷一九。
④ 《山谷外集诗注》卷一五。
⑤ 《景德传灯录》卷六《抚州石巩慧藏禅师》、卷九《福州大安禅师》。

句，既指铜犀无须用鼻绳，也双关“味禅悦”的六舅养心已进入很高的境界。所以，在黄庭坚诗中，“打诨通禅”有两层涵义，一是指打诨的手法通于禅宗的机锋，二是指打诨的手法可表现禅的境界，即“治心养气”的境界。

抛开苏、黄“游戏法”的性质和功能不论，单从其外在的对语言游戏性质的追求来看，则有很多相似之处。黄庭坚提倡的“作诗如作杂剧”，在苏轼诗中也有很多范例，如《李思训画长江绝岛图》一诗：“山苍苍，水茫茫，大孤小孤江中央。崖崩路绝猿鸟去，惟有乔木搀天长。客舟何处来？棹歌中流声抑扬。沙平风软望不到，孤山久与船低昂。峨峨两烟鬟，晓镜开新妆。舟中贾客莫漫狂，小姑前年嫁彭郎。”①诗的前半部分就眼前的山水画卷展开想象，用诗的语言将静止的画面幻化成为富有韵律和生意的动态场景，而最后两句却故意讹小孤山为“小姑”，澎浪矶为“彭郎”。这就是以市井俚语“打猛诨出”，似与前面优美的意境不相称。然而，这打诨不仅使诗充满谐趣，而且扩展了诗的空间，由自然主题转向民间传说的人文主题。正如吕本中所说：“东坡长句，波澜浩大，变化不测，如作杂剧，打猛诨入，却打猛诨出也。”②又据何薳《春渚纪闻》记载：“（东坡）先生在黄日，每有燕集，醉墨淋漓，不惜与人，至于营妓供侍，扇书带画，亦时有之。有李琪者，小慧而颇知书札，坡亦每顾之喜，终未尝获公之赐。至公移汝郡，将祖行，酒酣，奉觞再拜，取领巾乞书。公顾视久之，令琪磨砚，墨浓，取笔大书云：‘东坡七岁黄州住，何事无言及李琪？’即掷笔袖手，与客笑谈。客相谓：‘语似凡易，又不终篇，何也？’至将彻具，琪复拜请。坡大笑曰：‘几忘出场。’继书云：‘恰似西川杜工部，海棠虽好不留诗。’一座击节，

---

①《苏轼诗集》卷一七。
②《童蒙诗训》。

尽醉而散。”[①]所谓“出场”，就是黄庭坚说的“临了须打诨，方是出场”，显然，苏轼也将杂剧的“出场”，等同于诗歌的“终篇”。

而黄庭坚的长诗，更具有“打猛诨入，却打猛诨出”的特点，如著名的《子瞻诗句妙一世，乃云效黄庭坚体，盖退之戏效孟郊、樊宗师之比，以文滑稽耳。恐后生不解，故次韵道之。子瞻〈送杨孟容诗〉云：“我家峨眉阴，与子同一邦。”即此韵》诗云：

> 我诗如曹郐，浅陋不成邦。公如大国楚，吞五湖三江。赤壁风月笛，玉堂云雾窗。句法提一律，坚城受我降。枯松倒涧壑，波涛所舂撞。万牛挽不前，公乃独力扛。诸人方嗤点，渠非晁张双。但怀相识察，床下拜老庞。小儿未可知，客或许敦庞。诚堪婿阿巽，买红缠酒缸。[②]

此诗先用两个比喻，自谦诗之浅陋如小国曹、郐，赞美苏诗像楚国一样气势宏大。次写苏轼在朝（玉堂）野（赤壁）不同环境中的创作成就，以坚城比喻苏轼句法，自谦在其面前只有认输投降。接着写自己冥顽不化，如倒插涧壑的枯松，万牛拉不动，而苏轼却独自推挽称引。再用诸葛亮拜庞德公的故事写苏轼的知音识察以及自己的敬仰心情。以上诗句虽设喻奇特，形象生动，但毕竟都是就己诗和苏诗而言。结尾四句却忽然冒出让自己的儿子给苏轼作孙女婿的想法，完全抛开谈诗的话题。任渊注云：“终上句相知之意，且欲为其子求婚于苏氏，抑东坡或尝以此许之也。”[③]似未理解诗意。实际上诗人说自己的儿子或许可与苏轼的孙女阿巽相配，正暗示自己的

---

① 《春渚纪闻》卷六《营妓比海棠绝句》。
② 《山谷诗集注》卷五。
③ 同上。

诗才不足与苏轼相匹，更深化了敬仰苏轼的主题。这是杂剧的“打诨出场”、禅家的“游戏三昧”，不可坐实为求婚诗帖。

从宋诗代表人物苏、黄的作品中可以看出，“机锋”或“打诨”对宋代习禅诗人的影响大致体现在两个方面：一是创作心态，即所谓游戏态度，滑稽为文，随机打趣，不执着，不拘泥，无可无不可；二是语言形式，表现为语境的跳跃、章法的变换。当然，同样是戏谑之诗，苏、黄仍创造了两种不同的风格，苏诗如长江大河，波涛自涌，诨趣较显露，层次转折衔接较自然；而黄诗如危崖高耸，断岸千尺，诨趣较隐晦，语境意路跨越较大。这与二人的个性有关，但也有可能受他们各自喜好的禅门宗风的影响。云门宗机锋迅疾，苏轼得其精神，所以作诗随心所欲，八面翻滚；临济宗机锋峻烈，黄庭坚得其精神，所以作诗除脱凡近，不落常情。如黄龙慧南著名的“黄龙三关”、晦堂祖心的“触背关”都有言语道断，不入思维的特点①，黄庭坚诗生新瘦硬的语言风格，与其精神为近。

禅家的“游戏三昧”观念引入诗歌创作，无疑造成了“以文字为戏”的泛滥。“以文字为戏”在某种意义上就是利用语言文字表意性之外的各种潜能、特别是形式上潜能来达到谐谑的效果。如苏轼《戏和正辅一字韵》诗云：“故居剑阁隔锦官，柑果薑蕨交荆菅。奇孤甘挂汲古绠，侥觊敢揭钩金竿。已归耕稼供藁秸，公贵干蛊高巾冠。改更句格各謇吃，姑因狡狯加间关。”②全诗五十六字的声母相同，都属“见”母字，所以称为“一字诗”，又因其拗碍口舌，所以称为“吃语诗”。《漫叟诗话》又载苏轼《吃语诗》一首：“江干高居坚关扃，耕犍躬驾角挂经。孤航系舸菰茭隔，笳鼓过军鸡狗惊。解襟顾影（景）各箕踞，击剑高歌几举觥。荆笄供脍愧搅聒，干锅更

① 见惠洪《林间录》卷上、《冷斋夜话》卷七《触背关》。
② 《苏轼诗集》卷三九。

戛甘瓜羹。”[①] 全诗也全用“见”母字组成。如果说苏轼的“一字诗”利用同声母字的组合在音韵上有意造成一种拗口的谐趣的话，那么黄庭坚则从文字的偏旁部首入手有意在字形上造成类似的效果，如《冲雨向万载，道中得逍遥观，遂托宿，戏题》诗云：“逍遥近道边，憩息慰惫懑。晴晖时晦明，谑语谐说论。草莱荒蒙茏，室屋壅尘坌。仆僮侍偪仄，泾渭清浊混。”[②] 诗的每一句五字，全用相同偏旁部首的字，在视觉上有一种游戏的意味。苏、黄的这些作品引起时人的疑虑，“二老亦作诗戏邪”[③]？值得注意的是，苏轼正是用“游戏三昧”的观念来为这类纯文字游戏作辩护的，在《戏和正辅一字韵》诗后他自跋云：“此诗幸勿示人，人不知吾侪游戏三昧，或以为诟病也。”[④] 而这种观念在元祐以后的诗坛上有广泛的影响，得到士大夫和禅僧的赞同，如江西诗派诗人谢逸云：“赋诗非不工，聊以助游戏。”[⑤] 与苏轼交游的诗僧道潜也云：“上人余力擅风骚，三昧何妨间游戏。”[⑥] 苏、黄的戏谑之作在宋诗话中得到广泛的称引，正是这种观念的体现。

“以文字为戏”的现象有其复杂的文化背景和政治背景。除去禅悦之风的盛行外，宋代文化的高度繁荣也是产生“以文字为戏”的重要原因。以书籍为载体的人文精神产品的高度积累，培养出一大群智力优越的士大夫。现代美学理论认为，凡是游戏都带有谐趣，凡是谐趣也都带有游戏。如果说艺术和游戏有几分是剩余精力的流露、是富裕生命的表现的话，那么，作为语言游戏的诗更是聪明机

---

① 《苕溪渔隐丛话前集》卷二引《漫叟诗话》。
② 《山谷诗集注》卷一六。
③ 《漫叟诗话》。
④ 《苏轼诗集》卷三九《校勘记》第六十六条引《外集》诗后东坡自跋。
⑤ 谢逸：《溪堂集》卷一《游西塔寺分韵得异字》，《豫章丛书》本。
⑥ 《参寥子诗集》卷一二《赠权上人兼简其兄高致虚秀才》。

智的显示，是对语言艺术驾轻就熟、游刃有余的体现。宋人正是欣赏苏轼的这一点，晁以道云："'指呼市人如使儿'，东坡最得此三昧。其和人诗，用韵妥帖圆成，无一字不平稳。盖天才能驱驾，如孙、吴用兵，虽市井乌合，亦皆为我臂指，左右前却，在我顾盼间，莫不听顺也。"[①]所谓"元祐体"，主要是指元祐年间馆阁诸公的唱和诗，最能体现智力优裕与文字游戏之间的关系。此外，尽管宋代士大夫比唐代士大夫更多地投入实际政治活动，有更自觉的道德修养，但在其文学创作中，社会现实内容与作者个人的精神活动越来越难于结合到一起，特别是诗歌，在苏、黄早期的作品里尚有反映现实的内容，而元祐以后的诗歌则基本上将个人精神活动从外在现实中抽象出来。这里面当然有"乌台诗案"影响造成的结果，但更主要的是士大夫在现实中和观念中无法将自己的政治行为与属于个人存在的道德精神问题统一在一起的反映。换言之，诗歌日益从现实政治中逃离出来，成为士大夫寄托个人精神世界的场所。士大夫在策论章奏中去实现其政治理想，而在谈禅说诗中满足其精神需求。而回避政治现实的诗歌，只能是发泄过剩智力的"余事"。诗人通过活泼的谐趣，在紧张中得到放松，在压抑中得到宣泄，在失意中见出安慰，在执着中得到解脱，特别是"指呼市人如使儿"的翰墨游戏，更在艺术创作中获得精神上的大自在，因而与禅宗的"游戏三昧"具有相似的精神解脱的意义。

不过，文字游戏一旦越过界限，成为"窘步相仍"、"俯仰随人"的模拟仿造，也就失去了安顿人生的积极意义。同时，随着北宋末期特定的文化语境的逐渐消逝，人们对游戏之作所曾有过的意义也日益难以理解，南宋戴复古《论诗十绝》其二谓："时把文章供戏谑，

---

① 朱弁：《风月堂诗话》卷上引，《宝颜堂秘笈》本。

不知此体误人多。”[①]金元元好问《论诗三十首》其二十三也谓：“曲学虚荒小说欺，俳谐怒骂岂诗宜？”[②]失去特殊的禅文化背景，这类戏谑俳谐之作是很难得到谅解的，因为用儒家传统的眼光来审视，它们无疑属于“玩物丧志”的“闲言语”。

## 二　反常合道：曲喻与佯谬

禅的目的是追寻本体论意义上的“悟”，而不是认识论意义上的“知”；有如诗的目的是追求艺术意义上的“美”，而不是科学意义上的“真”。无论是禅悟还是审美，在本质上都是与逻辑主义不相容的。诚然，“诗家以少陵为祖，其说曰：‘语不惊人死不休。’禅家以达摩为祖，其说曰：‘不立文字。’诗之不可为禅，犹禅之不可为诗也”[③]。禅是要指出语言文字的虚幻性质，以一切经典理论为“魔说”、“戏论”、“粗言”、“死语”，视语言为纠缠思想的“葛藤”；诗则是尽量利用语言文字的表意功能，传达出种种复杂的情感、体验、观念或认知。换言之，禅与诗对语言文字的态度似乎正好相反，前者否定，后者肯定。然而，在对抗语言文字的逻辑功能方面，禅宗和诗歌却结下不解之缘。

从禅宗的基本宗教观来看，它否定语言文字有任何传达佛旨的功能。不过，从禅宗发展史来看，情况就并不这样简单。盛中唐早期禅宗的“不立文字”主要表现为运水搬柴的宗教实践，晚唐五代禅的“不立文字”主要表现为诡谲的机锋，而宋代禅宗却把兴趣放

① 《石屏诗集》卷七。
② 元好问：《遗山先生文集》卷一一，《四部丛刊》本。
③ 《后村先生大全集》卷九九《何秀才诗禅方丈》。

在对公案中的玄言妙语、死句活句的阐释或模仿上，编纂灯录、语录，制作拈古、颂古，出现了一种由“不立文字”到“不离文字”的倾向。禅宗典籍的流行，引起士大夫的广泛注意，尤其是《景德传灯录》，更成为两宋士大夫参禅所凭借的重要文本和谈禅所仿效的重要教材。而正是通过对禅宗公案的解读和参究，宋诗人在语言艺术上受到很大启发。

禅宗的千七百公案，简直是语言文字的迷宫，试看下列几则公案：

> 问：“如何是佛？”师曰：“干屎橛。”①
> 问：“如何是佛法大意？”师曰：“春来草自青。”②
> 僧问：“如何是清净法身？”师曰：“屎里蛆儿，头出头没。”③
> 问：“风恬浪静时如何？”师曰：“吹倒南墙。”④

佛如何会是“干屎橛”？佛法大意跟“春来草自青”有什么关系？清净法身怎么会像屎里蛆儿一样肮脏污秽？风平浪静怎么反而会“吹倒南墙”？答得古怪离奇，不着边际。当然，在问答之间可能存在着“道在屎溺”的隐喻关系，但事实上，在回答诸如“如何是佛法大意”、“如何是祖师西来意”这类问题时，答案往往是随意的。换言之，答案可以有千百个，唯有一个不能成为答案，那就是死死扣住问题的合乎逻辑的直接回答和解释。惠洪《林间录》卷上记载了一个故事：

---

① 《五灯会元》卷一五《云门文偃禅师》。
② 《景德传灯录》卷一九《韶州云门文偃禅师》。
③ 同上卷一五《濠州思明禅师》。
④ 同上卷七《法海行周禅师》。

> 夹山会禅师初住京口竹林寺，升座，僧问："如何是法身？"答曰："法身无相。""如何是法眼？"答曰："法眼无瑕。"时道吾笑于众中。会遥见，因下座问曰："上座适笑笑何事耶？"道吾曰："笑和尚一等行脚，放复子不著所在。"会曰："能为我说否？"对曰："我不会说，秀州华亭有船子和尚，可往见之。"会因散众而往。船子问曰："大德近住何寺？"对曰："寺则不住，住则不寺。"船子曰："不寺又不住，似个什么？"对曰："不是目前法。"船子曰："何处学得来？"对曰："非耳目之所到。"船子笑曰："一句合头语，万劫系驴橛。"

道吾和船子和尚之所以笑夹山善会禅师，就是因为他死死扣住问题直接回答，如问法身，答法身，问法眼，答法眼，尽管"寺则不住，住则不寺"的回答显出一点机巧，但仍是扣住"近住何寺"的问话而答，因此船子称他的回答为"合头语"，即合乎理路的答语，并嘲笑他执着于理路，如驴系于木桩，万劫不脱。惠洪讲述这个故事以后叹曰："嗟乎！于今丛林，师受弟子，例皆禁绝悟解，推去玄妙，唯要直问直答，无则始终言无，有则始终言有，毫末差误，谓之狂解。使船子闻之，岂止万劫系驴橛而已哉！"① 本来，禅宗为了破除人们对任何正常逻辑的执着，因而故意使用无意义的语言，使人们在言语道断处返回自心，顿悟真如。而这在后来则成为禅宗一条不成文的语言规则："语中有语，名为死句，语中无语，名为活句。"② 在宋代，不少禅籍都表现出对"死句"、"活句"分析阐释的强烈兴趣，如《碧岩录》《林间录》《禅林僧宝传》《僧宝正续传》《大慧普觉禅师语录》《五灯会元》等，都可见到这类话题。而这些关于"死

---

① 《林间录》卷上。

② 见《禅林僧宝传》卷一二《荐福古禅师传赞》。

句”、“活句”的辨析，无疑使参禅的诗人大开眼界，意识到语言组合的巨大弹性。

从诗歌艺术的观点来看，禅宗那些表面荒诞无稽的玄言活句，往往是绝佳的“诗家语”，正是不合理之“理”，不可比之“比”，无义语之“语”，反倒符合艺术的辩证法。比如前面所举公案，佛与干屎橛、佛法大意与春来草自青之间，不就是一种语境大跨度跳跃的比喻关系吗？清净法身是屎里蛆儿、风恬浪静而吹倒南墙，不就是一种有意造成形象冲突、语言矛盾面获得奇趣的修辞技巧吗？前者类似于所谓“曲喻”（Metaphysical conceit），指一种牵强性的比喻，在不相似的事物中发现奇怪的相似点，用暴力将两种异质的东西铐在一起，喻依和喻旨之间相距甚远。后者类似于所谓“佯谬”（Paradox），指一种矛盾的语义状态，以看似不合理的陈述引起读者的注意，然后展示所要表达的真理。尽管这二种修辞技巧在宋以前的诗歌中已能找出不少用例，但宋诗人作品所表现出来的特别新颖奇特的风格，仍能看出禅宗言句机锋的影子。换言之，在宋诗人的作品中，能明显看出文学的隐喻和宗教的隐喻之间的对应关系。

先看宋诗中的“曲喻”。曲喻事实上包括两种不同的维度，一种是扩展性比喻，在逻辑上环环相扣复杂地展开的比喻；另一种是牵强性比喻，特点是喻依和喻旨之间分属于两种迥异的经验领域。用英国文学批评家瑞恰慈（I.A.Richards）的话来说：“如果我们要使比喻有力，就需要把非常不同的语境联在一起，用比喻作一个扣针把它们扣在一起。”① 新批评派维姆萨特（W.K.Wimsatt）举过一个有趣的例子：“狗像野兽般嗥叫”，这个比喻无力量，因为语境距离太近；“人像野兽般嗥叫”，就生动得多；“大海像野兽般咆哮”，就很有力

① 参见赵毅衡：《新批评——一种独特的形式主义文论》第142页，中国社会科学出版社，1986年。

量[1]。当然，曲喻的两种维度常常可以结合在一起，如英国玄学派诗人约翰·邓恩（John Dunne）把爱情比作圆规，并由此而环环展开比喻。钱锺书先生《谈艺录》曾拈出英国玄学诗派的曲喻，以为“吾国昌黎门下颇喜为之”，并举韩愈“箕独有神灵，无时停簸扬”、贾岛“鬓边虽有丝，不堪织寒衣”、李商隐“莺啼如有泪，为湿最高花”等诗句为例，且认为黄庭坚诗法出此[2]。然而，据钱先生所分析，这些比喻“均就现成典故比喻字面上，更生新意；将错而遽认真，坐实以为凿空”，“雪山比象，不妨生长尾牙；满月同面，尽可妆成眉目”[3]，可见这类曲喻是属于扩展性比喻。苏、黄诗中有这种性质的比喻，如苏轼诗：“城中楼阁似鱼鳞，不见清风起白蘋。”[4]以鱼鳞比楼阁，再由鱼鳞生出清风白蘋的想象。黄庭坚诗中此类比喻尤其多，如“王侯须若缘坡竹，哦诗清风起空谷”[5]、“渴雨芭蕉心不展，未春杨柳眼先青”[6]、“湘东一目诚甘死”[7]等，不胜枚举。可以说，这类比喻已是文人惯技，无足多论。

然而，另一种牵强性的比喻，则是苏、黄和江西诗派的特色了。这只要把苏、黄之诗和“昌黎门下”之诗略作比较就可清楚。如苏轼诗云：“欲知垂岁尽，有似赴壑蛇。修鳞半已没，去意谁能遮？况欲系其尾，虽勤知奈何。”[8]用长蛇赴壑这一具体的空间形象比喻一年将尽这一抽象的时间概念，两者语境距离非常遥远，其相似点仅

① 参见赵毅衡：《新批评——一种独特的形式主义文论》第142页。
② 钱锺书：《谈艺录》第22页，中华书局，1984年。
③ 同上。
④ 《苏轼诗集》卷一九《泛舟城南，会者五人，分韵赋诗，得“人皆苦炎”字四首》其一。
⑤ 《山谷诗集注》卷八《次韵王炳之惠玉版纸》。
⑥ 《山谷外集诗注》卷一《寄黄从善》。
⑦ 同上卷二《弈棋二首呈任公渐》其二。
⑧ 《苏轼诗集》卷四《守岁》。

在于二者都是无法把握挽留的。又如黄庭坚诗云："西风鏖残暑，如用霍去病。"[①] 用霍去病扫荡匈奴这一历史故事比喻夏秋之交凉生暑退这一季节变换现象，暗示秋天不可抗拒到来，比喻的两造，匪夷所思。"大海像野兽般咆哮"的比喻与此相较，就显得太平淡无奇了。而"昌黎门下"的比喻显然更接近"大海像野兽般咆哮"似的比喻，即多从感觉的相似性出发，作用于人的感官，比喻的两端通常有形象的相似性。如贾岛《客喜》"鬓边虽有丝，不堪织寒衣"[②]，李贺《天上谣》"银浦流云学水声"[③]，《秦王饮酒》"羲和敲日玻璃声"[④]，以丝线喻鬓发，流水喻行云，玻璃喻日，虽经扩展而生出新意，但其比喻两造均属于具体形象。我们可以把贾、李和苏、黄的曲喻手法分别用下列公式表示：

贾、李诗：具象（喻旨）←形象相似性→具象（喻依）

苏、黄诗：抽象（喻旨）←性质相似性→具象（喻依）

也就是说，贾、李的曲喻建立在形象的相似性上，作用于人的感性；而苏、黄的曲喻建立在性质的相似性上，作用于人的理智。在苏、黄的作品中，我们能找到很多类似的牵强性的比喻，试列举如下：

人生到处知何似？应似飞鸿踏雪泥。泥上偶然留指爪，鸿飞那复计东西。[⑤]

---

① 《山谷诗集注》卷一三《又和（黄斌老）二首》其一。
② 《全唐诗》卷五七一。
③ 同上卷三九〇。
④ 同上。
⑤ 《苏轼诗集》卷三《和子由渑池怀旧》。

> 恶酒如恶人，相攻剧刀剑。颓然一榻上，胜之以不战。①
>
> 忽逢佳士与名山，何异枯杨便马疥。②
>
> 本心如日月，利欲食之既。③
>
> 文章功用不经世，何异丝窠缀露珠。④
>
> 念公坐癯禅，守心如缚虎。⑤
>
> 客心如头垢，日欲撩千篦。⑥
>
> 鄙心生蔓草，萌芽望耘锄。⑦

这些比喻都是喻依、喻旨在形象、事类上毫不相干，语境距离甚远，不仅大大突破风雅传统的类比思维的比兴模式，而且比韩孟诗派感觉相似性的曲喻更新颖奇特。比如，韩愈《三星行》“箕独有神灵，无时停簸扬”两句⑧，无非是坐实星宿之箕为簸箕之箕，而前者与后者在形象上有相似之处。黄庭坚诗《次韵奉送公定》则云：“虚名无用处，北斗与南箕。”⑨化扩展性曲喻为牵强性曲喻，语境距离远，出人意表。虽然这些牵强性的曲喻在异质的东西中加进了智力的联系，不同于公案中那种佛与干屎橛的毫无理性的牵扯，但在违反常规语言的逻辑统一方面却有相似之处。禅家公案语言最突出的特点，即用具象语言回答抽象问题，有如苏、黄曲喻的以具象喻抽象。事实

---

① 《苏轼诗集》卷一一《金山寺与柳子玉饮，大醉，卧宝觉禅榻，夜分方醒，书其壁》。

② 同上卷一九《与胡祠部游法华山》。

③ 《山谷诗集注》卷四《奉和文潜赠无咎，篇末多以见及，以“既见君子，云胡不喜”为韵》。

④ 同上卷六《戏呈孔毅父》。

⑤ 同上《次韵寄晁以道》。

⑥ 《山谷外集诗注》卷三《次韵寄李六弟济南郡城桥亭之诗》。

⑦ 同上卷四《寄南阳谢外舅》。

⑧ 《全唐诗》卷三三九。

⑨ 《山谷外集诗注》卷四。

上，在苏、黄的这些比喻中，可明显看出禅宗言句影响的痕迹，我们可以仿照禅宗公案的问答形式改写这些比喻，例如：

> 僧问："如何是人生大意？"苏曰："飞鸿踏雪泥。"
> 问："文章功用不经世时如何？"黄曰："丝窠缀露珠。"

二者在语言关系上有很多共同点，正如我们也可以把禅宗的公案改写成诗句一样："佛法大意知何似？应似春来草自青。"而且有证据表明，苏、黄这些比喻，有的本来就直接出自禅家公案，如苏轼的"何异枯杨便马疥"，明显是受兴化仁岳禅师的启示："问：'一大藏教尽是名言，离此名言，如何指示？'师曰：'癞马揩枯柳。'"①仁岳是净因道臻禅师的同门师兄弟，熙宁年间苏轼常造访净因院，与道臻交游，对此禅门公案应很熟悉。

这种曲喻手法，在江西诗派中极为盛行，如陈师道诗云："人言我语胜黄语，扶竖夜燎齐朝光。"②李彭诗云："老语如冻芋，时时强抽萌。"③谢薖云："此心如慈幡，袅袅空中悬。"④饶节云："向来相许济时功，大似频伽饷远空。"⑤张扩云："欲求换骨诀，如仰射空箭。"⑥其中"频伽饷远空"用《楞严经》"譬如有人取频伽瓶，塞其两孔，满中擎空，千里远行，用饷他国"之典⑦，"如仰射空箭"用寒山诗"但看箭射空，须臾还堕地"或是永嘉玄觉《证道歌》"犹如仰

---

① 《五灯会元》卷一二《兴化仁岳禅师》。
② 《后山诗注》卷二《答魏衍、黄预勉予作诗》。
③ 《日涉园集》卷四《喜遇洪仲本于山南》。
④ 谢薖：《谢幼槃文集》卷四《求定斋》，《续古逸丛书》本。
⑤ 饶节：《倚松老人诗集》卷二《次韵答吕居仁》，清宣统庚戌刊《江西诗派》本。
⑥ 张扩：《东窗集》卷一《诗社近日稍稍复振，而顾子美坚壁既久，伯初以诗致师，请于老仆，无语，但乞解严尔》，台湾商务印书馆影印文渊阁《四库全书》本。
⑦ 见《大佛顶如来密因修证了义诸菩萨万行首楞严经》（简称《楞严经》）卷二，《大正藏》第十九卷。

箭射虚空，势力尽，箭还坠”之喻[1]。由此可见，江西诗派的曲喻与佛经禅典颇有关系，不仅借鉴禅宗公案问答的句式而已。

再看看宋诗中的“佯谬”。佯谬是表面上荒谬而实际上真实的陈述，即所谓“似非而是”，在文字上表现出一种矛盾的形式，双层相反意义同时出现于字面上。禅家公案可以说把佯谬的矛盾语义状态表现得淋漓尽致，如前面所举“清净法身”和“风恬浪静”两例，回答完全悖于逻辑，但由于其中包含有万法平等的道理，所以可看作“正话反说”、“似非而是”或“反言以显正”。黄庭坚的诗特别善于使用佯谬，如《夜发分宁寄杜涧叟》诗云：“《阳关》一曲水东流，灯火旌阳一钓舟。我自只如常日醉，满川风月替人愁。”[2]本是人有情，物无情，故意说成人不知愁，物替人愁，这种佯谬显然使诗义更加丰富：一是所谓“树犹如此，人何以堪”的沉痛，二是“而今识尽愁滋味，欲说还休”的超脱，三是“今朝有酒今朝醉”的麻木。金人王若虚批评说：“山谷《题阳关图》云：‘渭城柳色关何事，自是行人作许悲。’夫人有意而物无情，固是矣。然《夜发分宁》云：‘我自只如常日醉，满川风月替人愁。’此复何理？”[3]王氏似乎不懂佯谬的非逻辑性质，欲以常理揣度，不免失之肤浅迂腐。又如黄庭坚《题伯时画严子陵钓滩》诗云：“平生久要刘文叔，不肯为渠作三公。能令汉家重九鼎，桐江波上一丝风。”[4]汉家九鼎之重，却系于桐江钓竿一丝风之上，完全违背常情。然而，如果知道严子陵故事的来龙去脉，就能品味出此诗的妙处。据《后汉书·逸民传》载，严光，字子陵，少与光武帝（刘秀字文叔）同游学，及光武即位，使聘之，

① 寒山诗见《全唐诗》卷八〇六，《永嘉证道歌》见《大正藏》第四十八卷。
② 《山谷外集诗注》卷一四。
③ 王若虚：《滹南遗老集》卷三九《诗话》，《四部丛刊》本。
④ 《山谷诗集注》卷九。

三反而后至，除为谏议，不屈，乃耕于富春山。后人名其钓处为严陵濑，即严子陵钓滩。黄庭坚的诗意正如任渊注所理解的那样："东汉多名节之士，赖以久存，迹其本原，政在严子陵钓竿上来耳。"也就是说，严子陵不肯出仕，辅佐老友刘秀，却以其不图富贵的气节，为东汉士大夫树立了榜样，因而使东汉重于九鼎，社稷久安。可见"重九鼎"与"一丝风"之间，有一种"反常合道"的奇趣。再如下面两首诗：

庄周梦为胡蝶，胡蝶不知庄周。当处出生随意，急流水上不流。①

象踏恒河彻底，日行阎浮破冥。若问深明宗旨，风花时度窗棂。②

这两首诗阐述禅学宗旨，所以更明显地借鉴了禅宗的矛盾语法。前一首诗前三句用《楞严经》之意："一切浮尘，诸幻化相，当处出生，随处灭尽。"③谓世事的变化流转。最后一句"急流水上不流"，显然是一个悖论，既然是急流，又为何不流？原来这是祖述僧肇《物不迁论》思想，"旋岚偃岳而常静，江河竞注而不流"④，以阐明"寂住"之意。后一首诗以"象踏恒河"喻深，以"日破阎浮"喻明，均用佛典。后两句却采用典型的禅家公案的形式，以牛头不对马嘴的"风花时度窗棂"这样轻灵的形象来喻示"深明宗旨"，显然在逻辑上造成一种强烈的冲突。然而，黄庭坚正是用这种佯谬表达了他

① 《山谷诗集注》卷一一《寂住阁》。
② 同上《深明阁》。
③ 《楞严经》卷二。
④ 僧肇:《肇论·物不迁论》,上海古籍出版社影印《佛藏要籍选刊》本第十一册。

的一贯思想，即万法平等的思想，“深明宗旨”既寓于象踏恒河、日行阎浮这样壮丽的境界中，也不妨产生于风花度窗棂这样小巧的环境里，因为在幽阁的静坐中，心灵仍可体悟到真正的深明。

值得注意的是，黄诗中的佯谬有时简直就是禅家公案语言的翻版，稍作变动就可改为这样的形式：

> 问：“如何能令汉家重九鼎？”黄曰：“桐江波上一丝风。”
> 僧问：“如何是深明宗旨？”黄曰：“风花时度窗棂。”

这和禅宗那些荒诞无稽的玄言活句没有两样。鉴于黄诗语言形式与禅家公案的相似性，我们有理由认为他将临济宗尤其是黄龙派的参禅方式引进了诗歌。黄龙慧南以佛手、驴脚、生缘语问学者，丛林称为“黄龙三关”[①]。慧南的三关之设，是为了以“活句”说禅，其弟子隆庆庆闲对“黄龙三关”的答语，可看作是使用“活句”的标本：“（南）又问：‘如何是汝生缘处？’对曰：‘早晨吃白粥，至今又觉饥。’又问：‘我手何似佛手？’对曰：‘月下弹琵琶。’又问：‘我脚何似驴脚？’对曰：‘鹭鸶立雪非同色。’”[②]庆闲是黄庭坚的前辈，黄对此公案当了解，而黄诗的语言形式显然与庆闲的答语如出一辙。事实上，黄庭坚比惠洪更早注意到船子和尚嘲笑夹山善会的那则公案，他在《渔家傲·江宁江口阻风，戏效宝宁勇禅师作古渔家傲四首》其三上阕写道：“散却夹山拈坐具，呈见处，系驴橛上合头语。”又其一上阕颂达摩公案云：“对朕者谁浑不顾，成死语。”[③]可见黄庭坚对逻辑语言的局限性有清醒的认识，从而在借鉴禅家玄言活句方面更具

---

① 见《林间录》卷上，又见《建中靖国续灯录》卷七《黄龙慧南禅师》。
② 《禅林僧宝传》卷二五《隆庆闲禅师》。
③ 黄庭坚：《山谷琴趣外编》卷三，《彊村丛书》本。

自觉性。总之，与苏轼相比，黄庭坚的曲喻和佯谬都显得语境距离更远，矛盾状态更突出，因而读黄诗时总令人感到生硬，不如苏轼自然。我想这与他的禅学修养的精深有一定的关系。

除了明显的曲喻和佯谬之外，黄庭坚诗中还常常出现结构上的大跨度转折，上下句之间呈现出鲜明的对立冲突。比如《王充道送水仙花五十枝欣然会心为之作咏》诗，诗的前半段以拟人化的手法描写水仙花“含香体素”的姿态，而最后两句却出现另一个场景：“坐对真成被花恼，出门一笑大江横。”[①] 上下句之间形成对比强烈的矛盾语境，形象的对比——花与大江；情绪的对比——恼与笑，转折出乎人们的意料之外。这种结构转折形成的矛盾语境常出现在诗的结尾，如下列诗句：“司马丞相昔登庸，诏用元老超群公。杨绾当朝天下喜，断碑零落卧秋风。”[②]“高丽条脱琱红玉，逻逤琵琶撚绿丝。蛛网屋煤荒故物，此生唯有梦来时。”[③] 这种上下句由喜悦到悲哀、由繁华到荒凉的突然转折，且转幅之大的现象，在黄庭坚以前的诗中还很少有过，只是在禅宗的偈颂里能发现它的影子。

陈师道诗学黄庭坚，且好参禅，对此陡转结构也颇有会心。陈师道元祐初寓居京师陈州门，当时苏轼从登州被召为礼部郎中，回京师，师道喜作诗云：“翼翼陈州门，万里迁人道。雨泪落成雪，着木木立槁。今年苏礼部，马迹犹未扫。昔人死别处，一笑欲绝倒。”但这首诗后来被他删去中间四句，成为一首绝句[④]。虽说删改之后，诗中所咏之事，非注莫明，但就诗而论，却更精炼且有反常合道的奇趣。前三句写故人昔日迁谪之悲，最后突然以“一笑”结尾。特别

---

① 《山谷诗集注》卷一五。
② 同上卷一四《病起荆江亭即事十首》其五。
③ 《山谷外集诗注》卷七《和陈君仪读太真外传五首》其四。
④ 见《后山诗注》卷一《绝句》。

是最后两句之间形成极强烈的对照。由于中间删去四句，理路一断，矛盾语境更得到鲜明的凸现。不管陈师道的删改出于何种目的，他的诗歌的最后定本无疑更接近所谓“丛林活句”。

清人方东树这样评价黄诗的章法：“每每承接处，中亘万里，不相联属，非寻常意计所及。”[①] 而在宋人的眼里，具有如此特点的黄诗简直就可以当作禅家公案来参究：“山谷诗妙脱蹊径，言谋鬼神，无一点尘俗气，所恨务高，一似参曹洞下禅，尚堕在玄妙窟里。”[②] 然而，正是这种类似禅家机锋的“玄妙”，给读者带来广阔的联想空间，激起读者强烈的参与、补充、探究、阐释的欲望，从而使诗歌获得更加深邃丰富的审美外延。真是所谓“诗以奇趣为宗，反常合道为趣”[③]。在曲喻、佯谬和陡转的语言技巧中，宋诗开出了古典诗歌传统不曾有过的新境界。

## 三　绕路说禅：从禅的阐释到诗的表达

宋代“文字禅”主要表现为以语言文字去阐释古德公案。然而，宋代禅师也知道，佛门的最高教义（第一义）是不能用语言文字表达的，“才涉唇吻，便落意思，尽是死门，终非活路”[④]。那么，怎样解决“不立文字”与“不离文字”之间的矛盾呢？宋代禅师们借鉴并改造了佛经诠释学中“遮诠”的方法，在语言唇吻中杀出一条“活路”来。

---

① 方东树：《昭昧詹言》卷一二，人民文学出版社排印本，1984年。
② 蔡絛：《西清诗话》。
③ 《冷斋夜话》卷五《柳诗有奇趣》条引苏轼语。
④ 《五灯会元》卷一二《金山昙颖禅师》。

佛学对经典教义的诠释有两种方式：一曰表诠，一曰遮诠。表诠是指从事物的正面作肯定的解释，而遮诠则是指从事物的反面作否定的解释。唐代圭峰宗密禅师云："如说盐，云不淡是遮，云咸是表；说水，云不干是遮，云湿是表。诸教每云绝百非者，皆是遮词；直显一真，方为表语。"①宋初永明延寿禅师亦云："遮谓遣其所非，表谓显其所是；又遮者拣却诸经，表者直示当体。"②如果说教门诠释佛经还是遮表结合的话，那么禅门里却是主要采用遮诠。因为"第一义"一经表诠诠释，便成语言垃圾，正如百丈怀海禅师所说，"说道修行得佛，有修有证，是心是佛，即心即佛"，都是"死语"。③但是"第一义"总得有方法表达才行，否则宗教的承传很难进行下去。其实，当禅师们在说"第一义"不可说之时，就已是在用"遮诠"说"第一义"。好比画月亮，用线条在白纸上画一个圆圈，这是"表诠"的画法；而在纸上涂些颜料或泼些水墨以作云彩，中间露一个白圆块，烘云托月，这用的就是"遮诠"。

"文字禅"的倡导者惠洪也是"遮诠"的积极倡导者，他在赞颂禅宗初祖达摩的禅法时说："护持佛乘，指示心体。但遮其非，不言其是。婴儿索物，意正语偏；哆啝之中，语意俱捐。"④把"遮诠"视为禅宗正统的诠释方式。这里有两点值得注意：其一，在传统的看法中，达摩的禅法是"不立文字，教外别传"，而惠洪将其理解为"但遮其非，不言其是"，这样一方面表明他的"心之妙，不可以语言传（故不立文字），而可以语言见（故不离文字）"的一贯观点⑤，另一方面意味着他把"护持佛乘，指示心体"归结到语言的运用技

① 释宗密：《禅源诸诠集都序》卷下之一。
② 释延寿：《宗镜录》卷三四，《大正藏》第四十八卷。
③ 《古尊宿语录》卷一。
④ 《石门文字禅》卷一八《六世祖师画像赞·初祖》。
⑤ 同上卷二五《题让和尚传》。

巧上来。其二，传统对“遮诠”的解释是“遣其所非”、“绝百非”，惠洪虽也明白这一点，却有意把它和“意正语偏”联系起来，这实际上是他对“遮诠”这一诠释方法的引申，即除去遣“非”以显“是”以外，也可以“偏”（侧）言以显“正”。显然，所谓“意正语偏”和惠洪称赞的曹洞家风“不犯正位，语忌十成”的诠释方式是相通的[①]。惠洪读过《宗镜录》[②]，应该了解永明延寿禅师对“遮诠”的解释，但他之所以拈出“意正语偏”一词，实在是出于北宋文字禅阐释古德公案的需要。

汾阳善昭禅师创立颂古这一以韵文阐释古德公案的形式，至雪窦重显“以辩博之才，美意变弄，求新琢巧，继汾阳为颂古，笼络当世学者，宗风由此一变矣”[③]。颂古由于与诗歌形式相近，受到士大夫的特别喜爱。而颂古所采用的阐释方式，“只是绕路说禅”[④]，避免正面解说禅旨。“绕路说禅”四字，可以说是宋代一切文字禅的基本特征，和“意正语偏”一样，它也是从“遮诠”方式引申而来。惠洪是汾阳善昭的五世法孙，当然对此“绕路说禅”的方式非常了解。惠洪的贡献在于，他不仅将临济宗的“句中玄”和曹洞宗的“五位偏正”、云门宗的“三句”联系起来[⑤]，从“遮诠”联想到“意正语偏”，由此关涉到曹洞的“隐显相参”、“不犯正位”和巴陵的“死句活句”等绕路说禅的方法，而且把这些方法引入到诗歌创作和评论中，由此总结出一些“绕路说诗”的具体法门。至于宋代诗人，尤其是苏、黄和江西诗派，则在对禅宗典籍的参究中受到影响，直接把禅的阐释方式转化为诗的表达技巧。

---

① 见《林间录》卷上。
② 见《石门文字禅》卷二五《题宗镜录》《题法惠写宗镜录》。
③ 《禅林宝训》卷下引心闻昙贲禅师语。
④ 见《碧岩录》卷一第一则《圣谛第一义》。
⑤ 见《石门文字禅》卷二五《题清凉注参同契》。

惠洪总结了这样一条作诗经验："用事琢句，妙在言其用不言其名耳。此法唯荆公、东坡、山谷三老知之。荆公曰：'含风鸭绿鳞鳞起，弄日鹅黄袅袅垂。'此言水、柳之用，而不言水、柳之名也。东坡别子由诗：'犹胜相逢不相识，形容变尽语音存。'此用事而不言其名也。山谷曰：'管城子无食肉相，孔方兄有绝交书。'又曰：'语言少味无阿堵，冰雪相看有此君。'又曰：'眼见人情如格五，心知世事等朝三。'格五，今之蹙融是也。《后汉书》注云：'常置人于险处耳。'"[①]以事物的功能作用来代替事物的名称，避免直接描写，使语义显得迂曲。比如王安石的"含风鸭绿粼粼起，弄日鹅黄袅袅垂"两句[②]，用"鸭绿"代水，"鹅黄"代柳，代换的结果，不仅避开直说的乏味，而且使语义更加丰富，获得视觉效果。又如黄庭坚以"管城子"代笔，"孔方兄"代钱，坐实"子"和"兄"，又牵扯出"食肉相"和"绝交书"来，迂曲地传达出读书人不善经营生计的意思[③]。至于苏轼的"犹胜相逢不相识，形容变尽语音存"两句[④]，则是暗用《后汉书·党锢传》夏馥剪须变形、其弟闻其言声而拜之的典故，以喻兄弟之别。这是使用夏馥的故事而字面上不出现夏馥之名，用典而不露痕迹，与王、黄诗使用借代词略有不同。当然，使用借代词的习气古代文人早已有之，但在宋人那里变化更多，且更有理论上的自觉。惠洪总结的诗法，在宋人中很有市场。江西诗派诗人吕本中也表述过相近的意思："'雕虫蒙记忆，烹鲤问沉绵'，不说作赋，而说雕虫；不说寄书，而说烹鲤；不说疾病，而云沉绵。'颂椒添讽味，禁火卜欢娱'，不说节岁，但云颂椒；不说寒食，但云禁火。亦文章

① 《冷斋夜话》卷四《诗言其用不言其名》。

② 见《王荆文公诗李壁注》卷四一《南浦》。

③ 见《山谷诗集注》卷六《戏呈孔毅父》。

④ 见《苏轼诗集》卷一五《子由将赴南都，与余会宿于逍遥堂，作两绝句，读之，殆不可为怀，因和其诗以自解》其一。

之妙也。”[①]这种“言其用而不言其名”的诗法，在王安石、苏轼和黄庭坚诗中可找出很多例子，如：

缫成白雪（蚕丝）桑重绿，割尽黄云（麦）稻正青。[②]

岁晚苍官（松柏）才自保，日高青女（霜）尚横陈。[③]

冻合玉楼（肩）寒起粟，光摇银海（眼）眩生花。[④]

小舟浮鸭绿（水），大杓泻鹅黄（酒）。[⑤]

留我同行木上座（手杖），赠君无语竹夫人（竹几）。[⑥]

岂意青州六从事（酒），化作乌有一先生。[⑦]

霜林收鸭脚（银杏），春网荐琴高（鲤鱼）。[⑧]

政以多知巧言语，失身来作管城公（毛笔）。[⑨]

遥知更解青牛（老子）句，一寸功名心已灰。[⑩]

野次小峥嵘（石），幽篁相倚绿。阿童三尺箠，御此老觳觫（牛）。[⑪]

青奴（竹器）元不解梳妆，合在禅斋梦蝶床。[⑫]

或以喻依代喻旨，或以谜面代谜底，或以具象代抽象，典故、廋词、

---

① 《苕溪渔隐丛话前集》卷一二引《吕氏童蒙训》。
② 《王荆文公诗李壁注》卷四一《木末》。
③ 同上卷四八《红梨》。
④ 《苏轼诗集》卷一二《雪后书北台壁二首》其二。
⑤ 同上卷一九《乘舟过贾收水阁，收不在，见其子三首》其二。
⑥ 同上卷二五《送竹几与谢秀才》。
⑦ 同上卷三九《章质夫送酒六壶，书至而酒不达，戏作小诗问之》。
⑧ 《山谷诗集注》卷二《送舅氏野夫之宣城二首》其一。
⑨ 同上卷三《戏咏猩猩毛笔》。
⑩ 同上卷五《送顾子敦赴河东三首》之二。
⑪ 同上卷九《题竹石牧牛》。
⑫ 同上卷一一《赵子充示竹夫人诗，盖凉寝竹器，憩臂休膝，似非夫人之职，予为名曰青奴，并以小诗取之二首》其一。

隐语纷纷用上，目的似乎都在“不犯正位”。据赵令畤云：“予诗中有‘青州从事’对‘白水真人’，公（苏轼）极称之，云：‘二物皆不道破为妙。’”①正表明苏、黄对借代词功能的清醒认识。这种习气也被江西诗派继承下来，如陈师道云：“打门何日走周公（梦）。”②饶节云：“我已定交木上座，君犹求旧管城公。”③谢逸云：“曲肱但作吉祥卧，浇舌惟无般若汤（酒）。”④曾幾云：“从来叹赏内黄侯（螃蟹），风味尊前第一流。”⑤吴坰云：“少日萦心但黄妳（书），暮年鬼使欠青蚨（钱）。”⑥如此等等，不胜枚举。正如钱锺书先生所说：“庆历、元祐以来，频见‘云间赵盾’、‘渊底武侯’、‘青州从事’、‘白水真人’、‘醋浸曹公’、‘汤焊右军’、‘平头’、‘长耳’、‘黄妳’、‘青奴’、‘苍保’、‘素娥’、‘鹅黄’、‘鸭绿’、‘此君’、‘阿堵’，庄季裕《鸡肋编》卷上至载‘左军’为鸭，‘泰水’为妻母之笑枋。况之选体，踵事增厉。”⑦

值得注意的是，宋人的这种习气与当时的禅门宗风如出一辙，苏轼就曾指出：“僧谓酒‘般若汤’，谓鱼‘水梭花’，谓鸡‘钻篱菜’，竟无所益，但自欺而已。”⑧尽管僧人的目的是出于对佛教戒律的忌讳，但其语言技巧却是标准的“言其用不言其名”，与诗人的借代词并无二致。司马光曾有感于当时的状况：“今之言禅者，好为隐语以相迷，大言以相胜，使学者伥伥然益入于迷妄。”⑨这种情况在

---

① 赵令畤：《侯鲭录》卷一，《知不足斋丛书》本。
② 《后山诗注》卷二《寄豫章公三首》其一。
③ 《倚松老人诗集》卷二《次韵答吕居仁》。
④ 《溪堂集》卷五《闻幼槃弟归，喜而有作二首》其二。
⑤ 曾幾：《茶山集》卷八《谢路宪送蟹》，《武英殿聚珍丛书》本。
⑥ 《五总志》载吴坰赠刘羲仲诗。
⑦ 《谈艺录》第248页。
⑧ 《苏轼文集》卷七二《僧自欺》。
⑨ 见王闢之《渑水燕谈录》卷三，中华书局，1981年。又见岳珂《桯史》卷八《解禅偈》，中华书局，1981年。

江西诗派中同样存在。陈师道有诗云:“险韵廋词费讨论。”任渊注:“《晋语》曰:‘有秦客廋辞于朝。’注云:‘廋,隐也。谓以隐伏谲诡之言问于朝也。’”[①]我们有理由认为,宋诗中借代隐语的“踵事加厉”,是与同时代禅门隐语玄言的流行分不开的。这不仅表现在二者形式上的相似,时代上的同步,而且还有具体的事实联系,如宋人颇爱使用的“木上座”一词就出自禅家公案:“夹山又问:‘阇黎与什么人为同行?’师曰:‘木上座。’遂共到中堂,取拄杖掷夹山面前。”[②]又如被苏轼称为“僧自欺”的“般若汤”,已堂而皇之地出现在江西诗派诗人的作品里。而诗与禅的这些文字伎俩,都在于避免直言说破,曲隐其词,所以殊途同归。

陈本明论诗云:“前辈谓作诗,当言用勿言体,则意深矣。若言冷则云‘可咽不可漱’,言静则云‘不闻人声闻履声’之类。”[③]所举两例皆苏轼诗,分别出自《栖贤三峡桥》和《宿海会寺》[④]。所谓“体”,指抽象的本体或性质;所谓“用”,指具体的作用或表现。“言体”者,一是空洞浮泛,二是正面直说;“言用”者,一是具体落实,二是迂回包抄。就苏诗而言,“冷”和“静”是“体”,若直言之,了无余蕴;若云“可咽不可漱”、“不闻人声闻履声”,则不仅化空洞为落实,而且避免了字面上的直说。必须指出,“体”和“用”是佛教禅宗颇爱使用的一对概念,如《坛经·定慧品》云:“真如即是念之体,念即是真如之用。”而中国禅从楞伽师时代起便十分重视体用相即之说,到了马祖道一的洪州禅,更由强调向“体”的回归转入对“用”的自觉[⑤]。禅门公案中常见的以具象语言回答诸如“如

① 《后山诗注》卷九《敬酬智叔三赐之辱,兼戏杨、李、曹二首》其二。
② 《景德传灯录》卷二〇《杭州佛日和尚》。
③ 《苕溪渔隐丛话前集》卷三七引《漫叟诗话》。
④ 分别见《苏轼诗集》卷二三、卷一〇。
⑤ 参见潘桂明:《中国禅宗思想历程》第227页。

何是佛法大意”一类的抽象问题，正是“言用勿言体”的典型。陈本明所拈出的前辈作诗法以及苏轼作品的例证，应该是受到禅宗以“用”代“体”的阐释方法的启示。而这种方法也可以说是“绕路说禅”之一种，比之惠洪的“言用不言名”更接近“遮诠”的精神。

事实上，苏轼自己的创作就有明确的理论指导：“赋诗必此诗，定非知诗人。”①这条诗法在宋代有广泛的影响，宋人大抵认为，苏轼意在反对诗“著题”，即紧扣题目正面描写。如惠洪云：“东坡曰：‘善画者画意不画形，善诗者道意不道名。’故其诗曰：‘论画以形似，见与儿童邻；赋诗必此诗，定非知诗人。’”②漫叟云：“世有《青衿集》一编，以授学徒，可以谕蒙。若《天》诗云：‘戴盆徒仰止，测管讵知之？’《席》诗云：‘孔堂曾子避，汉殿戴冯重。’可谓着题，乃东坡所谓‘赋诗必此诗’也。”③费衮云：“此言可为论画作诗之法也。世之浅近者不知此理，做月诗便说‘明’，做雪诗便说‘白’，间有不用此等语，便笑其不着题。此风晚唐尤甚。”④王直方论“论画以形似”等六句云：“余以为若论诗画，于此尽矣。每诵数过，殆欲常以为法也。”⑤陈善云：“文章要须于题外立意，不可以寻常格律而自窘束。东坡尝有诗曰：‘论画以形似，见与儿童邻；作诗必此诗，定知非诗人。’此便是文章关纽也。”⑥这条诗法极富包容性，可以引申出很多文艺规律来，但就宋人来看，其精神无非是“绕路说诗”，惠洪理解为“善诗者道意不道名”，与“言用不言名”相类似；费衮理解为做月诗不必说“明”，做雪诗不必说“白”，又似与“言用不言

---

① 《苏轼诗集》卷二九《书鄢陵王主簿所画折枝二首》其一。

② 魏庆之：《诗人玉屑》卷五《初学蹊径》引惠洪《禁脔》，上海古籍出版社排印本，1978年。

③ 《苕溪渔隐丛话前集》卷二四引《漫叟诗话》。

④ 费衮：《梁溪漫志》卷七，上海古籍出版社排印本，1985年。

⑤ 《苕溪渔隐丛话前集》卷三〇引《王直方诗话》。

⑥ 《扪虱新话》下集卷四《文章关纽》。

体”有关系；陈善等人理解为不可着题，“须于题外立意”，主张正面题目从侧面做或反面做，这又与曹洞宗的“不犯正位，切忌死语”相关：窘于题则犯正位，不失题便成死语。

“赋诗”而不必作“此诗”，在黄庭坚等人的咏物诗中表现得较典型，正如吕本中所说：“作咏物诗不待分明说尽，只仿佛形容，便见妙处。如鲁直《酴醾诗》云：‘露湿何郎试汤饼，日烘荀令炷炉香。’东坡诗云：‘赋诗必此诗，定非知诗人。’此或一道也。鲁直作咏物诗，曲当其理。如《猩猩笔诗》：‘平生几两屐？身后五车书。’其必此诗哉？”[①]咏花不描写花之形貌，而代之以两位美男子；咏猩猩笔不描写笔本身，而言阮孚好屐、惠施载书之事。不执着于描写物象外形，不粘滞于题目所定范围，比喻多于形容，用典多于白描，联想多于直觉，理性趣味多于感官美感，这不正是“不是无身，不欲全露”的曹洞家风吗[②]？

就禅学渊源来看，黄庭坚和陈师道都倾向于临济宗，但他们的诗却常常被人喻为“参曹洞禅”[③]。这一矛盾的现象不难解释，禅宗发展到北宋后期，临济、曹洞、云门诸家的禅法已倾向合流，特别是在阐释古德公案的方法上，多有一致之处。因此，尽管黄庭坚曾声称“余旧不喜曹洞言句，常怀泾渭不同流之意”，但也最终承认洞山老人“作百衲被，岁久天寒，方知用处”[④]。曹洞禅法主张“事理俱融”、“回互旁参”，设“五位君臣”，显得繁琐复杂，与临济宗机

---

① 《苕溪渔隐丛话前集》卷四八引《吕氏童蒙训》。

② 参见《林间录》卷上报慈匡化《龙牙和尚半身写照赞》。

③ 如任渊《后山诗注目录序》云：“读后山诗，大似参曹洞禅，不犯正位，切忌死语，非冥搜旁引，莫窥其用意深处。”蔡絛《西清诗话》云：“山谷诗妙脱蹊径，言谋鬼神，无一点尘俗气，所恨务高，一似参曹洞下禅，尚堕在玄妙窟里。”李屏山《西岩集序》云：“黄鲁直天资峭拔，摆出翰墨畦径，以俗为雅，以故为新，不犯正位如参禅，着末后句为具眼。”参见本书第三章第二部分“不犯正位，切忌死语”条。

④ 《豫章黄先生文集》卷二六《书洞山价禅师新丰吟后》。

锋峻烈大为不同，所以不为黄庭坚所喜。但曹洞宗“不犯正位，切忌死语”的精神，却对黄庭坚、陈师道的诗风有一定影响。前面曾举过黄庭坚《寂住阁》诗中“急流水上不流”一句，其思想出自僧肇《物不迁论》，但也可能与洞山良价《玄中铭》中“用而不动，寂而不凝”、“清风偃草而不摇，皓月普天而非照”的思想有关[①]。而黄庭坚有两句诗形容陈师道的诗法：“十度欲言九度休，万人丛中一人晓。”[②]江西诗派诗人曾幾（吉甫）认为这两句“此正山谷诗法也”[③]。另一江西诗派诗人李彭也在诗中说过类似的话：“十事欲言还九休。”[④]值得注意的是，“十度欲言九度休”正好用的是曹洞宗道膺禅师的话头：“十度拟发言，九度却休去。”[⑤]由此可见，黄庭坚及江西诗派不仅熟悉“曹洞言句”，而且借以喻诗，任渊评陈师道诗“不犯正位，切忌死语”，不过是代表同时代诗人的普遍看法罢了。

相对于苏轼来说，黄、陈之诗更迂回曲折，含蓄隐晦，更接近于“遮诠”或“绕路说禅”。试看陈师道诗，其《别三子》云：“夫妇死同穴，父子贫贱离。”任渊注“死同穴”句曰：“其意则谓夫妇生常别离，至死方获同穴，此所以可悲也。”[⑥]不正面说生常别离，而从反面说死同穴，这就是“遮诠”。这里化用了《诗经·王风·大车》“穀则异室，死则同穴”的诗意，熟悉《诗经》的读者自然会从“死同穴”的语表意义上，体会到“穀（生）则异室”的深层含义与悲痛的感情色彩。又如《次韵苏公西湖徙鱼三首》其三云：“堂下觳觫牛何罪？太山之阳人作脍。同生异趣有如此，缾悬甓间终一碎。”“堂

---

① 见日本慧印编校：《筠州洞山悟本禅师语录》，《大正藏》第四十七卷。
② 《山谷外集诗注》卷一五《赠陈师道》。
③ 见《艇斋诗话》。
④ 吕祖谦编：《宋文鉴》卷二五李彭《望西山怀驹父》，《四部丛刊》本。
⑤ 《景德传灯录》卷一七《洪州云居道膺禅师》。
⑥ 《后山诗注》卷一。

下觳觫”句典出《孟子》，以指“仁”；“太山之阳”句典出《庄子》“盗跖脍人肝而餔之”，指“不仁”。这几句诗的含义正如任渊注所说：“此诗言仁与不仁，趋向各异，而不仁者鲜有不及。如瓶与鸱夷所居不同，要之鸱夷保全而瓶终不免也。”[①] 此诗题为“徙鱼”，却从“牛觳觫”、“人作脍”说起，从侧面接近求“仁”的主题，这合于苏轼赋诗不必此诗的要求。然而，要懂得“瓶悬甇间终一碎”的寓意，还得熟悉《汉书·陈遵传》所载扬雄《酒箴》：“观瓶之居，居井之眉，处高临深，动常近危。……一旦悬碍，为甇所轠，身提黄泉，骨肉为泥。自用如此，不如鸱夷。……”显然，陈师道诗在“同生异趣”之后，省掉了与“瓶”对比的“鸱夷”。诗意半吞半吐，“不欲全露”，的确闪动着曹洞宗似的语箭言锋。又如《送苏公知杭州》诗：“平生羊荆州，追送不作远。岂不畏简书，放麑诚不忍。”元祐四年，苏轼出知杭州，道经南京（今河南商丘），陈师道为徐州教授，越法出境至南京送苏轼。这几句的大意是：自己为了远送苏轼，虽畏惧不许私出的法令，但为了表达师友之谊，冒犯法令也在所不惜。任渊注“放麑”句曰：“此句与上句若不相属，而意在言外，丛林所谓活句也。”“放麑”的典故出自《韩非子·说林上》，是说孟孙获麑，使秦西巴持之归。其母随之而啼，秦西巴不忍而放之，遂遭孟孙斥逐。任渊认为，陈师道用此典故的含义是：“观过（指越法的过错）可以知仁，后山越法出境以送师友，亦放麑之类也。”[②] 这几句用了几个互不相关的典故，再加上前后文语境的跳跃，因而意义十分复杂晦涩，造成一般读者读诗时的“视境中断”，如坠五里云中。读陈师道诗的困难，不在于找到典故的出处，而在于如何在那些毫不相干的典故中找出潜藏的意义关系来，如何在欲说还休的羞涩中去体会

---

① 《后山诗注》卷三。
② 同上卷二。

“十成”语意与“正位”诗旨。“万人丛中一人晓”，这“一人”就是与诗人文化层次相对应的读者，他熟悉典故，精通禅法，领悟诗人的写作技巧。在这样的读者眼里，“丛林活句”的运用使诗歌具有极大的“张力”，于是，生硬变成了耐嚼，深藏变成了含蓄，中断的视境得到了连续的延伸。

黄庭坚也在寻求着同样的读者，“丛林活句”在黄诗中同样随处可见。如《次韵刘景文登邺王台见思五首》其五：“公诗如美色，未嫁已倾城。嫁作荡子妇，寒衣泣到明。”将诗比作美女，美女出嫁为荡子妇，于是有了离别，有了寒衣之泣。而这几句的诗意正如任渊所说：“言其中年之诗多哀伤也。”①迂回包抄，没有半句正面描写，而刘诗怀才不遇的忧伤而优美的风格自然暗示出来了。又如《次韵高子勉十首》其四最后两句：“寒炉余几火，灰里拨阴、何。”任渊注：“言作诗当深思苦求，方与古人相见也。”②“寒炉拨火”的故事见于《景德传灯录》卷九《沩山灵祐禅师》：“百丈云：‘汝拨炉中有火否？’师拨云：‘无火。’百丈躬起，深拨，得少火，举以示之云：‘此不是火？’师发悟礼谢。”灵祐所悟的是，参禅学道，不能浅尝辄止，作诗自然与之相通。“灰里拨阴、何”其实就是杜甫所云“颇学阴、何苦用心”③，黄庭坚勉励高荷应像禅家灰里拨火一样去深研细读，学习到阴铿、何逊诗法的精髓。由于黄庭坚用禅宗绕路说禅的方式改造了杜诗原句正面表达的意思，因而诗意隐晦，以致于使人误解其意，竟作出这样的解释：“‘灰里拨阴、何’的意思是说，高子勉在严寒之中拨火使燃，脑子里则构思着新的诗作，如阴铿、何逊水平

---

① 《山谷诗集注》卷一。

② 同上卷一五。

③ 《分门集注杜工部诗》卷一六《解闷五首》其四，《四部丛刊》本。

的不朽诗篇，将在拨灰的同时产生。”[①]这种解释就是坐实“寒炉余几火”的字面意义而“参死句”。由此可见，对黄诗本身，也得用灰里寻火的耐心去精研细读，才能拨开其表层语义或言内之意的纱罩，窥见其深层语义或言外之意的本来面目。正因如此，宋人才常把读黄、陈诗比作参禅或参曹洞下禅。

应该承认，种种“绕路说禅”的方法引进宋诗创作以后，多少丰富了宋诗的修辞技巧，扩展了宋诗的表现方法，并给富于理性精神的宋诗人和读者带来几分机智的想象力。不过，宋人有时未免“绕路”太远，特别是黄、陈等人的诗，侧笔、僻典、隐语、廋词等用得过多，语言不够透明，缺乏审美的直接性，让人有“雾里看花，终隔一层”的感觉。尤其是当两宋禅文化语境逐渐消失之后，这种表达方式更易丧失大量的读者。正如钱锺书先生指出的那样：“假如读《山谷集》好像听异乡人讲他们的方言，听他们讲得滔滔滚滚，只是不大懂，那末读《后山集》就仿佛口吃的人或病得一丝两气的人说话，瞧着他满肚子的话说不畅快，替他干着急。”[②]

## 四　翻案法：语言点化与意义翻转

经历了唐诗数百年的繁荣，中国古典诗歌的各种体裁已经定型，题材也几乎写尽，诗坛上到处都留下唐人的行迹，要完全做到“莫向如来行处行”谈何容易。倘若宋诗人如孟浩然那样“一味妙悟”，当然不会去管是否与“如来”撞车，但偏偏大多数宋诗人（尤以王、苏、黄、陈为典型）是学富五车的书蠹，能看出“世间好语言，已

① 《宋诗鉴赏辞典》第558页，上海辞书出版社，1987年。
② 《宋诗选注》第116页，人民文学出版社，1979年。

被老杜道尽；世间俗言语，已被乐天道尽”[①]，“老杜作诗，退之作文，无一字无来处”[②]。对宋代诗歌困境的清醒认识，迫使宋人只能在“如来行处”另谋出路，而禅宗典籍中常见的“翻案法”，无疑提供了超越前人的最理想的途径。

禅宗否定外在的权威，突出本心的地位，以“疑情”为参禅的基本条件，以唱反调为顿悟自性的重要标志，“即心即佛”可翻作“非心非佛”，破关斩壁，转凡入圣，都需要有点“翻案”精神，所谓“百丈竿头须进步”，所谓“转身一句”（临济宗十三种句之一），无非都是这个意思。六祖慧能不仅是南宗禅的开山祖师，也是禅宗“翻案法”的创始人。《坛经》中慧能翻神秀、卧轮之偈，后来屡为禅师们仿效。清人梁章钜云：

> 诗文一诀，有翻进一层法，禅家之书亦有之，即所谓机锋也。神秀偈云：“身是菩提树，心如明镜台。时时勤拂拭，莫使惹尘埃。”六祖翻之云：“菩提本无树，明镜亦非台。本来无一物，何处著尘埃？”卧轮偈云：“卧轮有伎俩，能断百思想。对境心不起，菩提日日长。”六祖翻之云：“惠能没伎俩，不断百思想。对境心数起，菩提作么长。”庞居士偈云：“有男不婚，有女不嫁。大家团圞头，共说无生话。”后有杨无为翻之云：“男大须婚，女大须嫁。讨甚闲工夫，更说无生话。”海印复翻之云：“我无男婚，亦无女嫁。困来便打眠，管甚无生话。”后之主席者，多举此案相示。[③]

---

① 《苕溪渔隐丛话前集》卷一四引《陈辅之诗话》载王安石语。
② 《豫章黄先生文集》卷一九《答洪驹父书》。
③ 《浪迹丛谈》卷一〇《禅语翻进一层》，中华书局排印本，1981年。

同一话题，大家翻来覆去，各抒新见，足见禅师居士们好立异说的习气。正话反说，旧话翻新，常成为禅师们表现个性、不拘成说的特有方式。这在禅家称之为“死蛇弄活”、“点铁成金”，而在诗家则称之为“以故为新”、“文章活法”。

尽管杜甫被江西诗派视为“诗家初祖”①，也曾有翻案为诗的实例，但是诗家翻案法的真正大规模使用却是始自王安石、苏轼、黄庭坚、陈师道等精通禅学的诗人。而“翻案法”这一术语的提出，首见于杨万里的《诚斋诗话》，包括杜甫的创作，只是通过杨氏的分析总结，才被视为“翻案”的典型。如杨万里评杜甫《九日》诗“羞将短发还吹帽，笑倩旁人为正冠”一联：“将一事翻腾作一联，又孟嘉以落帽为风流，少陵以不落为风流，翻尽古人公案，最为妙法。”②而所谓“翻尽古人公案”之说，明显是借用禅宗的说法。宋末元初的江西诗派诗人方回更明确认为诗家“翻案法”出自禅宗，他在《名僧诗话序》中指出：“北宗以树以镜为譬，而曰‘时时勤拂拭，不使惹尘埃’；南宗谓‘本来无一物，自不惹尘埃’，高矣。后之善为诗者，皆祖此意，谓为翻案法。”③又在《碧岩录序》中重申：“自《四十二章经》入中国，始知有佛；自达摩至六祖传衣，始有言句。曰‘本来无一物’为南宗，曰‘时时勤拂拭’为北宗。于是有禅宗颂古行世。其徒有翻案法，呵佛骂祖，无所不为。间有深得吾诗家活法者。”④诗家的“翻案法”与禅宗的“翻案法”不仅有语言形式及思维方式上的相似性，而且还有事实上的亲缘关系和影响实例。

正如方回所指出的那样，“翻案法”是禅宗颂古所采用的重要方

① 见《茶山集》卷七《李商叟秀才求斋名于王元渤，以养源名之，求诗》。
② 《诚斋诗话》，《历代诗话续编》本。
③ 《桐江集》卷一，《宛委别藏》本。
④ 《碧岩录》卷首附。

式。如临济宗风穴延沼禅师有颂曰："五白猫儿爪距狞，养来堂上绝虫行。分明上树安身法，切忌遗言许外甥。"其七世法孙惠洪以颂发明曰："五白猫儿无缝罅，等闲抛出令人怕。翻身跳掷百千般，冷地看他成话霸。如今也解弄些些，从渠欢喜从渠骂。却笑树头老舅翁，只能上树不能下。"[①] 惠洪之颂最后两句就是翻案，风穴所颂为"上树安身法"，喻调养心性，而惠洪则翻进一层，谓"上树安身"尚有拘碍，须达到"能上能下"的境界方是解脱。又如前引梁章钜所举杨无为（杨杰）以"男大须婚"四句仿改庞蕴居士"有男不婚"四句，也可谓"翻尽古人公案"[②]。杨杰是云门宗雪窦重显的法孙，也是苏轼的好友，苏轼曾称赞他"高怀却有云门兴，好句真传雪窦风"[③]。雪窦有《春日示众》诗二首，其一云："门外春将半，闲华处处开。山童不用折，幽鸟自衔来。"其二云："门外春将半，闲华处处开。山童曾折后，幽鸟不衔来。"[④] 第二首仅易三字，就完全翻了第一首的案。杨杰翻庞蕴偈的方式，与此如出一辙。所谓"好句真传雪窦风"，当亦包括翻案法在内。又如本权禅师的一则公案：

> 上堂，举寒山偈曰："'吾心似秋月，碧潭澄皎洁。无物堪比伦，教我如何说？'老僧即不然：'吾心似灯笼，点火内外红。有物堪比伦，来朝日出东。'"传者以为笑。死心和尚见之叹曰："权兄提唱若此，诚不负先师所付嘱也。"[⑤]

本权禅师为黄庭坚的同门师兄，晦堂祖心禅师曾教黄庭坚与之语。

---

① 见《罗湖野录》卷上。
② 案：杨杰偈见于《五灯会元》卷一六《侍郎杨杰居士》。
③ 《苏轼诗集》卷三二《再和并答杨次公》。
④ 《明觉禅师语录》卷六，《大正藏》第四十七卷。
⑤ 《续传灯录》卷二二《漳州保福本权禅师》，《大正藏》第五十一卷。

可见黄氏对他这则公案非常熟悉。而本权之偈显然是对寒山偈的翻案，其形式正如慧能翻神秀、卧轮之偈。顺便说，有的学者推测本权这种以诗对诗的形式是受了曹山本寂《对寒山子诗》的影响[①]，似求之过深。因为《对寒山子诗》的原貌已无法窥见，而慧能之偈不仅具载于各种禅籍，而且是最权威的范本，作为临济宗门徒的本权似不必非读曹洞宗的《对寒山诗注》不可，才知道以诗对诗的方式。

值得注意的是，苏、黄诸公不仅非常熟悉禅宗偈颂的"翻案法"，而且在自己的偈颂中也亲自尝试过这种手段。例如，苏轼曾作过一篇《代黄檗答子由颂》:"子由问黄檗长老疾云:'五蕴皆非四大空，身心河岳尽圆融。病根何处容他住？日夜还将药石攻。'不知黄檗如何答？东坡代老僧云:'有病宜须药石攻，寒时火烛热时风。病根既是无容处，药石还同四大空。'"[②]这虽是游戏之作，但使用的却是典型的禅家翻案法。苏辙（子由）之偈主张以药石攻病根，苏轼则进一步从般若空观出发，认为药石病根都属空无，否定得更彻底。黄庭坚也有类似的尝试，如《戏效禅月作远公咏》:"远法师居庐山下，持律精苦，过中不受蜜汤，而作诗换酒饮陶彭泽；送客无贵贱，不过虎溪，而与陆道士行过虎溪数百步，大笑而别。故禅月（贯休）作诗云:'爱陶长官醉兀兀，送陆道士行迟迟。买酒过溪皆破戒，斯何人斯师如斯？'故效之:'邀陶渊明把酒碗，送陆修静过虎溪。胸次九流清似镜，人间万事醉如泥。'"[③]这首诗名为效禅月之作，实际上是翻禅月之案。禅月以为破戒之事，在黄庭坚看来正是禅的真谛之所在，即心性修养不妨亦真亦俗。就以上两例来看，苏、黄的翻案，

---

① 见张伯伟:《禅与诗学》第87、246页。
② 《苏轼文集》卷二〇。
③ 《山谷诗集注》卷一七。

都各自表现了自己独立的思想，即我在前面所论二人分别持有的梦幻与真如的禅学思想。

宋诗中“翻案法”的流行其内在动因在于文学自身强烈的创新求变的需要，外在动因在于该时代思想界、学术界的怀疑与开拓精神的影响，而其较直接的契机则在于禅门公案偈颂的启示。可以说，由参禅而接受的起疑情、唱反调的翻案精神已成为宋代士大夫的一种思维定式，并自觉或不自觉地移植到文学创作和其它学术活动中。这体现在宋人对前辈典刑、文化资源并非盲目崇拜、无条件接收，而是批判地继承，辩证地扬弃。“拗相公”王安石在政治、学术和文学方面的表现，把翻案精神推向了极端。仅就其文学创作而言，他就处处和古人定论、世俗成见相对立，著名的如《读孟尝君传》，辨孟尝君为不得士[①]；《商鞅》赞商鞅一诺千金，能令政行[②]；《贾生》谓贾谊之言尽得施行，未为不遇[③]；《明妃曲》言“意态由来画不成，当时枉杀毛延寿”[④]；均一反传统观点。而有的作品，直接就古人诗句翻案而来，如《钟山即事》“一鸟不鸣山更幽”[⑤]，由南朝诗人王籍《入若邪溪诗》“蝉噪道愈静，鸟鸣山更幽”句意化出[⑥]；《梅花》“遥知不是雪，为有暗香来”[⑦]，从南朝诗人苏子卿《梅花落》诗“只言花似雪，不悟有香来”句意翻转[⑧]；《登飞来峰》“不畏浮云遮望眼，自缘身在最高层”[⑨]，反用李白《登金陵凤凰台》“总为浮云能蔽日，长安

---

① 《临川先生文集》卷七一。
② 同上卷三二。
③ 同上。
④ 同上卷四。
⑤ 同上卷三〇。
⑥ 见逯钦立辑《先秦汉魏晋南北朝诗》下册《梁诗》卷一七，中华书局，1983年。
⑦ 《临川先生文集》卷二六。
⑧ 见郭茂倩编：《乐府诗集》卷二四《横吹曲辞》四，中华书局，1979年。
⑨ 《临川先生文集》卷三四。

不见使人愁”[①]；《乌江亭》“江东子弟今虽在，肯为君王卷土来”[②]，反用杜牧《题乌江亭》“江东子弟多才俊，卷土重来未可知”[③]；其形式更接近禅宗的翻案法。

如果说王安石的翻案多少体现了他政治家的眼光以及执拗倔强的性格的话，那么，苏、黄的翻案则更多地带着矜才斗学、游戏三昧的聪明和幽默。试以杨万里《诚斋诗话》所总结的苏、黄的翻案法为例：

> 诗家用古人语，而不用其意，最为妙法。如山谷《猩猩毛笔》是也。猩猩喜著屐，故用阮孚事。其毛作笔，用之抄书，故用惠施事。二事皆借人事以咏物，初非猩猩毛笔事也。《左传》云："深山大泽，实生龙蛇。"而山谷《中秋月》诗云："寒藤老木被光景，深山大泽皆龙蛇。"《周礼·考工记》云："车人盖圜以象天，轸方以象地。"而山谷云："大夫要宏毅，天地为盖轸。"《孟子》云："《武成》取二三策。"而山谷称东坡云："平生五车书，未吐二三策。"孔子、程子相见倾盖，邹阳云："倾盖如故。"孙侔与东坡不相识，乃以诗寄坡，坡和云："与君盖亦不须倾。"刘宽责吏，以蒲为鞭，宽厚至矣。东坡诗云："有鞭不使安用蒲？"老杜有诗云："忽忆往时秋井塌，古人白骨生青苔，如何不饮令心哀。"东坡则云："何须更待秋井塌，见人白骨方衔杯。"此皆翻案法也。

这里的翻案法可分为两种类型：一种可称为“反用故事法”，指就

---

① 见瞿蜕园、朱金城：《李白集校注》卷二一，上海古籍出版社排印本，1980年。
② 《临川先生文集》卷三三。
③ 见《全唐诗》卷五二三。

古书中的故事或有出处的词语，采用逆向语势或否定语势，转换出新的思想境界，如黄庭坚的“天地为盖轸”点化“车人盖圜以象天，轸方以象地”（即盖轸为天地），就使用逆向语势；而黄庭坚的“未吐二三策”点化“取二三策”、苏轼的“盖亦不须倾”点化“倾盖如故”、“有鞭不使安用蒲”点化“以蒲为鞭”，均采用否定语势。另一种可称为“反用诗句法”，特指翻转或否定前人或他人的诗句，展示自己的新见解，如苏轼就杜甫“忽忆往时秋井塌”的诗意，在前面加上“何须”二字否定，意义就比杜诗翻进了一层。以上两种类型，可分为用事类的翻案和沿袭类的翻案[①]。

在宋代禅悦之风盛行之前，诗人也有运用“翻案法”作诗者，但一是规模不大，二是集中于“反用故事法”。如严有翼《艺苑雌黄》云：“文人用故事，有直用其事者，有反其意而用之者。元之（王禹偁）谪守黄冈，谢表云：‘宣室鬼神之问，岂望生还；茂陵封禅之书，惟期死后。’此一联每为人所称道，然皆直用贾谊、相如之事耳。李义山诗：‘可怜夜半虚前席，不问苍生问鬼神。’虽说贾谊，然反其意而用之矣。”[②]相对而言，“反用故事法”主要体现为构思的新颖，虽与禅宗翻案法在思维方式上有相似性，但尚难见出语言形式上的直接摹仿。而在宋代禅悦之风盛行之后，诗人的“翻案”更富有特点的是“反用诗句法”，不仅是为了使构思新颖，而且是有意识立异于前人或他人。换言之，“反用故事法”是把典故当作使诗歌意新语奇的材料，而“反用诗句法”则是把前人或他人当作竞赛的对手、超越的对象。而后者不仅与禅宗翻案法在思维方式上有相似性，而且在语言形式上也可见出明显的摹仿痕迹。禅宗的起疑情、唱反调一般都是以一则公案、一个话头或一首偈颂为对象，这与宋诗人

① 在魏庆之《诗人玉屑》中，“用事”和“沿袭”是不同的概念，分属不同的类目。
② 《苕溪渔隐丛话后集》卷一九引。

翻案以一首前人或他人的作品为对象如出一辙。

韩驹《代妓送葛亚卿》曰："刘郎底事去匆匆，花有深情只暂红。弱质未应贪结子，细思须恨五更风。"① 诗中的最后两句是从唐代王建《宫词》最后两句"自是桃花贪结子，错教人恨五更风"化出②。几个字的易换诗意完全不同，这是对前人诗的反其意而用之。黄庭坚有一首《睡鸭》诗："山鸡照影空自爱，孤鸾舞镜不作双。天下真成长会合，两凫相倚睡秋江。"整首诗脱胎于南朝徐陵《鸳鸯赋》中的四句："山鸡映水那相得，孤鸾照镜不成双。天下真成长会合，无胜比翼两鸳鸯。"任渊注曰："山谷非蹈袭者，以徐语弱，故为点窜，以示学者尔。至其末语，用意尤深，非徐所及。……如临淮王用郭汾阳部曲，一经号令，气色益精明云。"③ 虽然黄庭坚的点窜未采用否定语势，但实际上也是将徐赋翻进一层，象征爱情的鸳鸯换作象征江湖之志的两凫，诗的境界由俗变雅。这种点窜改字的作风我们在禅籍中常常能见到，试看《祖堂集》中的两个例子：

> 师（雪峰义存）共双峰行脚游天台，过石桥，双峰造偈："学道修行力未充，莫将此身险中行。自从过得石桥后，即此浮生是再生。"师和："学道修行力未充，须将此身险中行。自从过得石桥后，即此浮生不再生。"④
>
> 洞山问（龙牙居遁）："阇梨名什么？"对云："玄机。""作么生是玄底机？"又无对。洞山放三日，无对。师因此造偈："学道蒙师指却闲，无中有路隐人间。时人尽讲千经论，一句临时下

① 吴开：《优古堂诗话》引《陈辅之诗话》载韩驹诗，《历代诗话续编》本。
② 《全唐诗》卷三〇二王建《宫词一百首》其九十。
③ 《山谷诗集注》卷七。
④ 《祖堂集》卷七《雪峰和尚》。

口难。”洞山改末后语云:“一句教伊下口难。”[①]

改动点窜两三字以示学者，乃是禅师最常用的以偈颂传教的方法，即所谓“还丹一粒，点铁成金；至理一言，点凡成圣”。而在宋代，我们还能看到禅师点化士大夫诗颂的故事。据释晓莹记述，绍兴年间，一士人到焦山风月亭，题诗一首:“风来松顶清难立，月到波心淡欲沉。会得松风元物外，始知江月似吾心。”此诗显然受般若空观影响。月庵果禅师行脚到此，读后曰:“诗好则好，只是无眼目。”因而改后两句为:“会得松风非物外，始知江月即吾心。”使之符合“唯识无境”的教义:“松风”不是“物外”，与“江月”一样，乃是“吾心”。晓莹据此认为，诗眼需要佛眼点化，始能提高意境[②]。这是禅家翻案的立足点。韩驹和黄庭坚对前人诗句的点化翻改，很可能受禅师传教方法的启示，至少二者在形式上相当接近；而韩、黄论诗，都强调“法眼”或“正法眼”，视之为诗家一切活法（包括翻案法）的立足点，这一点也与禅宗完全相同。

正如禅师改动师友的偈颂一样，宋人也常常直接反仿同时代人（包括师友）的作品，如陈师道《丞相温公挽词三首》其三云:“一为天下恸，不敢爱吾庐。”据任渊注:“东坡祭欧公文曰:‘盖上为天下恸，而下以哭其私。’此反而用之，言不复哭吾之私也。”[③]曾幾（茶山先生）云:“徐师川（俯）拟荆公‘细数落花因坐久，缓寻芳草得归迟’云:‘细落李花那可数，偶行芳草步因迟。’初不解其意，久乃得之。盖师川专师陶渊明者也。渊明之诗皆适然寓意而不留于物，如‘悠然见南山’，东坡所以知其决非‘望南山’也。今云‘细数落

① 《祖堂集》卷九《龙牙和尚》。
② 见《云卧纪谭》卷下。
③ 《后山诗注》卷一。

花’、‘缓寻芳草’，留意甚矣，故易之。”[①]又如苏轼《泗州僧伽塔》诗云：“至人无心何厚薄，我自怀私欣所便。耕田欲雨刈欲晴，去得顺风来者怨。若使人人祷辄遂，造物应须日千变。”[②]黄庭坚《宫亭湖》诗却云：“左手作圆右手方，世人机敏便可尔。一风分送南北舟，斟酌鬼神宜有此。”[③]苏轼认为造物者不可能满足人们不同的愿望，黄庭坚则以世上机敏的人能左手画圆右手画方为例，说明鬼神（造物者）完全有分风送船行、满足不同愿望的能力。又如江西诗派诗人李彭云：“学诗如食蜜，甘芳无中边。”[④]另一江西诗派诗人谢邁则云：“浅诗如蜜甜，中边本无二。好诗初无奇，把玩久弥丽。有如庵摩勒，苦尽得甘味。”[⑤]二人均用《四十二章经》之典，所喻却正好相反。这种师友之间的翻案，充分体现了宋人的怀疑精神和独立自主意识，翻案的结果，不断产生新思想，开拓新境界，诗人的个性也由此得到展现。

南宋俞成云：“文章一技，要自有活法。若胶古人之陈迹，而不能点化其句语，此乃谓之死法。死法专祖蹈袭，则不能生于吾言之外；活法夺胎换骨，则不能毙于吾言之内。毙吾言者，故为死法；生吾言者，故为活法。”[⑥]事实上，翻案法无疑是“夺胎换骨”中的“向上一路”，最易与专祖蹈袭的“死法”区别开来，它既体现了对前人作品的重视和学习，又显示出超越前人的创新意识，前人的遗产是孕育自己思想灵魂的躯壳，自己的创作构思因踏在前人的肩上而起点更高。宋人对此有清醒的认识，如胡仔曰：“太白云：‘解道澄

① 见陆游：《老学庵笔记》卷四，中华书局排印本，1979年。

② 《苏轼诗集》卷六。

③ 《山谷外集诗注》卷一三。

④ 《日涉园集》卷二《谢灵运诗云：“中为天地物，今成鄙夫有。”取以为韵，遣兴作十章兼寄云叟》其三。

⑤ 《谢幼槃文集》卷一《读吕居仁诗》。

⑥ 《萤雪丛说》卷一《文章活法》，《儒学警悟》本。

江静如练，令人还忆谢元晖。’至鲁直则云：‘凭谁说与谢元晖，休道澄江静如练。’王文海云：‘鸟鸣山更幽。’至介甫则曰：‘茅簷相对坐终日，一鸟不鸣山更幽。’皆反其意而用之，盖不欲沿袭之耳。”[①]显然，在宋人眼里，翻案法是避免“夺胎换骨”流于沿袭的有效手段。

在宋代文学领域，尤其是诗歌领域，翻案意识是贯穿于各类题材作品中的重要创作思潮，在咏史、咏物、题画、讽谕、抒怀等各类诗中，均能找出大量的翻案实例[②]，以致成为宋诗的重要特色之一。当然，宋诗好翻案有各种复杂的原因，然而，禅宗呵佛骂祖的精神，尤其是偈颂点铁成金的形式，无疑是宋诗翻案风形成的最直接的催化剂。

## 五　以俗为雅：禅籍俗语言对宋诗的启示与渗透

在宋代诗学中有句流传甚广的口号，即“以俗为雅”。首先提出“以俗为雅”的是苏轼和黄庭坚。苏轼《题柳子厚诗》云：“诗须要有为而作，用事当以故为新，以俗为雅。好奇务新，乃诗之病。柳子厚晚年诗极似陶渊明，知诗病者也。”[③]黄庭坚《再次韵（杨明叔）·引》云：“盖以俗为雅，以故为新，百战百胜，如孙、吴之兵；棘端可以破镞，如甘蝇、飞卫之射。此诗人之奇也。”[④]黄庭坚此诗作于绍圣四年（1097），苏轼此跋无准确编年，但他喜好陶、柳诗是晚年南

---

① 《苕溪渔隐丛话后集》卷四。
② 参见张高评：《宋诗之传承与开拓》上篇《宋代翻案诗之传承与开拓》，台北文史哲出版社，1990年。
③ 《苏轼文集》卷六七。
④ 《山谷诗集注》卷一二。

迁之后的事，所以此跋亦当作于绍圣年间[①]。也就是说，苏、黄二人几乎是在同时提出“以俗为雅”之说，这是他们晚年的定论。此外，陈师道《后山诗话》载：“闽士有好诗者，不用陈语常谈，写投梅圣俞。答书曰：‘子诗诚工，但未能以故为新、以俗为雅尔。’”[②]梅尧臣是否真说过此话，尚无确证。即使“以俗为雅”首先由梅尧臣提出，但以前一直无人提及，直到陈师道才首次载于诗话。而陈师道的《后山诗话》也大约作于绍圣前后。由此可见，“以俗为雅”最早见于（现存）文献乃在绍圣年间，而提及或转述此说的三位诗人正好是“元祐体”的代表作家以及“以文字为诗”的倡导者和实践者，同时也是佛禅的爱好者甚至佛门居士。因此，我们有理由把“以俗为雅”视为同时代禅悦之风影响的产物。

所谓“以俗为雅”，包括诗歌的题材和语言两方面。题材的“以俗为雅”显然与生活态度和审美态度的世俗化有关，这一点与禅宗将印度佛教的宗教精神世俗化相类似。禅宗的实践观是自证自悟，尤其是马祖道一主张“平常心是道”，认为禅悟产生于日常的穿衣吃饭、屙屎送尿之中，更成为宗门的基本生活态度。与此相联系，禅宗公案千百条，多举日用之事。尽管北宋禅宗日益士大夫化，但这种日用的宗教实践观丝毫未受冲击，反而渗透入士大夫的生活态度中。宋代士大夫无论是阅读公案，还是与禅僧交游，都会接触到这种观念。如佛印了元禅师写信给苏轼说：佛法“在行住坐卧处，着衣吃饭处，屙屎撒溺处，没理没会处，死活不得处”[③]。而苏轼在《跋王氏华严经解》中所说“一念清净，墙壁瓦砾皆说无上法”[④]，显然

---

① 参见莫砺锋：《论宋诗的“以俗为雅”及其文化背景》，《国际宋代文化研讨会论文集》，四川大学出版社，1991年。

② 《苕溪渔隐丛话前集》卷二六引。

③ 见《全宋文》卷一七三九释了元《与苏轼书》。

④ 《苏轼文集》卷六六。

有得于此。黄庭坚也有同样的思想，其《题意可诗后》云："若以法眼观，无俗不真；若以世眼观，无真不俗。"①也认为"俗"与"真"的区别在于一种观照态度，以禅家的眼光去观察世俗之事，佛法之真谛无所不在。所以黄庭坚曾戏言："诗者，矢也，上则为诗下则矢。"②这种观照态度自然会将俚俗的素材提升改造为高雅的诗材。

至于宋诗语言的"以俗为雅"，则更是受到禅宗典籍通俗活泼语言风格的直接启示。从汉魏六朝到隋唐五代，除了杜甫等少数人之外，诗人是不允许俗字俚语入诗的。唐人刘禹锡重阳日作诗不敢用俚俗的"餻"字，因为儒家六经无此字。③这在唐代是很典型的。但到了宋代，人们就不再受这种观念的束缚，宋祁虽受西昆体影响很深，仍作诗嘲笑刘禹锡："刘郎不敢题餻字，虚负诗家一代豪。"④特别是到了北宋后期，俗字俚语公然入诗简直蔚成风气，而且在各种诗话中备受推崇。试看以下数则诗话：

> 王君玉谓人曰："诗家不妨间用俗语，尤见工夫。雪止未消者，俗谓之'待伴'。尝有雪诗：'待伴不禁鸳瓦冷，羞明常怯玉钩斜。'待伴、羞明皆俗语，而采拾入句，了无痕颣，此点瓦砾为黄金手也。"余谓非特此为然，东坡亦有之："避谤诗寻医，畏病酒入务。"又云："风来震泽帆初饱，雨入松江水渐肥。"寻医、入务、风饱、水肥，皆俗语也。又南人以饮酒为"软饱"，北人以昼寝为"黑甜"，故东坡云："三杯软饱后，一枕黑甜余。"此皆用俗语也。⑤

① 《豫章黄先生文集》卷二六。
② 《豫章先生遗文》卷五《杂论十三》。
③ 见韦绚:《刘宾客嘉话录》,台湾商务印书馆影印文渊阁《四库全书》本。
④ 宋祁:《景文集》卷二四《九日食餻》,《武英殿聚珍丛书》本。
⑤ 《西清诗话》。

世间故实小说，有可以入诗者，有不可以入诗者，惟东坡全不拣择，入手便用，如街谈巷说，鄙俚之言，一经坡手，似神仙点瓦砾为黄金，自有妙处。①

李端叔尝为余言："东坡云：'街谈市语，皆可入诗，但要人熔化耳。'"②

我们注意到，苏轼不仅在理论上首次打出"以俗为雅"的旗号，而且以其大胆的实践成为使用俗语的领路人。值得我们探讨的是，苏轼对方言俗语的喜好究竟基于一种什么样的语言环境和文化背景。

如前所述，刘禹锡不敢用"餻"字，是以儒家六经语言为标准。而在宋代，诗人已将禅宗典籍纳入自己的视野。禅宗典籍作为一种文献形式，已成为参禅士大夫的新经典，而禅宗典籍占主导地位的语言乃是俗语言。与公案多举日用事相对应，禅门多用方俗语，其意义正如我在本书第一章所说，是以一种农禅的话语系统来取代佛经教门的印度话语系统。虽然这种农禅话语系统因士大夫的话语（诗句）的入侵而稍丧本色，但士大夫话语进入农禅话语系统也不得不变形为通俗的诗偈。因此，当宋代士大夫阅读禅家公案时，首先引起他们注意的便是与儒家文言话语完全不同的白话口语。显然，这些白话口语为宋人超越汉魏六朝、隋唐五代不敢用"餻"字的诗人提供了最好的装备，同时也因禅宗典籍的新经典地位而为诗人自由拣择街谈巷说、鄙言俗语提供了理论上的借口。特别是禅语与俗语在语言性质上有诸多共通处，因而诗人在试用时可达到相同的目的。诚如韩驹所说："古人作诗多用方言，今人作诗复用禅语，盖是

① 朱弁：《风月堂诗话》卷上。
② 周紫芝：《竹坡诗话》。

厌陈旧而欲新好也。”[1] 韩驹所谓“今人”，当指元祐以后的诗人。由此可见，北宋后期诗歌用禅语与俗语入诗是同步的，而且禅语在某种程度上取代方言成为宋诗人追新求奇的语言材料。

宋诗受禅籍俗语言影响主要表现在两方面：一是采用禅宗语录中常见的俗语词汇，二是仿拟禅宗偈颂的语言风格。

晚唐五代禅宗语录出现，到两宋更是广为流传。宋人不仅编纂前辈大师的语录（包括灯录），而且记录编排同时代禅宗和尚的语要。这些语录采用了大量唐宋时期流行的方言俗语，并以其生动活泼的语言风格征服了包括辟佛的道学家在内的士大夫。正如清人江藩所说：“儒生辟佛，其来久矣，至宋儒辟之尤力。然禅门有语录，宋儒亦有语录；禅门语录用委巷语，宋儒语录亦用委巷语。夫既辟之，而又效之，何也？盖宋儒言心性，禅门亦言心性。其言相似，易于混同，儒者亦不自知而流入彼法矣。”[2] 的确，宋代士大夫在汲取禅宗精神内核的同时，也不知不觉地接受了禅宗语录的语言外壳。其实，精神和语言本来就有同一性，禅宗精神是一种农禅精神，因而只能栖居于农禅话语系统之中。不仅道学家如杨时、朱熹等人的语录全用白话，而且很多参禅的诗人也常引用或仿效禅宗语录的“委巷语”。

所谓“引用”，指直接以语录中常见的词汇入诗。如苏轼《次韵孔毅父集古人句见赠五首》其三云：“天下几人学杜甫，谁得其皮与其骨？”[3] “皮”、“骨”之喻本《景德传灯录》卷三《第二十八祖菩提达摩》。达摩欲返天竺，命门徒各言所得，谓道副曰：“汝得吾皮。”谓尼总持曰：“汝得吾肉。”谓道育曰：“汝得吾骨。”谓慧可曰：“汝得

---

① 《诗人玉屑》卷六引《室中语》。
② 江藩：《国朝宋学渊源记》附记，《四部备要》本。
③ 《苏轼诗集》卷二二。

吾髓。”而这首诗中的“前身子美只君是，信手拈得俱天成”句中的“信手拈得”四字，也是禅籍中极常见的词汇①。又如黄庭坚《题竹尊者轩》诗云：“百尺竿头放步行，更向脚跟参一节。”②两句都是宗门习用语，《景德传灯录》载长沙景岑禅师偈曰：“百丈竿头不动人，虽然得入未为真。百丈竿头须进步，十方世界是全身。”③又“脚跟”二字亦出自《景德传灯录》，玄沙师备禅师谓雪峰曰：“老和尚脚跟犹未点地。”④又“一节”二字也是宗门语，举前人一段谓之“一则”，也称“一节”⑤。黄诗用禅语双关竹子，甚有意趣。至于黄庭坚那些赠给禅师的作品，更是大量采用宗门灯录语，如《送昌上座归成都》中的“个是江南五味禅，更往参寻莫担板”；《赠花光老》中的“何似乾明能效古，渠知北斗里藏身”⑥，都属于应酬诗中的所谓“本地风光”，借禅语赠禅师，无足多论。引用宗门俗语最多的应算陈师道，与黄庭坚相比较，他更多地把禅语运用于其他题材的诗歌，试举若干则为例：

> “笔下倒倾三峡水，胸中别作一家春。”任渊注：“《传灯录》：僧问崇信曰：‘翠微迎罗汉意作么生？’师曰：‘别是一家春。’”⑦
>
> “我贫无一锥。”任渊注：“《传灯录·沩山传》：香岩颂曰：

---

① 如《碧岩录》卷一第七则《慧超问佛》：“于一毫头上透得，放大光明，七纵八横，于法自在自由，信手拈来，无有不是。”

② 《山谷诗集注》卷一六。

③ 《景德传灯录》卷一〇《湖南长沙景岑禅师》。

④ 同上卷一八《福州玄沙师备禅师》。

⑤ 参见《禅语辞书类聚》第3册《碧岩录不二钞》第33页，日本京都花园大学禅文化研究所印行。

⑥ 均见《山谷外集诗注》卷一七。

⑦ 《后山诗注》卷一《次韵答学者四首》其一。

‘去年贫，未是贫；今年贫，始是贫。去年贫，尚有卓锥之地，今年锥也无。’”①

“了知不是梦，忽忽心未稳。”任渊注：“雪峰禅师点胸云：‘某甲这里未稳在。’”②

“欲逃富贵疑无地，千丈竿头试手看。”任渊注：“《传灯录》长沙岑禅师偈曰：‘百丈竿头不动尘（人）……十方世界是全身。’又五洩山灵默禅师云：‘汝试下手看。’”③

“幸是可怜生。”任渊注：“《传灯录》：国忠师曰：‘幸自可怜生。’”④

“胜日着忙端取怪。”任渊注：“着忙，盖亦俗语。《僧宝传》：杨岐会禅师问僧曰：‘一喝两喝后作么生？’曰：‘看这老和尚着忙。’”⑤

“似闻药病已投机。”任渊注：“《传灯录》：伏牛禅师曰：‘非心非佛，是药病对治句。’又洞山崇教禅师云：‘言无展事，句不投机。承宗（言）者丧，滞句者迷。’”⑥

“石头路滑行能速。”任渊注：“《传灯录·道一禅师传》：邓隐峰辞师，师云：‘什么处去？’对云：‘石头去。’师云：‘石头路滑。’”⑦

“四大海水一口吞。”任渊注：“四大海水之语，佛经多有之。《传灯录》：马祖谓庞居士云：‘待汝一口吸尽西江水，即向

① 《后山诗注》卷一《答张文潜》。
② 同上卷二《示三子》。
③ 同上卷六《送杜择之》。
④ 同上《和黄预感秋》。
⑤ 同上《和魏衍同游阻风》。
⑥ 同上卷七《和黄预病起》。
⑦ 同上《送王元均贬衡州兼寄元龙二首》其一。

汝道。'"①

"复作骑驴不跨驴。"任渊注:"丛林谓参禅人有二病:一是骑驴觅驴,二是骑却驴不肯下。识得驴了,骑却不肯下,此一病更是难医,若解放下,方唤作无事道人。后山此句岂谓是耶?"②

"逢场作戏真呈拙。"任渊注:"《传灯录·马祖道一传》:邓隐峰辞师云:'石头去。'师云:'石头路滑。'对云:'竿木随身,逢场作戏。'"③

"可能略不解春意,只有寻枝摘叶人。"任渊注:"《传灯录》:僧问风穴云:'寻枝摘叶即不问,如何是直截根源?'"④

"截水无留影。"任渊注:"天衣怀禅师语曰:'譬如雁过长空,影沉寒水,雁无遗踪之意,水无涵影之心。'"⑤

"往来成一老,犹在半涂中。"任渊注:"雪窦颂云,'如今要是黄头老,刹刹尘尘在半涂。'"⑥

以上只是有关僧寺题材以外的作品中禅语的运用情况,至于僧寺题材中的禅语更是连篇累牍了。江西诗派的作品,大都有类似的情况,包括评论"今人作诗复好禅语"的韩驹,自己也未免此习。南宋杨万里、范成大那些通俗的诗篇,也从禅宗语录中受益不浅。比如杨万里《竹枝歌》有"须遣拖泥带水行"之句,"拖泥带水"四字就是禅宗灯录中常见的话头,承天惟简禅师曰:"师子翻身,拖泥带

① 《后山诗注》卷八《答黄生》。
② 同上卷九《骑驴二首》其二。
③ 同上卷一〇《再和寇十一二首》其二。
④ 同上《三月二十二日榴花盛开戏作绝句》。
⑤ 同上卷一一《雁二绝句》其二。
⑥ 同上《山口》。

水。”[①]又如范成大的《催租行》“聊复偿君草鞋费”中的“草鞋费”，最早也见于禅宗语录，南泉普愿禅师云：“浆水钱且置，草鞋钱教阿谁还？”[②]类似的例子还可举出很多。可见，以禅语入诗和以方俗语入诗之间确有一种对应关系，甚至有时就是一回事。

除了语录、灯录外，禅宗的偈颂也对宋诗的通俗化倾向有一定影响。张伯伟先生指出，宋代的论诗诗在形式和内容上都受到禅宗偈颂的影响[③]，这个看法很有道理。事实上，不仅论诗诗，宋代很多其他诗作也都与偈颂形式有关。在宋代几位“以文字为诗”的代表作家的诗集中，都很能发现一些直接从偈颂演化而来的作品。

所谓偈颂，最早见于佛经，是由印度佛经原典中的“伽陀”（诗颂）翻译而来。翻译之初，译者为了传播经典时便于口头宣讲，同时也限于自身的文化水平，于是有意采用了一种接近口语的文字，并按诗坛流行的诗歌形式，创造出这种似诗非诗的文体。由于偈颂具有通俗易懂、便于记诵的特点，因而比佛教经藏的其他任何部分都易于为以下层农民为主的禅宗队伍所接受。由于佛经中的偈颂受原典文体及翻译水平的限制，往往佶屈聱牙，所以唐代的禅师进一步使之与诗歌相结合，改造成更为押韵顺口的诗偈。尽管禅偈逐渐具有诗的形式和韵律，并出现一部分追求辞藻和意境的作品，但从整体上看，由于禅偈是用来说教示悟、阐明禅理的，与诗的功能不同，所以，无论晚唐以后直到宋代的禅偈如何日趋精美，日益诗化，那些保持着佛典偈颂通俗语言风格的禅偈仍被视为真正具有“禅家本色”，它那种因机致教、贵在简捷、不假雕饰的作风，仍常

① 《五灯会元》卷一五《承天惟简禅师》。
② 《景德传灯录》卷八《池州南泉普愿禅师》。
③ 张伯伟：《禅与诗学》第75—85页。

为参禅者所仿效，并引起习禅诗人的兴趣。在唐代白居易的诗中，已能见到一些类似禅偈的作品，但总体而言，唐代诗人并未对偈颂真正发生兴趣，历经五代直到北宋中叶，这个情况都没有发生多大变化。而在熙宁禅悦之风大盛之后，仿禅偈为诗蔚然成风，特别是汾阳善昭禅师创立的颂古，经雪窦重显禅师的提倡风行丛林后，对士大夫的影响更大，"参雪窦下禅"已成为舞文弄墨的诗人的重要取向，而参雪窦禅的重要本领就是要会作颂古。总之，北宋后期很多诗人都对偈颂这一文体产生了浓厚的兴趣，并作出不少仿拟和改造的尝试。试以王安石、苏轼、黄庭坚三人的作品为例：

我行天即雨，我止雨还住。雨岂为我行，邂逅与相遇。

寒时暖处坐，热时凉处行。众生不异佛，佛即是众生。①

一切法无差，水牛生象牙。莫将无量义，欲觅妙莲华。②

月入千江体不分，道人非复世间人。钟山南北安禅地，香火他时供两身。③

眼前扰扰黑蚍蜉，口角霏霏白唾珠。要识吾师无碍处，试将烧却看瞋无。

眼睛心地两虚圆，胁不沾床二十年。谁信吾师非不睡，睡蛇已死得安眠。④

石龙有口口无根，自在流泉谁吐吞？若信众生本无垢，此泉何处觅寒温？⑤

---

① 《王荆文公诗李壁注》卷四《题半山寺壁二首》。

② 同上卷四〇《题徐浩书法华经》。

③ 同上卷四三《记梦》。

④ 《苏轼诗集》卷二二《子由作二颂颂石台长老问公……予亦作二首》。

⑤ 同上卷二三《余过温泉，壁上有诗云："直待众生总无垢，我方清冷混常流。"问人，云："长老可遵作。"遵已退居圆通。亦作一绝》。

溪声便是广长舌，山色岂非清净身。夜来八万四千偈，他日如何举似人。①

斫得龙光竹两竿，持归岭北万人看。竹中一滴曹溪水，涨起西江十八滩。②

富贵何时润髑髅，守钱奴与抱官囚。太医诊得人间病，安乐延年万事休。

无求不着看人面，有酒可以留人嬉。欲知四休安乐法，听取山谷老人诗。

一病能恼安乐性，四病长作一生愁。借问四休何所好？不令一点上眉头。③

五贼追奔十二宫，白头寒士黑头公。明朝一饭先书籍，安用研桑作老翁。

万般尽被鬼神戏，看取人间傀儡棚。烦恼自无安脚处，从他鼓笛弄浮生。④

迷时今日如前日，悟后今年似去年。随食随衣随事办，谁知佛印祖师禅。⑤

以上这类似诗似偈的作品在王、苏、黄诗集中还能找出不少，这些当然算不上好诗，但偈颂以形象说理的写作手法和通俗简朴的语言风格无疑也给他们带来一些积极的影响，因此，在他们的作品中也可以发现一些既具偈颂风格又富有诗意的佳作，如王安石的《即事二首》:“云从钟山起，却入钟山去。借问山中人，云今在

① 《苏轼诗集》卷二三《赠东林总长老》。
② 同上卷四五《东坡居士过龙光留一偈》。
③ 《山谷诗集注》卷一九《四休居士诗》。
④ 《山谷外集诗注》卷一三《题前定录赠李伯牖》。
⑤ 《山谷别集诗注》卷下《杂诗》。

何处？”“云从无心来，还向无心去。无心无处寻，莫觅无心处。”[①] 苏轼的《题西林壁》：“横看成岭侧成峰，远近高低总不同。不识庐山真面目，只缘身在此山中。”[②] 又《题沈君琴》：“若言琴上有琴声，放在匣中何不鸣？若言声在指头上，何不于君指上听？”[③] 黄庭坚的《题王居士所藏王友画桃杏花二首》其一：“凌云一笑见桃花，三十年来始到家。从此春风春雨后，乱随流水到天涯。”[④]这些诗或说理深刻，或禅趣盎然，或感慨深沉，吸取了禅偈的长处。如黄庭坚的诗显然脱胎于灵云志勤禅师见桃花而悟道所作之偈：“三十年来寻剑客，几逢落叶几抽枝。自从一见桃花后，直至如今更不疑。”[⑤] 而黄诗中的“从此春风春雨后”两句，既表现出一种任运随缘的人生态度，又包含着一种谪居天涯的沦落之感，其浓郁的诗情显然非志勤禅师偈所可比。

值得注意的是，王梵志和寒山、拾得的诗，也受到宋人的推崇，无论是禅僧还是居士，都表现出对王梵志和寒山、拾得的浓厚兴趣。王梵志的诗最早大量借鉴偈颂的形式，大约是为了更好地向下层平民宣传佛教思想，用偈颂的通俗来改造诗的表达方式。他的诗大胆泼辣，平易通俗，很容易为民众所接受。如敦煌写本《佛书》一则：“经云：‘此身危脆，等秋露朝悬。命若浮云，须臾散灭。’故王梵志诗云：‘此身如馆舍，命似寄宿客。客去馆舍空，知是谁家宅？’又云：‘人是无常身。’”（伯3021）王梵志的诗显然是佛经文字更通俗易懂的形象化的表述。后来禅师们向大众说法，常引用王梵志诗，如范摅的《云溪友议·蜀僧喻》下记载，南泉普愿

① 《王荆文公诗李壁注》卷四。
② 《苏轼诗集》卷二三。
③ 同上卷四七。
④ 《山谷外集诗注》卷一七。
⑤ 见《景德传灯录》卷一一《福州灵云志勤禅师》。

禅师的嗣孙玄朗上人，“或遇高才上智者，则论六度迷津，三明启道，此灭彼住，无荣绝辱也。或有愚士昧学之流，欲其开悟，别吟以王梵志诗。”又如敦煌写本《历代法宝记》记载，无住禅师“寻常教戒诸学道，恐著言说，时时引稻田中螃蟹问众人，不会，又引王梵志诗：‘慧心近空心，非关髑髅孔。对面说不识，饶你母姓董。’”（见伯2125、斯0516）可见，王梵志诗在文化素养较差的“愚士昧学”僧俗之众中很有市场。王梵志当然不能算禅僧，但他的诗对禅偈的语言风格影响很大，如京兆重云智晖禅师临终之偈云：“我有一间舍，父母为修盖。住来八十年，近来觉损坏。早拟移住处，事涉有憎爱。待他摧毁时，彼此无相碍。”[①]这里的比喻与前引王梵志“此身如馆舍”的诗句如出一辙，人生无常的感慨化为禅宗的无憎爱、无障碍的超脱，比王梵志诗多了点对命运开玩笑的诙谐幽默。

寒山、拾得似乎比王梵志更自觉地借鉴偈颂这种新文体，力求浅俗自然，不避俚俗粗朴。寒山有诗云：“有个王秀才，笑我诗多失。云不识蜂腰，仍不会鹤膝。平侧不解压，凡言取次出。我笑你作诗，如盲徒咏日。”[②]拾得更公开声明：“我诗也是诗，有人唤作偈。诗偈总一般，读时须仔细。”[③]他们明白自己的诗在士大夫眼中不登大雅之堂，但仍为有意提倡一种新风格而感到自豪。寒山、拾得之诗和王梵志诗一样，对禅僧的偈颂有重要影响，特别是晚唐曹洞宗大师曹山本寂“注《对寒山子诗》，流行寓内”[④]，寒山诗更几乎成为禅宗的新经典。到了宋代，禅门中出现了一股“寒山子热”。禅师不

① 《景德传灯录》卷二〇《京兆重云智晖禅师》。
② 《全唐诗》卷八〇六。
③ 同上。
④ 《宋高僧传》卷一三《梁抚州曹山本寂传》。

仅把寒山诗作为参禅悟道的工具，如天钵重元禅师一览《寒山集》，“即慕参玄”[①]，作为上堂示众的法语；如灵隐惠淳、洞山梵言禅师上堂即引寒山“吾心似秋月”诗[②]，而且作为禅籍引用的至理之言；如《宗镜录》《碧岩录》中引用寒山诗多首，阐明禅理。更引人注目的是，寒山诗成为宋代禅师诗偈摹拟的主要对象。颂古的创制者汾阳善昭也是今存最早的《拟寒山诗》的作者，《汾阳无德禅师语录》卷下收其《拟寒山诗》十首[③]。另一颂古作者雪窦重显也有《拟寒山送僧》诗传世[④]。其中最著名的要数慧林怀深慈受禅师所作《拟寒山诗》一百四十八首[⑤]，不仅数量多，而且质量高。

正因为王梵志、寒山诗与禅宗的偈颂关系密切并为禅宗典籍（包括语录、灯录）广泛称引，所以也在参禅的士大夫中引起较大反响。宋诗人对王梵志、寒山诗的兴趣主要表现在以下几方面：

其一，摹仿拟作。最著名的莫过于王安石的《拟寒山拾得》二十首[⑥]，试录其二首以见一斑：“我曾为牛马，见草豆欢喜。又曾为女人，欢喜见男子。我若真是我，只合长如此。若好恶不定，应知为物使。堂堂大丈夫，莫认物为己。”（其二）“傀儡只一机，种种没根栽。被我入棚中，昨日亲看来。方知棚外人，扰扰一场呆。终日受伊谩，更被索钱财。”（其十一）前一首阐明反观自性、不依外物的禅理，后一首阐明人生如梦、万法皆空的禅理，形象生动，口吻俏皮，而寓意深刻，仿寒山诗维妙维肖，诚如刘克庄所言：“半山大

---

① 见《五灯会元》卷一五《天钵重元禅师》。
② 同上卷一六《灵隐惠淳禅师》、卷一七《洞山梵言禅师》。
③ 见《大正藏》第四十七卷。案：《大正藏》将这八十句诗通排为一首，误，当为十首五言八句之诗组成。
④ 见《明觉禅师语录》卷五。
⑤ 见《四部丛刊》本影瞿氏铁琴铜剑楼藏高丽刊本《寒山诗集》附录。
⑥ 见《临川先生文集》卷三，又见《王荆文公诗李壁注》卷四。

手笔，拟二十篇殆过之。”[1]苏轼诗集中也有八首为人所忽略的拟寒山之作，其《次韵定慧钦长老见寄八首》诗引云：“苏州定慧长老守钦，使其徒卓契顺来惠州，问予安否，且寄《拟寒山十颂》。语有璨、忍之通，而诗无岛、可之寒。吾甚嘉之，为和八首。”[2]守钦所作既为《拟寒山十颂》，苏轼的和作当亦仿效其体，试看其八：“净名毗耶中，妙喜恒沙外。初无来往相，二士同一在。云何定慧师，尚欠行脚债。请判维摩凭，一到东坡界。”当然，苏轼的和作用了《维摩经》之典，似不及王安石拟作通俗易懂、生动活泼，但毕竟说明寒山诗通过禅僧与士大夫的交往，已进入士大夫创作摹仿的视野。

其二，称引赞扬。如王梵志有一首诗：“城外土馒头，馅草在城里。一人吃一个，莫嫌没滋味。”黄庭坚云：“既是馅草，何缘更知滋味？”苏轼改之为“预先以酒浇，且图有滋味。”[3]王梵志的《翻著袜》诗也颇为宋人称道，此诗最早见于黄庭坚的品题：“‘梵志翻著袜，人皆道是错。乍可刺你眼，不可隐我脚。’一切众生颠倒，类皆如此，乃知梵志是大修行人也。”[4]黄庭坚将“翻著袜”引申为背世俗之说而创真见的处世原则。南宋陈善更进一步将其引申为文学创作原则：“文章虽工，而观人亦自难识。知梵志翻著袜法，则可以作文；知九方皋相马法，则可以观人文章。”[5]寒山诗更受到宋人的高度评价。特别是黄庭坚论诗，“以寒山为渊明之流亚”[6]。黄龙祖心

① 《后村诗话·续集》卷二。
② 见《苏轼诗集》卷三九。
③ 见《冷斋夜话》卷一〇《读传灯录》。《苕溪渔隐丛话前集》卷五六引山谷云：“王梵志诗云：‘城外土馒头……’已且为土馒头，尚谁食之？今改‘预先着酒浇，使教有滋味。’”据此则为黄庭坚自己改诗，与《冷斋夜话》所记不同。但释晓莹《云卧纪谭》卷上所载亦谓“东坡为易其后两句”，且又载圆悟克勤的改作。今从其说。
④ 《豫章黄先生文集》卷三〇《书梵志翻著袜诗》。
⑤ 《扪虱新话》下集卷一《作文观文之法》。
⑥ 《石门文字禅》卷二七《又(跋山谷)诗》。

（宝觉）禅师曾命黄庭坚和寒山子诗，庭坚允诺，但一直未著一词。后来见到祖心，庭坚曰：“更读书作诗十年，或可比陶渊明；若寒山子者，虽再世莫能及。”祖心以为知言。①黄庭坚曾多次手书寒山诗，大抵是取其警世劝俗之用。他在《跋寒山诗赠王正仲》中称寒山诗“此皆古人沃众生业火之具”②，又在《示王孝子孙寒山诗后》中说：“有性智者，观寒山之诗，亦不暇寝饭矣。”③由于他经常书写寒山诗，以至有人竟将其墨迹收入其诗集，如《山谷别集诗注》卷上《杂吟》云：“城中蛾眉女，珂佩响珊珊。鹦鹉花前弄，琵琶月下弹。长歌三日绕，短舞万人看。未必长如此，芙蓉不耐寒。”史季温注：“此诗亦见寒山子诗集中，恐非山谷作。”这当然不是“夺胎换骨”的产物，其原因正如刘克庄所说：“岂谷喜而笔之，后人误以入集欤？”④朱熹也喜爱寒山诗，曾“偶诵寒山数诗”，并认为如“城中蛾眉女”一类诗，“煞有好处，诗人未易到此”，评价极高。⑤陈师道论诗提倡“宁拙毋巧，宁朴毋华，宁粗毋弱，宁僻毋俗”⑥，黄庭坚论诗推崇“不烦绳削而自合”⑦，朱熹论诗主张“真味发溢”，自然流露⑧，寒山诗的朴质真率因此而颇受宋人青睐。刘克庄有段话可作为代表：“余每谓寒山子何尝学为诗，而诗之流出于肺腑者数十首，一一如巧匠所斫，良冶所铸。惟大儒王荆（公）拟其体似之，他人效颦，不公近傍也。”⑨他又高度评价寒山诗“粗言细语皆精诣透彻，所谓

---

① 见释祖琇：《隆兴编年通论》卷二〇，日本《续藏经》第二编乙第三套第二册。
② 黄庭坚：《山谷全书·别集》卷八，清光绪义宁州署刻本。
③《山谷全书·外集》卷二三。
④《后村诗话·续集》卷二。
⑤ 见《朱子语类》卷一四〇。
⑥《后山诗话》。
⑦ 见《豫章黄先生文集》卷一九《与王观复书》等。
⑧ 朱熹：《清邃阁论诗》，见《朱子文集大全类编》，考亭书院本。
⑨《后村先生大全集》卷九八《勿失集序》。

一死生、齐彭殇者”[①]。此外，宋人如许顗《彦周诗话》、洪迈《容斋随笔》、王应麟《困学纪闻》等等，也对寒山诗颇为称道。

其三，借用点化。先看王梵志诗被搬用的情况，如陈师道《卧疾绝句》云：“一生也作千年调，两脚犹须万里回。”[②]就是点化王梵志诗“人是黑头虫，刚作千年调。铸铁作门限，鬼见拍手笑”中的第二句[③]。南宋范成大《重九日行营寿藏之地》云：“纵有千年铁门限，终须一个土馒头。”[④]上句采用的是陈师道点化过的那首诗，下句采用的是黄庭坚称赞过的“城外土馒头”一诗。寒山诗被搬用的情况更多，如黄庭坚《次韵杨明叔见饯十首》其八“皮毛剥落尽，唯有真实在”两句[⑤]，就完全是化用寒山“有树先林生”一诗结尾“皮肤脱落尽，惟有真实在”两句[⑥]。又如陈师道《次韵苏公西湖徙鱼三首》其三“拆东补西裳作带”[⑦]，明显是从寒山诗“与道殊悬远，拆东补西尔”化出。又如张扩《诗社近日稍稍复振》“欲求换骨诀，如仰射空箭”[⑧]，点化的是寒山诗“但看箭射空，须臾还堕地”。又曾季貍云：“吕东莱（本中）诗‘非关秋后多霜露，自是芙蓉不耐寒’，盖用寒山拾得‘芙蓉不耐寒’五字。”[⑨]

由搬用禅宗语录、偈颂和王梵志诗、寒山诗中的俗语词句出发，宋诗人进一步对使用禅典佛典以及俗谚产生了强烈兴趣。王安石、苏轼、黄庭坚、陈师道等人诗中，随处可见宗门典故和佛经中

① 《后村诗话·续集》卷二。
② 《后山诗注》卷四。
③ 任渊注引此诗谓是寒山子诗，恐误。由此足见宋人往往把王梵志诗和寒山诗看成是同类的白话诗。
④ 范成大：《范石湖集》卷二八，上海古籍出版社排印本，1981年。
⑤ 《山谷诗集注》卷一四。
⑥ 所引寒山诗，见《全唐诗》卷八〇六。下同。
⑦ 《后山诗注》卷三。
⑧ 《东窗集》卷一。
⑨ 《艇斋诗话》。

事典、语典，尤其是《华严经》《楞严经》《维摩经》中的典故，使用频率极高。仅以黄庭坚为例，用释典的就有："龙象"、"乞香饭"、"顶螺"、"衲衫"、"法喜"、"同条生"、"无钩狂象"、"露地白牛"、"三昧"、"化身"、"伽黎"、"芭蕉观身"、"有不病者"、"马祖"、"四梵"、"三千世界"、"十二因缘"、"声闻"、"般若"、"兔角龟毛"、"庭前柏树"、"海潮音"、"梦幻"、"浮山九带"、"折脚铛"、"少林"、"开士"、"苇林"、"莲生淤泥"、"嗔喜性"、"心猿"、"心花照十方"、"曹溪味"、"祖印"、"醯罗"、"五味禅"、"师子吼"、"菩提坊"、"病维摩"、"香岩"、"遍参"、"降魔大圆镜"、"秘密藏"等①。

至于俗谚的使用，尤以陈师道最为突出，苏、黄及江西诗派中人也不时为之。庄绰指出："杜少陵《新婚别》云：'鸡狗亦得将。'世谓谚曰'嫁得鸡，逐鸡飞；嫁得狗，逐狗走'之语也。而陈无己诗亦多用一时俚语，如：'昔日剜疮今补肉'，'百孔千疮容一罅'，'拆东补西裳作带'，'人穷令智短'，'百巧千穷只短檠'，'起倒不供聊应俗'，'经事长一智'，'称家丰俭不求余'，'卒行好步不两得'，皆全用四字。'巧手莫为无面饼'（巧媳妇做不得无面饽饦），'不应远水救近渴'，'谁能留渴须远井'（远水不救近渴），'瓶悬甏间终一碎'（瓦罐终须井上破），'急行宁小缓'（急行赶过慢行迟），'早作千年调'（人作千年调，鬼见拍手笑），'拙勤终不补'（将勤补拙），'斧斫仍手摩'（丈斧斫丁手摩娑），'惊鸡透篱犬升屋'（鸡飞狗上屋），'割白鹭股何足难'（鹭鹚腿上割股），'荐贤仍赌命'。而东坡亦有'三杯软饱后，一枕黑甜余'，皆世俗语。如'赌命'、'软饱'犹可解，而'黑甜'后世不知其为睡矣。"②黄庭坚诗中也有类

---

① 其中部分释典统计参见陈植锷：《诗歌意象论》第355页，中国社会科学出版社，1990年。

② 庄绰：《鸡肋编》卷下，中华书局排印本，1983年。

似例子,《复斋漫录》曰:"谚云:'情人眼里有西施。'又云:'千里寄鹅毛,物轻人意重。'皆鄙语也。山谷取以为诗,故《答公益春思》云:'草茅多奇士,蓬荜有秀色,西施逐人眼,称心最为得。'《谢陈适用惠纸》云:'千里鹅毛意不轻。'"[①] 又如《寄上叔父夷仲三首》其三"百书不如一见面"[②],虽出自《汉书·赵充国传》"百闻不如一见",但这在宋代已成为俗谚。宋诗中俗谚的运用与禅籍、王梵志、寒山诗的启示分不开,如上举陈、黄诗中所用俗谚,"拆东补西裳作带"出自寒山诗,"早作千年调"出自王梵志诗,"割白鹭股"、"千里鹅毛"、"百闻不如一见"则都为禅门所用[③]。更重要的是,禅籍、王梵志、寒山诗那种以俗谚阐明禅理的表达方式,为宋诗人的"以俗为雅"提供了新的思路。

必须指出的是,宋诗人的"以俗为雅"并非旨在提倡一种白话诗,而只是把禅语和俗语作为一种对抗诗歌意象语言老化的新材料。他们感兴趣的并不是这些禅语、俗语后面蕴藏着的早期农禅运水搬柴式的宗教实践精神,而只是把它们视为迥异于传统士大夫话语系统的新鲜的语言文字资源。在宋诗人看来,当这些禅语、俗语侵入典雅精美的诗歌词语系统之时,立即以其非诗化的形态带来一种新鲜的刺激力,这一点恰巧可以医治传统诗歌陈言充斥之"俗"。就宋人的认识来看,禅语、俗语除了开拓了诗歌表意所需的语言材料外,至少还有三点意义:

其一,使诗歌产生谐谑的趣味,如黄庭坚《乞猫》诗云:"闻道

① 见《苕溪渔隐丛话后集》卷三一引,又见《山谷外集诗注》卷一〇《长句谢陈适用惠送吴南雄所赠纸》史容注引。

② 《山谷诗集注》卷八。

③ 参见《禅语辞书类聚》第1册无著道忠《禅林方语》等,日本花园大学禅文化研究所印行。

狸奴将数子，买鱼穿柳聘衔蝉。”[①]“衔蝉”即用俗语，指猫。陈师道《后山诗话》称此诗“虽滑稽而可喜，千载而下，读者如新”。

其二，俗语和雅语的相互背衬，使诗歌语言获得一种对立冲突的张力，正如惠洪所说："句法欲老健有英气，当间用方言为妙，如奇男子行人群中，自然有脱颖不可干之韵。”[②]显然，“间用方言”并非主张诗歌语言通俗化，而是将其视为使诗歌充满力量（健）和生命（气）的有效手段。

其三，可使诗歌剥落浮华的辞藻，获得古朴高雅的意味。张戒指出："世徒见子美诗多粗俗，不知粗俗语在诗中最难，非粗俗，乃高古之极也。”[③]也就是说，粗俗语是诗歌返朴归真、重臻古典境界的必要条件之一。在这一点上，禅语、俗语所显示出来的语言风格与宋人推崇的诗家典范陶渊明、杜甫某些语言风格是一致的。

尽管“以俗为雅”的审美情趣指向的是“雅”，但毕竟在客观上诱发了宋诗对方言俗语的重视，杨万里的诗歌正是在这个口号的指引下走上了通俗化的道路，以至于后人这样评价说："用俗语入诗，始于宋人，而莫善于杨诚斋。”[④]可以说，在唐诗语言向宋诗语言的转型中，禅籍俗语扮演了重要的角色。

## 六　理诣词达：辩才三昧与禅悟机括

尽管宋代士大夫对禅宗的人生态度和语言艺术多有吸取，但对

---

① 《山谷外集诗注》卷七。
② 《冷斋夜话》卷四。
③ 《岁寒堂诗话》卷上。
④ 李树滋:《石樵诗话》卷四,清道光十九年湖湘采珍山馆刊本。

禅门中的蒙昧主义倾向颇有警惕。特别是苏轼等人，往往以理性精神批驳禅宗的神秘荒诞之举。苏轼早年就在《中和胜相院记》中指责学佛者“大抵务为不可知，设械以应敌，匿形以备败，窘则推堕滉漾中，不可捕捉，如是而已”[①]。中年所作《盐官大悲阁记》进一步把矛头直指禅宗，“其徒或者以为斋戒持律不如无心，讲诵其书不如无言，崇饰庙塔不如无为。其中无心，其口无言，其身无为，则饱食而嬉而已，是为大以欺佛者也”[②]。其后又一再批判“近世学者以玄相高，习其径庭，了其度数，问答纷然，应诺无穷。至于死生之际一大事因缘，鲜有不败绩者”[③]；“近世学者各宗其师，务从简便，得一句一偈，自谓了证；至使妇人孺子，抵掌嬉笑，争谈禅悦”[④]。对这种禅学庸俗化的倾向，禅宗内部的有识之士也感到担忧，惠洪就多次指出“钩章棘句，险设诈隐，务为玄妙”、“枝词蔓说似辩博，钩章棘句似迅机，苟认意识似至要，懒惰自放似了达”、“钩章棘句，烂然骇人”、“工于奇怪诡异之事，炫名逐世，不顾义理”、“以拨去文字为禅，以口耳受授为妙”的近世禅学之弊[⑤]。而要医治这种病，最好的良方便是“三藏精入，该练诸宗”[⑥]。正如前面曾指出的那样，惠洪提倡的“文字禅”有一个相当重要的内涵便是佛经文字的疏解，对于一般参禅的士大夫来说，便是要精读几部重要的佛经。事实上，富有文化修养的士大夫不同于一般无知的宗教信徒，在对禅宗思想的接受中，始终保持着怀疑批判的精神。正如王安石读佛书的经验之谈：“善学者读其书，惟理之求。有合吾心者，则樵牧之言犹不废；

---

① 《苏轼文集》卷一二。
② 同上。
③ 同上卷六六《跋荆溪外集》。
④ 同上《书楞伽经后》。
⑤ 见《石门文字禅》卷二三《洪州大宁宽和尚语录序》《临平妙湛慧禅师语录序》《昭默禅师序》、卷二五《题断际禅师语录》、卷二六《题隆道人僧宝传》等。
⑥ 同上卷二五《题宗镜录》。

言而无理，周、孔所不敢从。”[①]他们当然欣赏禅门的机锋，但对机锋的语言技巧和表意功能深有理解，决不“推堕滉瀁中”。就拿惠洪来说，他对禅宗所谓“死语”、“活语”、“合头语”的解释，也基本是从理性的分析出发。于是，我们在“文字禅”背景下产生的“以文字为诗”的宋诗中，能体会到一种强烈的理性精神，而且这种理性精神还往往表现为一种博辩的说理艺术。而这种博辩的说理艺术，正是宋代士大夫义玄双修、禅教相融所获得的最大收益。

苏辙在《亡兄子瞻端明墓志铭》中称苏轼“后读释氏书，深悟实相，参之孔老，博辩无碍，浩然不见其涯也”[②]。苏轼读的佛经较驳杂，但对其诗风影响较大的当属《华严》《楞严》《维摩》《圆觉》等几部经书，而其中文笔流畅、辞语赡博、事理圆融的《华严经》对苏诗博辩的说理艺术影响尤深。关于苏轼研习华严著作的情况，我在前面已有过描述。华严宗提倡法界缘起，以为事理无碍，大小等殊，理有包容，相即相入，万事万物都是一真法界的体现，因此互相包容，互相反映，无穷无尽。而《华严经》本身的风格也恢宏开阔，汪洋恣肆，富于大胆想象。苏诗博辩无碍的风格应当与参究《华严》有关。试看《泛颍》一诗：

> 我性喜临水，得颍意甚奇。到官十日来，九日河之湄。吏民笑相语，使君老而痴。使君实不痴，流水有令姿。绕郡十余里，不驶亦不迟。上流直而清，下流曲而漪。画船俯明镜，笑问汝为谁？忽然生鳞甲，乱我须与眉。散为百东坡，顷刻复在兹。此岂水薄相，与我相娱嬉。声色与臭味，颠倒眩小儿。等是儿戏物，水中少磷淄。赵陈两欧阳，同参天人师。观妙各有

① 《冷斋夜话》卷六《曾子固讽舒王嗜佛》。
② 《栾城集·后集》卷二二。

得，共赋泛颍诗。[①]

苏轼睹水中影而悟出玩水之妙。此诗旧注都以为“散为百东坡”几句本《传灯录》，洞山良价禅师过水睹影而悟，有偈云：“切忌从他觅，迢迢与我疏。我今独自往，处处得逢渠。渠今正是我，我今不是渠。应须恁么会，方得契如如。”[②]大旨是说佛性如影随人，步步不离，自性具足，莫须外求。苏诗的构思是否借鉴了洞山良价的公案不得而知，只是从禅观上看，的确有相通之处。然而，苏诗“散为百东坡”的奇想，很容易使人联想起华严宗法藏的《华严金狮子章》中的立于上下十方镜中的金狮子影像。金狮子影像无尽用以喻指法界含容无尽，而苏轼则以影像的成灭分合之妙表露了万物含容的平等空观。一东坡散为百东坡，而百东坡本为一东坡，这与华严思想是有关联的。不过，苏诗又从水波乱人须眉、水定人又还原的现象中，悟出玩水于人本无损害污染（磷淄），“玩水之好，贤于声色臭味之好”[③]，将禅理转化为一般人生哲理。

黄庭坚曾评价苏轼的《题西林壁》诗曰：“此老人于般若横说竖说，了无剩语，非其笔端有口，安能吐此不传之妙哉？”[④]其实，更能体现苏轼“横说竖说，了无剩语”的是他那些长篇古诗，试以《百步洪》其一为例：

长洪斗落生跳波，轻舟南下如投梭。水师绝叫凫雁起，乱石一线争磋磨。有如兔走鹰隼落，骏马下注千丈坡，断弦离柱

① 《苏轼诗集》卷三四。
② 《景德传灯录》卷一五《筠州洞山良价禅师》。
③ 《苏轼诗集》卷三四王注引次公曰。
④ 《冷斋夜话》卷七《般若了无剩语》。

箭脱手，飞电过隙珠翻荷。四山眩转风掠耳，但见流沫生千涡。险中得乐虽一快，何异水伯夸秋河。我生乘化日夜逝，坐觉一念逾新罗。纷纷争夺醉梦里，岂信荆棘埋铜驼。觉来俯仰失千劫，回视此水殊委蛇。君看岸边苍石上，古来篙眼如蜂窠。但应此心无所住，造物虽驶如吾何！回船上马各归去，多言譊譊师所呵。[①]

诗中的说理是由长洪涡流触发的。诗首先用一连串比喻摹写急浪轻舟，突出险中得乐之趣。然后转写光阴似箭，人生无常，便觉得险中得乐毫无意思。与人生俯仰之间便过千劫的短暂迅疾相比，长洪涡流反显得平缓从容。最后阐发“但应此心无所住”的禅宗之旨，其中隐然包含着变与不变的华严法界观的影子。诗中有不少理语，甚至有“一念逾新罗”、“千劫”、“无所住心”等禅语，但人生哲理由眼前景引发，又由眼前景得以印证，如以“古来篙眼”印证“俯仰失千劫”，因此颇富有理趣。正如陈衍所说：“此诗就眼前‘篙眼’指点出，真非钝根人所及矣。”[②]至于此诗的说理方式，清方东树认为“全从《华严》来”[③]。

的确，苏轼的哲理诗吸取了华严事理圆融的表现手法，因而“事理之障，障他不得”[④]。以华严的法眼观照世界，宇宙、人生、艺术之间的界限也就消失了，万法平等，一切即一，一即一切，诗人因此而在大跨度的联想和多向推理中获得理性的自由。清刘熙载称“东坡诗打通后壁说话，其精微超旷，真足以开拓心胸，推倒豪

① 《苏轼诗集》卷一七。

② 陈衍：《宋诗精华录》卷二，巴蜀书社排印本，1992年。

③ 《昭昧詹言》卷一二。

④ 释真可：《紫柏尊者全集》卷一五《跋苏长公集》，台北艺文印书馆《禅宗集成》本第二十四册。

杰”[①]，其实就是有得于华严事理无碍的思想。正是在这一点上，苏轼超越了前人。苏轼之前善于说理议论的无过韩愈、欧阳修，但他们与苏轼的“辩才三昧”相比，都稍显得拘谨滞碍。清汪师韩评《泗州僧伽塔》诗“透辟无碍，是广长舌”[②]，得佛教能言善辩之法。宋人的认识也如此，惠洪就从般若智慧的角度评价欧、苏二人的区别：“欧阳文忠公以文章宗一世，读其书，其病在理不通；以理不通，故心多不能平。以是后世之卓绝颖脱而出者，皆目笑之。东坡盖五祖戒禅师之后身，以其理通，故其文涣然如水之质，漫衍浩荡，则其波亦自然而成文。盖非语言文字也，皆理故也。自非从般若中来，其何以臻此？”[③]惠洪以苏轼为戒禅师的后身，当然有妄诞之处，但苏轼诗文的理通，从佛教般若中来，这却是事实。宋人每以欧阳修不读佛书为遗憾[④]，都有见于此。苏轼善说理而可见出般若启示的诗作，还可举出一大批，如《闻辩才法师复归上天竺，以诗戏问》一诗，汪师韩评曰：“‘昔本不住’，‘今亦无来’，说来真是无缚无脱。较‘闻所闻而来，见所见而去’，更上一层矣。”[⑤]如《送参寥师》一诗，清纪昀评曰：“直接涉理路，而有挥洒自如之妙。”[⑥]如《廉泉》一诗，纪昀评曰：“转转灵妙，妙于不剽。”[⑦]汪师韩评曰：“有尽在人，无尽在我。《维摩经》：‘有法门名无尽灯。’此诗所本。”[⑧]如此等等，不胜枚举。刘熙载特别注意到苏轼古诗与《华严》的关系，他指出：

---

① 刘熙载：《艺概》卷二《诗概》，上海古籍出版社排印本，1978年。

② 汪师韩：《苏诗选评笺释》卷二，见《汪氏遗书》，清光绪十二年王氏长沙刻本。

③ 《石门文字禅》卷二七《跋东坡忧池录》。

④ 如陈善《扪虱新话》下集卷四《苏黄看佛书》条曰：“予尝恨欧阳公文章议论，高出千古，而犹未能免俗，惜乎其不看佛书也。”

⑤ 《苏诗选评笺释》卷二。

⑥ 纪昀评本《苏文忠公诗集》卷一七，清同治八年韫玉山房刻本。

⑦ 同上卷三八。

⑧ 《苏诗选评笺释》卷五。

“滔滔汩汩说去，一转便见主意，《南华》《华严》最长于此。东坡古诗惯用其法。”[①]这是很有眼光的。

事实上，《楞严》《圆觉》《维摩》等经同样以说理透辟见长，汪师韩就认为苏轼的《泛颍》诗有“《楞严》《圆觉》之理”[②]。本来，《楞严》《圆觉》既有华严思想，又通禅家之说，是教禅相融的最佳中介，而且二经文笔雅丽，说理精妙，因此也是文字与禅相融的最佳范本。韩驹曾向宗杲谈及少时跟从苏辙问作文之法，苏辙告之以“熟读《楞严》《圆觉》等经，则自然理诣而词达”，而苏辙这一观点是由其兄苏轼读释氏书而生发的[③]。由此可见，《楞严》《圆觉》以其华严通禅的精神对宋人的文学创作发挥了潜在的影响。苏辙论诗主张“事不接，文不属，如连山断岭，虽相去绝远，而气象联络，观者知其脉理为一也”[④]；韩驹论诗主张“大概作诗，要从首至尾，语脉联属，如有理词状”[⑤]，又令人参究唐诗“打起黄莺儿，莫教枝上啼。啼时惊妾梦，不得到辽西”，以为“意脉贯通”的诗法[⑥]，似乎都有得于读《楞严》《圆觉》的启示。而韩驹之诗《夜泊宁陵》：“汴水日驰三百里，扁舟东下更开帆。旦辞杞国风微北，夜泊宁陵月正南。老树挟霜鸣窣窣，寒花承露落毵毵。茫然不悟身何处，水色天光共蔚蓝。”正是“理诣而词达”的典型，并因吕本中的提倡而成为后期江西诗派参究诗法的范本。[⑦]

惠洪是教禅双修的另一个受益者，他曾在《题佛鉴蓄文字禅》一文中向僧友介绍自己的学佛经验：“余幼孤，知读书为乐，而不得

---

① 《艺概》卷二《诗概》。
② 《苏诗选评笺释》卷五。
③ 见《云卧纪谭》卷上。
④ 《栾城集·第三集》卷八《诗病五事》。
⑤ 《诗人玉屑》卷五《诗要联属》条引《室中语》。
⑥ 同上卷六《意脉贯通》条引《小园解后录》。
⑦ 同上。

其要，落笔尝如人掣其肘，又如瘖者之欲语，而意窒舌大，而浓笑者数数然。年十六七，从洞山云庵学出世法，忽自信而不疑，诵生书七千，下笔千言，跬步可待也。呜呼！学道之益人，未论其死生之际，益其文字语言如此，益可自信也。”[1]惠洪学出世法，当然不止于学禅，仅据《续藏经》的目录就可知他曾作《楞严经合论》《法华经合论》等，而从他的《智证传》中，更可知他对《涅槃经》《金刚般若经》《维摩经》《楞伽经》等等多种佛经都相当熟悉。他也精通华严之学，曾与陈瓘讨论华严宗[2]，又作《华严十明论》[3]，另为人作《华严同缘序》《题疾老写华严经》《题光上人所书华严经》多篇[4]。他认为华严宗四祖清凉国师澄观所著《华严纲要》乃“启毗卢藏之钥匙也。其文简而义无尽，其科要而理通融，学者当尽心焉”，以杜绝“饱食熟睡，游谈无根”的禅学之弊[5]。正是融通教禅的广博阅读视野，使惠洪获得事理无碍的般若智慧，所谓“下笔千言，跬步可待”，并非虚夸，而有他大量的著述为证。而般若智慧也使他的文学创作获益匪浅，他的朋友江西诗派诗人谢逸曾谈及他的体道与文笔之间的关系：“大抵文士有妙思者，未必有美才；有美才者，未必有妙思。惟体道之士，见亡执谢，定乱两融，心如明镜，遇物便了，故纵口而谈，信笔而书，无适而不真也。然则觉范所以兼二子之美者，得非体道而然耶？”[6]惠洪体道的收益主要在事理圆融和妙观逸想两端。前者表现为他对诗歌创作中理路言诠的认识，以佛经语言艺术说诗，如云：“荆公诗曰：‘木末北山烟冉冉，草根南涧水泠泠。

① 《石门文字禅》卷二六。

② 见《石门文字禅》卷三《陈莹中由左司谏谪廉，相见于兴化，同渡湘江，宿道林寺，夜论华严宗》。

③ 见同上卷二五《题华严十明论》。

④ 见同上卷二三、卷二五。

⑤ 见同上卷二五《题华严纲要》。

⑥ 《林间录》卷首附谢逸《洪觉范林间录序》。

缲成白雪桑重绿，割尽黄云稻正青。’东坡曰：‘桑畴雨过罗纨腻，麦陇风来饼饵香。’如《华严经》举因知果，譬如莲花，方吐其华，而果具蕊中。”[①]又云：“唐僧多佳句，其琢句法，比物以意而不指言某物，谓之象外句。如无可上人诗曰：‘听雨寒更尽，开门落叶深。’是以落叶比雨声也。又曰：‘微阳下乔木，远烧入秋山。’是以微阳比远烧也。”[②]这些都是自觉以佛教语言艺术融通于诗歌表现手法，其分析是颇有眼光的。后者表现为他对诗歌创作中虚拟悬想、自由创造的强调，他指出：“诗者，妙观逸想之所寓也，岂可限以绳墨哉！”[③]“妙观”二字正是有得于佛教观照世界的方法。

由于事理圆融和妙观逸想成为惠洪的基本创作思维方式，因此他作诗一扫诗僧特有的寒俭清苦的“蔬笋气”。北宋郑獬云：“浮屠师之善于诗，自唐以来，其遗篇之传世者，班班可见。缚于其法，不能闳肆而演漾，故多幽独、衰病、枯槁之辞。予尝评其诗，如平山远水，而无豪放飞动之意。”[④]这种现象在惠洪诗中不复存在。历代僧诗最具本色的是五律这种句式简约、篇幅短小的体裁，而惠洪的诗却以五七言诗长句见长，豪放飞动，不拘一格，略无窘迫之感。如著名的《题李愬画像》：

> 淮阴北面师广武，其气岂止吞项羽？君得李祐不肯诛，便知元济在掌股。羊公德化行悍夫，卧鼓不战良骄吴。公方沉鸷诸将底，又笑元济无头颅。雪中行师等儿戏，夜取蔡州藏袖底。

---

① 《冷斋夜话》卷五《苏王警句》。案：“举因知果”在苏诗中还能找出例句，如《苏轼诗集》卷二〇《初到黄州》：“长江绕郭知鱼美，好竹连山觉笋香。”

② 同上卷六《象外句》。

③ 同上卷四《诗忌》。

④ 郑獬：《郧溪集》卷一四《文莹师诗集序》，台湾商务印书馆影印文渊阁《四库全书》本。

> 远人信宿犹未知，大类西平击朱泚。锦袍玉带仍父风，拄颐长剑大梁公。君看鞬櫜见丞相，此意与天相始终。[①]

这首诗跳出画面，想象飞腾，以历史上名将韩信、羊祜、李晟等人比喻李愬，开合舒张，雄健沉着，其友许觊称此诗“当与黔安（黄庭坚）并驱也”[②]，当为公论。事实上，惠洪同时代的不少诗人都相当推崇他的诗艺，不仅许觊称他的作品“颇似文章巨公，殊不类衲子”[③]，而且谢邁推许他“吟诗不复郊等伍”[④]，王庭珪评价其诗“惠休岛可没已久，二百年来无此作”[⑤]，至于李邴在称赞别的诗文僧时，竟比之为“今洪觉范，古汤惠休”[⑥]，俨然把他视为宋诗僧最杰出的代表。直到近代，诗人陈衍仍高度评价他的《题李愬画像》等三首五七言古诗“何止为宋僧之冠，直宋人所希有也”[⑦]。惠洪所取得的成就，用他自己的话来说，就是“自非从般若中来，其何以臻此”[⑧]？而这“般若”乃是对佛教各派经典思想的融会贯通，对人生游戏三昧的超然领悟，在这一点上，他和苏轼的创作精神颇有相通之处。

必须指出，尽管宋人从佛经原典获得不少启示，但佛经原典思想最终能转化为诗歌创作思维和表达艺术，却与禅宗的悟入方式分不开。正是禅宗那种透脱无碍的思维方式，使诗人对佛经的领悟变为活泼泼的心灵领悟，而非像佛经讲师那样拘泥于文字义理或名相因果的阐释。苏轼在《宸奎阁碑》中就指出这一点：“是时北方

---

① 《石门文字禅》卷一。
② 《彦周诗话》。
③ 同上。
④ 《谢幼槃文集》卷三《有怀觉范上人》。
⑤ 《卢溪文集》卷三《同陈思忠访洪觉范》。
⑥ 见《云卧纪谭》卷上引李邴汉老祭僧庆老文。
⑦ 《宋诗精华录》卷四。
⑧ 《石门文字禅》卷二七《跋东坡恍池录》。

（指东京开封）之为佛者，皆留于名相，囿于因果，以故士之聪明超轶者皆鄙其言，诋为蛮夷下俚之说。”[①] 苏轼自己作为聪明超轶之士，显然不会对名相因果感兴趣，他所交往的和尚，十之八九为禅僧，对于讲师辩才和尚，他也从禅律相融的角度称赞其思想的弘通[②]，并在赠辩才的诗中“借禅以为诙”。事实上，苏轼诗中有关佛教题材的作品，大部分都以禅趣出之，而不管对象是禅师还是法师。例如《书焦山纶长老壁》：“法师住焦山，而实未尝住。我来辄问法，法师了无语。法师非无语，不知所答故。君看头与足，本自安冠履。譬如长鬣人，不以长为苦。一旦或人问：‘每睡安所措？’归来被上下，一夜无著处。辗转遂达晨，意欲尽镊去。此言虽鄙浅，故自有深趣。持此问法师，法师一笑许。”[③] 长鬣人的比喻，生动地表达了苏轼对禅宗“无住无念”精神的透彻理解。长鬣人本来对他的长胡子毫不介意，而一旦经人提醒，于是处处留意于长胡子，烦恼顿生。这烦恼来自哪里呢？正如石头希迁禅师的一段著名公案：“僧问：‘如何是解脱？’师曰：‘谁缚汝？’又问：‘如何是净土？’师曰：‘谁垢汝？’问：‘如何是涅槃？’师曰：‘谁将生死与汝？’”[④] 束缚与解脱、污染与清净都存在于心念之间。而只要做到内心无念，一切外在的烦恼羁绊就自然消失了。反之，如果像被人提醒后的长鬣人一样，留心于胡子的处置问题，无异于自寻烦恼。真正的解脱和超越来自心灵的自由无碍，这是苏轼从禅宗那里悟到的人生哲学。而这一哲学也给他的艺术思维以极大的启示。据周紫芝《竹坡诗话》记载：

---

① 《苏轼文集》卷一七。
② 见同上卷六三《祭龙井辩才文》。
③ 《苏轼诗集》卷一一。
④ 《景德传灯录》卷一四《南岳石头希迁大师》。

> 有明上人者，作诗甚艰，求捷法于东坡，作两颂以与之。其一云:“字字觅奇险，节节累枝叶。咬嚼三十年，转更无交涉。”其一云:“衡（衝）口出常言，法度法（去？）前轨。人言非妙处，妙处在于是。”①

明上人显然是那种诗思蹇涩的苦吟诗僧，苏轼赠之以禅家的“秘密藏”，要他反求诸身，自悟“捷法”便是“无法”。刘熙载说得好：“东坡诗善于空诸所有，又善于无中生有，机括实自禅悟中来。以辩才三昧而为韵言，固宜其舌底澜翻如是。”②

总之，宋人相信只有“悟入”才能创造出无穷无尽理诣词达的诗句，所谓“一朝悟罢正法眼，信手拈出皆成章。”③句法诗格理论虽然能说明诗歌的结构，但无法说明诗人为何能创造出无限的合乎句法的诗句。“悟入”理论则认为一切诗歌无非是本真心性的显现，悟到自身本真的心性，便有一种艺术的原创力油然而生，因此能够纵口而谈，信笔而书，创造出无穷的合乎诗法的作品（皆成章）。正如胡仔所说:“禅门须是悟入，方为究竟，倘不尔，亦安能七纵八横，去住自在也哉?”④

---

① 各本《竹坡诗话》引第二首颂均作“衡口”、“法前轨”。案:“衡”当为“衝”，涉形近而误。“衡口”不成词，“衝口”则数见于苏轼诗文中，如《苏轼诗集》卷一九《重寄孙侔》:“好诗衝口谁能择?”《苏轼文集》卷一一《思堂记》:“言发于心而衝于口，吐之则逆人，茹之则逆余。以为宁逆人也，故卒吐之。”又苏轼论文艺主张“我书意造本无法”(《苏轼诗集》卷六《石苍舒醉墨堂》)，“法前轨”似当为“去前轨”之误。郭绍虞主编《中国历代文论选》第2册第343页引通行本《苏东坡集·诗颂》“衡”作“衝”，“法”作“去”，当有所据。上海古籍出版社，1979年。

② 《艺概》卷二《诗概》。

③ 《陵阳先生诗》卷一《赠赵伯鱼》。

④ 《苕溪渔隐丛话后集》卷三七。

# 结　论

以上我主要从文化和语言的角度分析了北宋后期同时出现的“文字禅”和“以文字为诗”的现象，并探讨了二者之间的相互渗透和深层的对应关系。分析的结果，使我有可能对中国11世纪至12世纪之交的这一次禅学与诗学的“语言学转向”在文化史上的意义重新作出评价。

首先，“文字禅”是禅宗的性质由农禅转向士大夫禅的必然产物，禅宗吸引士大夫之处在于它以本民族的话语取代了印度佛教话语，具有日用的真切性，且最大限度地消除了佛教的“蛮夷下俚”的痕迹；而士大夫对禅宗的改造，则在于从一定程度上把禅学由宗教信仰变为一种人生艺术和思想方法。“文字禅”为宋代士大夫提供了类似魏晋玄学那样的个人精神避难所，通过阅读佛经、灯录和语录，士大夫找到了解决个人生死解脱问题的门径。不过，这种个人生死解脱并非通过虔诚的宗教活动去实现，而是表现为一种游戏三昧的艺术活动，特别是语言艺术的创作活动，以生命诗意化的形式去达到宗教解脱。因此，禅学在宋代对文学创作主要起的不是阻碍而是推动的作用。同时，“文字禅”为宋代士大夫提供了迥异于传统儒学的新的学术观念和方法，禅籍中活泼泼的观察体验和心灵证悟，启示宋人以全新的视角去重新审视传统文化遗产，从而促进了不同于汉唐经学的宋代理学的形成。由于“文字禅”产生于儒家文化全面复兴的宋代社会，因而也不可避免地染上儒家文化的色彩，并最终由士大夫将其思想资源化合于时代的理学思潮中。我们承认，“文字禅”在某些方面背离了禅宗的宗教精神，而且缺乏思想方面的原创性，但如果抛开纯粹的宗教立场，从禅宗在宋代士大夫中大规模普及的角度来考察，那么就得承认“文字禅”在思想史应占一席之地，至少在宋代的文化整合中作出了应有的贡献。

其二，“文字禅”的价值还体现在阐释学和文献学方面。所谓阐释学的价值，是指灯录、颂古、拈古、评唱一类的禅籍，不仅阐明了前代大师的言行作为“文本”的深刻含义，而且开创了前所未有的新阐释方法。尤其是颂古、评唱一类的阐释方法，完全不同于中国传统的训诂学，也不同于佛经疏解的表诠、遮诠，“绕路说禅”的方式更多地把“文本”的意义由全能的阐释者交给颖悟的解读者。这种尝试显然受诗歌表达方式的影响，如颂古，不仅具有诗歌韵文的形式，而且深得诗歌含蓄隐晦的韵味，通过形象和意境的创造来表达佛理。反过来，“绕路说禅”也给诗歌语言艺术以新的启发，宋诗的很多“句法”、尤其是江西诗派的“活法”，都受到禅宗活络的阐释方法以及思维方式的影响。所谓文献学的价值，是指大量的语录、灯录、僧宝传、颂古、拈古以及其它禅籍的辑集编纂，成为研究禅宗史尤其是宋代禅宗史不可或缺的资料。我们应该感谢那些有文化素养的好事的禅僧，无视“不立文字”的祖训，突破“口耳受授”的门规，为我们留下大量的反映禅宗思想历程的文字记录，使禅宗由神秘的宗教授受上升为一种具有形而上意义的思想资源。而这种思想资源不仅使禅宗文化的传承成为可能，也对哲学和文学研究有重要意义。对于宋诗而言，禅宗典籍提供了大量的典故和俗语，而这些典故和俗语与禅宗的“翻案法”相结合，成为宋诗人“以故为新”和“以俗为雅”的重要原材料，扩大了宋诗的语言表现力。

其三，“文字禅”的倡导者承认语言本身的价值，对语言与存在的关系问题比前人认识更深刻。惠洪有言：“心之妙，不可以语言传，而可以语言见。盖语言者，心之缘，道之标帜也。标帜审则心契，故学者每以语言为得道浅深之候。”[①]又云：“借言以显无言，然言中无言之趣，妙至幽玄。”[②]又云：“语言者，盖其德之候也。故曰：‘有德者必有言。’”[③]在他看来，语言尽管难以将内心的神秘经验传达给他人，但至少可以将内心的神秘经验显现出来，可以作为心灵的媒介和真如的标帜，作为得道深浅的征候。宋诗僧景淳也有类似的认识：“诗之言为意之壳，如人间果实，厥状未坏者，外壳而内肉也。如铅中金，石中玉，水中盐，色中胶，皆不可见，意在其中。”[④]这段比喻相当深刻。现代语言学认为，语言是一种符号，是思维的外壳，而思维与存在有一致性。景淳之说和这种观点何其相似乃尔！不过，他的认识却源于佛教思想。佛教也认为语言是符号，文字相是一种

---

① 《石门文字禅》卷二五《题让和尚传》。

② 同上《题云居弘觉禅师语录》。

③ 《冷斋夜话》卷四《诗言其用不言其名》。案：惠洪的观点可能受苏轼这些话的影响：“古之学道，无自虚空入者。……聪若得道，琴与书皆与有力，诗其尤也。聪能如水镜以一含万，则书与诗当益奇。吾将观焉，以为聪得道浅深之候。”（《苏轼文集》卷一〇《送钱塘僧思聪归孤山叙》）“佛法浸远，真伪相半。寓言指物，大率相似。……而或者得戒神通，非我肉眼所能勘验，然真伪之候，见于言语。”（同前卷六六《题僧语录后》）

④ 释景淳：《诗评》，《格致丛书》本。

虚玄的假相，“应物现形，如水中月”，但又因真空和假有是统一的，所以它与那个唯一真实存在的实相也有某种一致性①。这是文字与实相的关系，也是诗中“言”与“意”的关系。值得注意的是，“文字禅”的倡导者并不像传统的言意观那样强调“言外之意”，而是相信“句中有眼”，不过多地“言外求妙”，而更主张“言中辨的”，认为“无言之趣”本身就栖居在“言中”和“句中”。换言之，尽管语言还不是存在本身，但已经可称为存在的家园，无论是禅宗的正法眼藏，还是诗人的性灵妙思，都包裹在文字语句之中，无法剥离出来。而这种关于语言与存在关系的认识，大大激发了宋诗人对句法研究的兴趣。在黄庭坚以后的各种宋代文献中，“句中有眼”的用例不下百处，而“句法”二字更是宋诗人的口头禅，其结果是在宋诗话中充斥着各种关于句法、命意、造语、下字、用事、压韵、属对、锻炼等等语言艺术问题的讨论②，导致了中国诗学语言批评模式的出现③。

其四，“文字禅”突破了佛教绮语口业戒律的束缚，促进了宋代诗文僧文学创作的发展。由于把所有的“文字”都看成是禅的表现，因此宋代禅宗显示出对诗文中世俗感情的普遍宽容，尽管也有像法秀这样的“秀铁面”以“泥犁地狱”力戒黄庭坚作艳词④，但更多的是像参寥一样见“绮语”如见江瑶柱的吟风弄月的禅僧⑤。惠洪曾因作“十分春瘦缘何事？一掬乡心未到家”两句诗被人称为“浪子和尚”⑥，但事实上，惠洪这两句诗只不过表达了一个普通人置身异乡而强烈眷恋家乡的生命意识罢了，并无轻薄浮浪之处。相比之下，倒

---

① 参见孙昌武：《佛教与中国文学》第342页，上海人民出版社，1988年。

② 可参见《诗人玉屑》所列各种类目。

③ 参见笔者《语言的张力：论宋诗话的语言结构批评》，载《四川大学学报》1987年第3期。

④ 见《扪虱新话》上集卷三《诗人多寓意于酒妇人》。

⑤ 见《苏轼文集》卷六八《书参寥论杜诗》。

⑥ 见《能改斋漫录》卷一一《浪子和尚》。

是一些禅门大德的偈颂更风流浪荡得多，如“临安府净慈肯堂育禅师，余杭人，嗣颜万庵，风规肃整，望尊一时，颂《即心即佛》云：‘美如西子离金阙，娇似杨妃下玉楼。终日与君花下醉，更嫌何处不风流。’”[①]作这样颂古的禅师，竟然是“风规肃整，望尊一时”，可见当时禅风之一斑。事实上，除了大量的僧诗别集和总集外，宋代不少颂古也都是优美的诗篇，或意境清远，或理趣深邃，具有很高的文学欣赏价值。总而言之，“文字禅”对诗文中世俗感情的宽容，进一步促进禅宗的世俗化，宣告了宗教禁欲主义的解体。这从宗教的角度来看，诚然有精神贬值之嫌，但对于禅僧的文学创作却是有积极意义的。

其五，“文字禅”建立了宗教与文学相融合的典范。狭义的“文字禅”就是诗禅，“诗为禅客添花锦，禅是诗家切玉刀”[②]，借诗歌来抒写禅趣，或借禅思来创作诗歌。禅师以诗明禅，诗人以禅入诗，这种现象早在唐代就开始了，但到了“文字禅”概念出现后，诗禅的双向渗透更成为有理论指导的自觉实践。尤其是由“文字禅”发展而来的“悟入”观念，对宋诗的创作影响深远，“悟入”使得禅与诗在超越文字的指义功能、恢复人的本真存在状态方面有了更深刻的共同点，“或谓禅家每以诗为外学，上古德多有言句，不知是诗是禅，是习是悟，是内是外耶？”[③]正是诗家和禅家对文字形式中抽象精神（句中之眼）的共同追求以及诗家语和宗门语在表达形式上的相似性，才使得诗与禅融合的可能性最终转化为现实性。因此，相对于唐诗而言，宋诗更鲜明地打上了禅宗的印记。

---

① 《枯崖漫录》。

② 《遗山先生文集》卷一四《答俊书记学诗》。

③ 牟巘：《牟氏陵阳集》卷一七《跋恩上人诗》，台湾商务印书馆影印文渊阁《四库全书》本。

作为与“文字禅”同步出现的“以文字为诗”，也是文学史上一个值得研究的现象。“以文字为诗”倾向最突出的诗人，恰巧是宋代成就最高的诗人，这使我们有必要重新评估它的价值。首先，“以文字为诗”是宋型文化在文学领域的折光，是宋代以书籍印行为载体的高度文明在诗歌中的体现。尤其是王、苏、黄、陈诗中，具有一种渊雅宏博的“盛宋气象”，反映出该时代的文化精神，因而颇具认识价值。其次，“以文字为诗”奠定了中国古典诗歌史上不同于唐诗的另一种审美范型，它丰富了诗歌的艺术表现力，开掘出诗歌语言文字的表现潜能，曲喻、佯谬、打诨、翻案，反常而合道，对诗歌的艺术形式发展作出了一定贡献。必须指出的是，宋诗“以文字为诗”特色的形成有多方面的原因，“文字禅”是重要的但并不是唯一根本的原因。二者的同步出现，毋宁说是宋代文化整合的产物。

不可否认，“文字禅”和“以文字为诗”在文化史和文学史上也存在一定的负面影响，正如“以文字为诗”使得诗歌丧失一些审美感受的直接性一样，“文字禅”也使禅宗丧失了宗教实践的直接性。由于对文字形式的过分追求，部分禅师已忘记了文字所运载的精神内容，以致于把本来为了消解人们对语言迷信的宗门“活句”当作纯粹无聊的语言游戏，从而使“活句”落入窠臼，成为一种毫无逻辑和意义可言的新的“死句”。如圆悟《枯崖漫录》记载了这样一个荒唐的故事：“金华元首座，刚峭简严，丛林目为饱参，见等庵于白云，始了大事。僧问：‘如何是佛？’曰：‘即心是佛。’问：‘如何是道？’曰：‘平常心是道。’问：‘如何是祖师西来意？’曰：‘赵州道底。’闻者皆笑。后有僧问：‘如何是佛？’曰：‘南斗七，北斗八。’问：‘如何是道？’曰：‘猛火煎麻油。’问：‘如何是祖师西来意？’曰：‘龟毛长数丈。’传者皆喜。嘻！若如此辨验答话，不惟埋没己灵，抑亦辜负前辈。”诚然，元首座先前的答话有“合头语”之嫌，但后来故意回答无意义的话，未免刁钻古怪，亦未理解言与意之真谛，成为另一种套话，也是“万劫系驴橛”。这正如那些追随黄庭坚“以文字为诗”的江西诗派诗人一样，逐渐把体现独立不惧人格精神的句法变为一种纯粹生涩槎枒的语言风格，忘记了“句中之眼”的本来涵意，从而使江西句法成为一种毫无创新意义的新桎梏。这些局限性是我们在研究文字禅与宋诗关系时不可不注意的。

# 参考文献

1 《禅宗与中国文化》 葛兆光著 上海人民出版社 1986年

2 《俗语言研究》第3期 禅籍俗语言研究会编 日本花园大学禅文化研究所 1996年

3 《历代法宝记》 不知撰人 《大正藏》第五十一卷

4 《续高僧传》（唐）释道宣撰 《大正藏》第五十一卷

5 《楞伽师资记》（唐）释净觉撰 《大正藏》第八十五卷

6 《苏轼文集》（宋）苏轼撰 中华书局排印本 1986年

7 《中国禅宗通史》 杜继文、魏道儒著 江苏古籍出版社 1993年

8 《五灯会元》（宋）释普济撰 中华书局排印本 1984年

9 《坛经校释》（唐）释慧能撰 郭朋校释 中华书局排印本 1984年

10 《祖堂集》（五代）释静、筠撰 上海古籍出版社影印《佛藏要籍选刊》本（下简称《佛藏要籍选刊》本）第十四册

11 《景德传灯录》（宋）释道原撰 《四部丛刊三编》本

12《庄子集释》（清）郭庆藩辑　中华书局排印本 1982 年
13《古尊宿语录》（宋）赜藏主集　《佛藏要籍选刊》本第十一册
14《镇州临济慧照禅师语录》（唐）释慧然集　《大正藏》第四十七卷
15《世说新语》（南朝宋）刘义庆撰　上海古籍出版社影印清光绪十七年思贤讲舍刻本
16《宋高僧传》（宋）释赞宁撰　中华书局排印本 1987 年
17《宗门十规论》（五代）释文益撰　台北艺文印书馆影印《禅宗集成》本（下简称《禅宗集成》本）第一册
18《石门文字禅》（宋）释惠洪撰　《四部丛刊》本
19《全唐诗》　中华书局排印本 1960 年
20《禅林僧宝传》（宋）释惠洪撰　《佛藏要籍选刊》本第十三册
21《禅与诗学》　张伯伟著　浙江人民出版社 1992 年
22《中国禅宗与诗歌》　周裕锴著　上海人民出版社 1992 年
23《居士传》（清）彭际清述　上海涵芬楼影印日本《续藏经》（下简称《续藏经》）第二编乙第二十二套第五册
24《全宋文》　四川大学古籍整理研究所编　巴蜀书社 1988—1995 年
25《徂徕石先生文集》（宋）石介撰　中华书局排印本 1984 年
26《直讲李先生文集》（宋）李觏撰　《四部丛刊》本
27《欧阳文忠公文集》（宋）欧阳修撰　《四部丛刊》本
28《云卧纪谭》（宋）释晓莹撰　《续藏经》第二编乙第二十一套第一册
29《避暑录话》（宋）叶梦得撰　《津逮秘书》本
30《道山清话》（宋）不知撰人　陶氏涉园影印宋刊《百川学海》本
31《后山居士文集》（宋）陈师道撰　上海古籍出版社影印宋刻本
32《张右史文集》（宋）张耒撰　《四部丛刊》本

33 《梁溪集》（宋）李纲撰　台湾商务印书馆影印文渊阁《四库全书》本（下简称《四库全书》本）
34 《扪虱新话》（宋）陈善撰　《丛书集成初编》本
35 《镡津文集》（宋）释契嵩撰　《四部丛刊三编》本
36 《参寥子诗集》（宋）释道潜撰　《四部丛刊三编》本
37 《豫章黄先生文集》（宋）黄庭坚撰　《四部丛刊》本
38 《鹤林玉露》（宋）罗大经撰　中华书局排印本 1983 年
39 《冷斋夜话》（宋）释惠洪撰　《四库全书》本
40 《慈受怀深禅师广录》（宋）释善清等编　《禅宗集成》本第二十三册
41 《智证传》（宋）释惠洪撰　《禅宗集成》本第一册
42 《罗湖野录》（宋）释晓莹撰　《佛藏要籍选刊》本第十一册
43 《大慧普觉禅师语录》（宋）释蕴闻编　《大正藏》第四十七卷
44 《证道歌注》（唐）释玄觉撰　（宋）释彦琪注　《续藏经》第二编第十六套第三册
45 《丛林公论》（宋）释惠彬撰　《续藏经》第二编第十八套第五册
46 《东坡志林》（宋）苏轼撰　中华书局排印本 1981 年
47 《禅宗颂古联珠通集》（宋）释法印集　（元）释普会续集　《禅宗集成》本第七册
48 《禅宗与中国古代诗歌艺术》　李淼著　台湾高雄丽文文化公司 1993 年
49 《禅宗与中国文学》　谢思炜著　中国社会科学出版社 1993 年
50 《宋代禅宗文化》　魏道儒著　中州古籍出版社 1993 年
51 《宋代文学研究丛刊》第 2 期　张高评主编　台湾高雄丽文文化公司 1996 年
52 《北宋佛教史论稿》　[美] 黄启江著　台湾商务印书馆 1997 年

53 《山谷诗集注》(宋)黄庭坚撰 (宋)任渊注 《四部备要》本
54 《韦斋集》(宋)朱松撰 《四部丛刊续编》本
55 《石屏诗集》(宋)戴复古撰 《四部丛刊续编》本
56 《嵩山文集》(宋)晁说之撰 《四部丛刊续编》本
57 《林间录》(宋)释惠洪撰 《佛藏要籍选刊》本第十一册
58 《中国佛教史籍概论》 陈垣著 中华书局1962年
59 《联灯会要》(宋)释悟明集 《续藏经》第二编乙第九套第三册
60 《建中靖国续灯录》(宋)释惟白撰 《续藏经》第二编乙第九套第一册
61 《南宋元明禅林僧宝传》(清)释自融撰 (清)释性磊补辑 《续藏经》第二编乙第十套第四册
62 《汾阳无德禅师语录》(宋)释楚圆集 《大正藏》第四十七卷
63 《万松老人评唱天童觉和尚颂古从容庵录》(宋)释正觉颂古 (元)释行秀评唱 《大正藏》第四十八卷
64 《宋人年谱集目/宋编宋人年谱选刊》 吴洪泽编 巴蜀书社1995年
65 《佛果圆悟禅师碧岩录》(简称《碧岩录》)(宋)释重显颂古 (宋)释克勤评唱 《大正藏》第四十八卷
66 《祖庭事苑》(宋)释善卿撰 《续藏经》第二编第十八套第一册
67 《苏轼诗集》(宋)苏轼撰 (清)王文诰辑注 中华书局排印本1982年
68 《嘉泰普灯录》(宋)释正受撰 《续藏经》第二编乙第十套第一册
69 《居士分灯录》(明)朱时恩辑 《续藏经》第二编乙第二十套第五册
70 《范文正公集》(宋)范仲淹撰 《四部备要》本
71 《乐全集》(宋)张方平撰 《四库全书》本

72 《宛陵先生集》（宋）梅尧臣撰 《四部丛刊》本
73 《温国文正司马公文集》（宋）司马光撰 《四部丛刊》本
74 《宋史》（元）脱脱等撰 中华书局排印本 1977年
75 《郡斋读书志》（宋）晁公武撰 《四部丛刊三编》本
76 《丛林盛事》（宋）释道融撰 《续藏经》第二编乙第二十一套第一册
77 《二程文集》（宋）程颢、程颐撰 《正谊堂全书》本
78 《二程全书》（宋）程颢、程颐撰 《四部备要》本
79 《禅林宝训》（明）释净善集 《大正藏》第四十八卷
80 《中国禅宗思想历程》 潘桂明著 今日中国出版社 1992年
81 《渭南文集》（宋）陆游撰 《四部丛刊》本
82 《淮海集》（宋）秦观撰 《四部丛刊》本
83 《集注分类东坡先生诗》（宋）王十朋集 《四部丛刊》本
84 《沧浪诗话》（宋）严羽撰 何文焕辑《历代诗话》本（下简称《历代诗话》本）中华书局1981年
85 《二程语录》（宋）程颢、程颐撰 《正谊堂全书》本
86 《北湖集》（宋）吴则礼撰 《四库全书》本
87 《佛祖统纪》（宋）释志磐撰 《大正藏》第四十九卷
88 《云溪集》（宋）郭印撰 《四库全书》本
89 《栾城集》（宋）苏辙撰 上海古籍出版社排印本 1987年
90 《豫章先生遗文》（宋）黄庭坚撰 祝氏汉鹿斋补刊本
91 《圆悟佛果禅师语录》（宋）释绍隆等编 《大正藏》第四十七卷
92 《后村诗话》（宋）刘克庄撰 中华书局排印本 1983年
93 《西清诗话》（宋）蔡絛撰 《宋诗话辑佚》初印本
94 《后山诗注》（宋）陈师道撰 （宋）任渊注 上海涵芬楼影印江安傅氏双鉴楼藏高丽活字本

95《晁具茨先生诗集》（宋）晁冲之撰 《海山仙馆丛书》本
96《中州集》（金）元好问编 《四部丛刊》本
97《竹坡诗话》（宋）周紫芝撰 《历代诗话》本
98《五总志》（宋）吴垧撰 《四库全书》本
99《中国诗学》第2辑 南京大学出版社 1992年
100《陵阳先生诗》（宋）韩驹撰 清宣统庚戌刊《江西诗派》本
101《葛无怀小集》（宋）葛天民撰 《南宋群贤小集》本
102《宏智禅师广录》（宋）释集成等编 《大正藏》第四十八卷
103《芳兰轩集》（宋）徐照撰 《四库全书》本
104《二薇亭诗集》（宋）徐玑撰 《四库全书》本
105《西岩集》（宋）翁卷撰 《四库全书》本
106《清苑斋诗集》（宋）赵师秀撰 《四库全书》本
107《日涉园集》（宋）李彭撰 《豫章丛书》本
108《摩诃般若波罗蜜经》（后秦）鸠摩罗什译 《大正藏》第八卷
109《金刚般若波罗蜜经》（简称《金刚经》）（后秦）鸠摩罗什译 《大正藏》第八卷
110《维摩诘所说经》（简称《维摩经》）（后秦）鸠摩罗什译 《大正藏》第十四卷
111《东坡乐府》（宋）苏轼撰 上海古籍出版社排印本 1979年
112《山谷外集诗注》（宋）黄庭坚撰 （宋）史容注 《四部备要》本
113《续资治通鉴》（清）毕沅撰 中华书局排印本 1979年
114《春渚纪闻》（宋）何薳撰 中华书局排印本 1983年
115《铁围山丛谈》（宋）蔡絛撰 中华书局排印本 1983年
116《元城语录》（宋）马永卿集 《畿辅丛书》本
117《后村先生大全集》（宋）刘克庄撰 《四部丛刊》本
118《能改斋漫录》（宋）吴曾撰 中华书局排印本 1960年

119《龟山先生语录》（宋）杨时撰 《四部丛刊续编》本
120《后山诗话》（宋）陈师道撰 《历代诗话》本
121《宋元学案》（清）黄宗羲撰 商务印书馆《国学基本丛书》本 1933年
122《黄氏日钞》（宋）黄震撰 清耕余堂刊本
123《朱子语类》（宋）黎德靖编 中华书局排印本 1986年
124《中国诗学》 叶维廉著 北京三联书店 1992年
125《潜溪诗眼》（宋）范温撰 《宋诗话辑佚》本
126《韵语阳秋》（宋）葛立方撰 《历代诗话》本
127《宋百家诗存》（清）曹庭栋辑 《四库全书》本
128《卢溪文集》（宋）王庭珪撰 《四库全书》本
129《宗伯集》（宋）孔武仲撰 《豫章丛书》本
130《画墁集》（宋）张舜民撰 《丛书集成初编》本
131《林泉高致》（宋）郭熙撰 人民美术出版社《画论丛刊》本
132《伊川击壤集》（宋）邵雍撰 《四部丛刊》本
133《河南程氏遗书》（宋）程颢、程颐撰 《四部备要》本
134《永嘉证道歌》（唐）释玄觉撰 《大正藏》第四十八卷
135《六祖大师法宝坛经》（简称《坛经》）（元）宗宝编 《大正藏》第四十八卷
136《钱锺书散文》 钱锺书著 浙江文艺出版社 1997年
137《姑溪居士文集》（宋）李之仪撰 《丛书集成初编》本
138《禅语辞书类聚》第1册《禅林句集辨苗》 日本花园大学禅文化研究所印行
139《宋代诗学通论》 周裕锴著 巴蜀书社 1997年
140《诗宪》（宋）不知撰人 《宋诗话辑佚》本
141《大慧普觉禅师宗门武库》（宋）释道谦编 《大正藏》第

四十七卷
142《补续高僧传》（明）释明河撰 《佛藏要籍选刊》第十三册
143《后山集》（宋）陈师道撰 《四部备要》本
144《前贤小集拾遗》（宋）陈起辑 《南宋群贤小集》本
145《剑南诗稿》（宋）陆游撰 汲古阁本
146《梅山续稿》（宋）姜特立撰 《四库全书》本
147《艇斋诗话》（宋）曾季貍撰 丁福保辑《历代诗话续编》本（下简称《历代诗话续编》本）中华书局1983年
148《禅源诸诠集都序》（唐）释宗密述 《大正藏》第四十八卷
149《独醒杂志》（宋）曾敏行撰 《知不足斋丛书》本
150《禅语辞书类聚》第2册《葛藤语笺》 日本花园大学禅文化研究所印行
151《太仓稊米集》（宋）周紫芝撰 《四库全书》本
152《枯崖漫录》（宋）释圆悟录 《续藏经》第二编乙第二十一套第一册
153《苕溪渔隐丛话》（宋）胡仔纂集 人民文学出版社排印本1981年
154《彦周诗话》（宋）许顗撰 《历代诗话》本
155《岁寒堂诗话》（宋）张戒撰 《历代诗话续编》本
156《石林诗话》（宋）叶梦得撰 《历代诗话》本
157《抚州曹山元证禅师语录》（日本）慧印编集 《大正藏》第四十七卷
158《诚斋集》（宋）杨万里撰 《四部丛刊》本
159《鄮峰真隐漫录》（宋）史浩撰 《四库全书》本
160《大泌山房集》（明）李维桢撰 明刊本
161《偃曝谈余》（明）陈继儒撰 《宝颜堂秘笈》本
162《有学集》（清）钱谦益撰 《四部丛刊》本

163《钝吟杂录》（清）冯班撰 《常熟二冯先生集》本

164《严羽学术研究论文选》 鹭江出版社 1987年

165《丹铅续录》（明）杨慎撰 《四库全书》本

166《童蒙诗训》（宋）吕本中撰 《宋诗话辑佚》本

167《后山谈丛》（宋）陈师道撰 《四部备要》本

168《紫薇杂说》（宋）吕本中撰 《四库全书》本

169《藏海诗话》（宋）吴可撰 《历代诗话续编》本

170《庚溪诗话》（宋）陈岩肖撰 《历代诗话续编》本

171《王荆文公诗李壁注》（宋）王安石撰 （宋）李壁注 上海古籍出版社影印朝鲜活字本

172《临川先生文集》（宋）王安石撰 《四部丛刊》本

173《全唐文》（清）董诰等编 中华书局影印本 1983年

174《柳河东集》（唐）柳宗元撰 上海人民出版社排印本 1974年

175《太平广记》（宋）李昉等编 中华书局排印本 1981年

176《苏诗补注》（清）查慎行注 清乾隆辛巳香雨斋刻本

177《王直方诗话》（宋）王直方撰 《宋诗话辑佚》本

178《玉轮轩曲论》 王季思著 中华书局 1980年

179《芦川归来集》（宋）张元幹撰 《四库全书》本

180《溪堂集》（宋）谢逸撰 《豫章丛书》本

181《风月堂诗话》（宋）朱弁撰 《宝颜堂秘笈》本

182《遗山先生文集》（金）元好问撰 《四部丛刊》本

183《新批评——一种独特的形式主义文论》 赵毅衡著 中国社会科学出版社 1986年

184《谈艺录》 钱锺书著 中华书局 1984年

185《谢幼槃集》（宋）谢薖撰 《续古逸丛书》本

186《倚松老人诗集》（宋）饶节撰 清宣统庚戌刊《江西诗派》本

187《东窗集》（宋）张扩撰 《四库全书》本
188《大佛顶如来密因修证了义诸菩萨万行首楞严经》（简称《楞严经》）（唐）般刺蜜帝译 《大正藏》第十九卷
189《滹南遗老集》（金）王若虚撰 《四部丛刊》本
190《肇论》（后秦）僧肇撰 《佛藏要籍选刊》第十一册
191《山谷琴趣外编》（宋）黄庭坚撰 《彊村丛书》本
192《昭昧詹言》（清）方东树撰 人民文学出版社排印本 1984年
193《宗镜录》（宋）释延寿集 《大正藏》第四十八卷
194《侯鲭录》（宋）赵令畤撰 《知不足斋丛书》本
195《茶山集》（宋）曾幾撰 《武英殿聚珍丛书》本
196《渑水燕谈录》（宋）王闢之撰 中华书局排印本 1981年
197《桯史》（宋）岳珂撰 中华书局排印本 1981年
198《诗人玉屑》（宋）魏庆之撰 上海古籍出版社排印本 1978年
199《梁溪漫志》（宋）费衮撰 上海古籍出版社排印本 1985年
200《筠州洞山悟本禅师语录》（日本）慧印校 《大正藏》第四十七卷
201《宋文鉴》（宋）吕祖谦编 《四部丛刊》本
202《分门集注杜工部诗》（唐）杜甫撰 （宋）王洙注 《四部丛刊》本
203《宋诗鉴赏词典》 上海辞书出版社 1987年
204《宋诗选注》 钱锺书选注 人民文学出版社 1979年
205《浪迹丛谈》（清）梁章钜撰 中华书局排印本 1981年
206《诚斋诗话》（宋）杨万里撰 《历代诗话续编》本
207《桐江集》（元）方回撰 《宛委别藏》本
208《明觉禅师语录》（宋）释重显撰 《大正藏》第四十七卷
209《续传灯录》 不知撰人 《大正藏》第五十一卷

210《先秦汉魏晋南北朝诗》 逯钦立辑校 中华书局1983年
211《乐府诗集》（宋）郭茂倩编 中华书局排印本1979年
212《李白集校注》 瞿蜕园、朱金城校注 上海古籍出版社排印本1980年
213《优古堂诗话》（宋）吴幵撰 《历代诗话续编》本
214《老学庵笔记》（宋）陆游撰 中华书局排印本1979年
215《萤雪丛说》（宋）俞成撰 《儒学警悟》本
216《宋诗之传承与开拓》 张高评著 台湾文史哲出版社1990年
217《国际宋代文化研讨会论文集》 四川大学出版社1991年
218《刘宾客嘉话录》（唐）韦绚撰 《四库全书》本
219《景文集》（宋）宋祁撰 《武英殿聚珍丛书》本
220《国朝宋学渊源记》（清）江藩撰 《四部备要》本
221《禅语辞书类聚》第3册《碧岩录不二钞》 日本花园大学禅文化研究所印行
222《寒山诗集》（唐）释寒山撰 《四部丛刊》影印瞿氏铁琴铜剑楼藏高丽刊本
223《隆兴编年通论》（宋）释祖琇撰 《续藏经》第二编乙第三套第二册
224《山谷全书》（宋）黄庭坚撰 清光绪义宁州署刻本
225《清邃阁论诗》（宋）朱熹撰 《朱子文集大全类编》考亭书院本
226《范石湖集》（宋）范成大撰 上海古籍出版社排印本1981年
227《诗歌意象论》 陈植锷著 中国社会科学出版社1990年
228《鸡肋编》（宋）庄绰撰 中华书局排印本1983年
229《禅语辞书类聚》第1册《禅林方语》 日本花园大学禅文化研究所印行
230《石樵诗话》（清）李树滋撰 清道光十九年湖湘采珍山馆刊本

231《宋诗精华录》 陈衍评点　曹中孚校注　巴蜀书社排印本 1992年
232《紫柏尊者全集》（明）释真可撰　《禅宗集成》本第二十四册
233《艺概》（清）刘熙载撰　上海古籍出版社排印本 1978年
234《苏诗选评笺释》（清）汪师韩选评　清光绪十二年王氏长沙刻《汪氏遗书》本
235《苏文忠公诗集》（清）纪昀评　清同治八年韫玉山房刻本
236《郧溪集》（宋）郑獬撰　《四库全书》本
237《中国历代文论选》 郭绍虞主编　上海古籍出版社 1979年
238《诗评》（宋）释景淳撰　《格致丛书》本
239《佛教与中国文化》 孙昌武著　上海人民出版社 1988年
240《牟氏陵阳集》（宋）牟巘撰　《四库全书》本

# 后　　记

这是我的博士论文，也是我近年来研究宋代禅宗与诗歌关系的一点心得体会。

我能够写成这篇论文，首先要感谢指导教师项楚先生。1994年初我被录取为四川大学中文系博士研究生，在项先生指导下攻读中国古典文献学博士学位，专修唐宋文献。三年时间里，我选修了项先生开设的佛教文学、敦煌文献等课程，项先生渊博的学识和严谨的学风使我获益匪浅，尤其是他那献身于学术事业的执着精神，更点亮了我的心灯。这篇论文中涉及到诗学术语的禅学语源以及王梵志、寒山诗等问题都是直接受项先生俗语词研究成果的启发。项先生所独具的打通文学语言和宗教壁垒的研究方法，更给了我深刻的影响，这一切也在这篇论文中留下印迹。更令我感激的是，项先生不仅帮助我选定题目，而且对论文初稿提出非常具体的修改意见，可以说，这篇论文凝聚着项先生谆谆教诲和一片心血。

我还要感谢对这篇论文给予关心的季羡林、杨明照、傅璇琮、王水照、白敦仁、张志烈、龙晦、罗宗强、顾易生、周勋初、章培恒、孙昌武、葛兆光、王文才、饶宗颐、谢海平、张高评诸先生。这些学术界的著名专家教授或作为答辩委员，或作为论文评阅、评议人，都对论文提出了一些很好的意见，使我获得一次宝贵的学习机会。对此，我将深深铭感在心。

本文从写作定稿到答辩，还得到陈应鸾、易丹、刘长东、王晓路、张勇、李贵、周瑾、郭彬、谢明香等老师、同学和朋友的帮助，在此谨致以深深的谢意。

本文于1996年初定题，1997年三月完稿，整个写作时间稍显仓促。同时由于我是在职博士生，另有教学、科研任务，常常不得不分心。更重要的是，文字禅与宋诗学的关系是一个前人研究较少的重大学术课题，而我的学力又很浅薄，在写作过程中不免有绠短汲深之感。重读论文，更深知它还存在很多不足之处。所幸的是，宝钢教育基金资助的《高校哲学社会科学博士文库》编委会给我提供了出版论文的机会，不仅使我能采用和参考诸位专家教授的意见和建议进一步修改润色，避免一些不必要的疏漏和偏颇，而且使我能在更大的范围内将自己的研究心得奉献给学界同仁与诸位读者，得到一些有必要的批评和勉励。

1998年3月1日夜记于成都竹林村

# 重版说明

周裕锴教授所著《文字禅与宋代诗学》，1998 年由高等教育出版社出版（入选“高校文科博士文库”），2002年由台湾佛光山文教基金会再版（入选“法藏文库”）。今再作若干修订，编入“周裕锴禅学书系”，由我社出版。

复旦大学出版社

2017 年9月

**图书在版编目(CIP)数据**

文字禅与宋代诗学/周裕锴著. —上海：复旦大学出版社，2017.10(2025.7 重印)
(周裕锴禅学书系)
ISBN 978-7-309-13096-6

Ⅰ. 文… Ⅱ. 周… Ⅲ. 禅宗-关系-诗学-中国-宋代 Ⅳ. ①B946.5②I207.2

中国版本图书馆 CIP 数据核字(2017)第 168281 号

**文字禅与宋代诗学**
周裕锴 著
责任编辑/王汝娟

复旦大学出版社有限公司出版发行
上海市国权路 579 号 邮编：200433
网址：fupnet@fudanpress.com http://www.fudanpress.com
门市零售：86-21-65102580 团体订购：86-21-65104505
出版部电话：86-21-65642845
浙江新华数码印务有限公司

开本 890 毫米×1240 毫米 1/32 印张 7.875 字数 180 千字
2017 年 10 月第 1 版
2025 年 7 月第 1 版第 2 次印刷

ISBN 978-7-309-13096-6/B · 614
定价：68.00 元